解放企业

我的企业文化方法论

蒲坚◎著

中信出版集团 | 北京

图书在版编目（CIP）数据

解放企业 / 蒲坚著 . -- 北京 : 中信出版社，
2019.5

ISBN 978-7-5217-0218-7

I. ①解… II. ①蒲… III. ①企业文化—研究 IV.
①F272-05

中国版本图书馆 CIP 数据核字 (2019) 第 043327 号

解放企业

著　　者：蒲坚
出版发行：中信出版集团股份有限公司
　　　　　（北京市朝阳区惠新东街甲 4 号富盛大厦 2 座　邮编　100029）
承　印　者：北京诚信伟业印刷有限公司

开　　本：787mm×1092mm　1/16　　印　张：25　　字　数：282 千字
版　　次：2019 年 5 月第 1 版　　　印　次：2019 年 5 月第 1 次印刷
广告经营许可证：京朝工商广字第 8087 号
书　　号：ISBN 978-7-5217-0218-7
定　　价：98.00 元

目 录

序　言

企业关乎知识的约束，企业文化体现在企业生命进化的全部过程中。换句话说，企业进化的终极力量是文化力量，企业只有在文化自省、自觉、自由的时空序中，才能获得内在的升华和灵性的解放。

这是《解放企业》一书的文化逻辑，是企业文化论背后的因果关系。要想了解这些，需要掌握现象背后的深层次知识，创设新的框架来理解企业如何存在以及为何存在，并对既有知识结构进行革新。

拥有众多个人聪明智慧的企业组织常常会表现出集体愚蠢。企业工具的智能程度与结果的智能性之间存在着显著的不平衡，信息、知识、信用通过数据共享产生新的聚合和连接，一种共同的价值模式正在成为新的文化选择：更少地依赖强制手段，更大地增加人性本质中的集体意识，更多地分享发展的可能性和进步感。

我们似乎已经习惯了一种思维：企业家精神是一种独立的力量，它在企业发展中起到决定性作用，一些机制允许个人选择以对社会有用的方式聚合、汇总起来，不需要任何有意识的合作或共享成分，这就是传统市场"看不见的手"的逻辑。在三性耦合论的理论视野中，企业家精神是企业物质性文化、社会性文化和知识性文化的集中体现，它不能脱离企业文化的系统性和整体性独立存在。未来正在成为现实，我们更愿意相信企业文化土壤孕育的集体智慧能够增强我们解决问题和掌握世界的能力，它将更有力地扩展我们对未来可能性的共同认知。

大约 10 万年前，某一次偶然的基因突变，改变了人类大脑内部结构惯有的连接方式，人类掌握了使用火的知识，扩大了食源，改进了熟食，从而使咀嚼和消化时间缩短，牙齿变小，肠的长度缩短，能量的节省大大促进了大脑的发育，人的知识性得到空前的发展，襄助人从食物链的中间位置跃迁至食物链的顶端。继而开启了"文化演进"的崇高之路，而不再局限在"基因演化"这条总是堵车的桥上。"有限公司"（corporation）正是"文化演进"的产物。知识性创生了文化，文化将人从生物本能中解放出来，从此以后，人类历史就由生物基因和文化基因双重形塑着。

企业要对永恒和自由做出承诺，文化就是一面镜子，如果文化误导了企业，吞下恶果的将是整个国家。

一个获得灵性和知识性解放的企业，必定是一个文化的企业。

第 1 章　企业文化导论

人类身份的定义方法不断变化，自然与人工之间的区分不再那么明显，新文化在与人的动物本能的斗争中得以重新塑造。企业文化也不例外，企业人渴望一种真正有意义的，将企业人的物质性、社会性和知识性有机耦合起来，并在人的本质上内在统一起来的共同的文化增长。

　　现代企业，即使是那些有着卓越的经营业绩，被证明是出类拔萃的企业，也很难在日新月异的新科技革命的银河系中确定自己的航标。实际上，所有企业都经历着一种前所未有的"混乱"，这种"混乱"是一种挑战：能源革命与通信革命的融合正在重构社会内涵、社会角色和人际关系，正在改变人类自身的时空边界，进而影响人类大脑对现实的理解方式。认知革命的爆炸性演进加剧了"混乱"的复杂程度。历史上，最伟大的经济革命和企业进步都发生在新能源机制与新通信革命恰好相遇之际。"混乱"意味着选择，因为不选择你就别无选择。一种共创共进、共生共赢、共享共存的新文化扑面而来。以往孤立的企业系统彼此相互渗透，在开放性和不失其整体性的基础上，通过网络连接加入更大、更复杂的超级系统中去，这就是全球企业发展的一体化现象，它构成了未来企业建立文化新秩序的前提。

一、重构企业新秩序

当今世界，一系列社会现实问题的出现，促使人们对企业传统发展观的价值取向提出诸多疑问。例如，工业化过程对社会生态平衡的破坏，对生存环境的污染，对优良传统文化的侵蚀等。这些发达国家工业化本身所带来的问题，使人们开始对工业文明的迷信产生怀疑：似乎正是人类最先进的科学技术给人类自己带来了深重的灾难；似乎正是企业"天经地义"地追求利润最大化，并通过它们的金钱将它们的观点融入我们的法规和话语体系中，使得人们相信，作为一个系统，目前建立在个人利己主义和"看不见的手"的基础上的世界秩序是合理的，然而事实不尽人意。

基于系统的文化观来研究企业，仍然会停留在十分肤浅的水平上，一些结论基本上是基于西方的政治体制、法律体系、传统习俗、价值观生发出来的，在发展观和价值观上，对中国企业发展实践的指导意义具有很大的局限性。西方的企业文化理论只能算作整体大厦的模糊轮廓的一部分，要想使企业文化成为逻辑一贯的科学理论，还要进行艰苦的探索，想要增强中国道路下的企业文化理论自信，还要走很长的路。

社会生产力得到空前发展是有目共睹的，生产关系要适应生产力的发展，必须做出调整甚至变革，这却并没有引起人们的高度重视。人类身份的定义方法不断变化，自然与人工之间的区分不再那么明显，新文化在与人的动物本能的斗争中得以重新塑造。企业文化也不例外，企业人渴望一种真正有意义的，将企业人的物质性、社会性和知识性有机耦合起来，并在人的本质上内在统一起来的共同的文化增长。

二、新格局新挑战

波诡云谲的世界经济，正以前所未有的态势，呈现一个激烈竞合的新时代，由此显示出引人注目的世界经济一体化的新趋势。这一趋势是世界各国经济相互依存所推动的"无边界经济"的联合和渗透，其动向必然会对企业的发展和企业文化的边界、内涵、价值观念产生深刻的影响。

1. 全球化企业

所谓国际经济新秩序是指在新的世界格局的基础上，国际经济关系运行的机制和规则突破了由少数几个发达国家统治和主导的旧体制，表现出崭新的意义和方向。企业融汇到这个运动的潮涌中，就是对国际分工和市场竞争更大范围、更高意义上的调动，即资金筹措、原材料供应、要素配置、市场开拓、利益分享的进一步国际化。

世界经济一体化

对于苏联、东欧等国家史无前例的骤变，至今仍然众说纷纭，中国的改革开放打破了原有计划经济与市场经济所构成的对立的两极体系，国际间的合作更为紧密，市场一体化趋势锐不可当。在共同市场内部，资源是共享的，信息是共享的，市场是共享的。对内加强凝聚力，提高了规模效益和集团整体优势；对外加强竞争力，共同寻求管理和经营上的集体观念和灵活性。正如著名经济学家玛丽娜·惠特曼在探讨未来世界经济走向时说："最为显著的趋势之一是，全球市场迅速一体化，无论商品市场、劳务市场、技术市场还是观念市场都如此。"

任何一个大型企业，要生存、发展都要在国际市场上占有一定份额，扮演一定的角色。对国际市场的依存、参与几乎已经成为每个企业制定宏观经营战略和微观对策措施的基本考虑。世界经济一体化是科技进步、生产的社会化分工协作日益加深和拓展的必然结果，其发展是通过集团化、区域化的发展形成的。从经济发展的角度看，国内分工的发展，不可阻挡地要延伸到国际范围，使整个经济体系通过交换和合作的纽带结成一个整体。这是一种必然的趋势，任何形式的"闭关锁国"都将使自身的经济发展难以为继。

企业合作跨区域化

在经济领域中，商品、服务、资金和技术都在自由地跨越边界移动，不同国籍的企业开展超国界的多方横向合作，共同开发新产品或新的技术领域。这种合作不仅仅是资金和技术的合作，从合作项目的整体上来看，这种多边合作也是地域文化和企业文化的相互借鉴和补充。跨国界的企业合作，是为适应世界经济结构迅速变化的特点而产生的。在经济结构、运行机制剧烈变动的情势下，如果一个企业的技术、资源、能源、信息等各种要素难以适应这种变化，就要取人之长，补己之短。正因为如此，这种合作的浪潮正在日益高涨，预示着这些崭新形态的企业将从现在开始，成为世界发展的中坚力量。

企业活动国际化

美国著名管理学家彼得·德鲁克认为，一个企业不论大小，要想在任何一个发达国家中保持领先地位，就需要在世界所有的发达国家的市场上争取并取得领先地位，它必须能够在任何发达的地区从事研究、设计、开发和生产，能够从任何一个发达国家向任何其他国家出口。也就是说，企业必须拥抱国际化。

在企业国际间的合作蓬勃发展的同时，一些实力雄厚的企业已经改变了狭义的地域观念，将具体生产和经营之手伸向其他国家，将具体生产和销售部门分散设于各地，以便最充分地利用当地的廉价劳动力和充足的自然资源。由于"冷战"的结束，国际竞争的重心从军事转向经济，"冷战"时期建立的军事组织多已解体或名存实亡，代之而起的是国际化的经济联盟。因此，企业的国际化经营成了企业在市场竞争中的必然选择。

从运行机制来看，企业在进行经营活动时要按照国际惯例及时调整自身的内部结构，完善组织的系统联结，提高应付市场变化的能力，并顺应历史的进步潮流，保持思维观念和文化观念与现实的发展相适应、相协调。总之，就是按照国际上长期形成的符合市场经济运行规律和人类共同需要的一系列行之有效的方法和原则，组织企业的生产经营活动。

资本市场多边化

国际间的联合投资或合资经营已经被证实是一种非常有效的形式。合资企业出现在发达国家与发展中国家之间，联合投资不仅有取得不易以购买方式获得的自然资源、人力资本和先进技术的优点，而且有分散经营风险，共担企业命运的好处。

资本的全方位流通和渗透，造成资本跨国界、跨民族的转移，这种前所未有的转移，表明了经济联合的不充分性。由资本转移所引起的一系列震荡，必将导致思想观念、思维方式、管理思想以及企业文化发展的共同谐振，这一点是毋庸置疑的。

2. 企业文化的力量

显而易见，20 世纪末、21 世纪初，几乎人类努力开拓的一切领域都发生了巨大变化，这是每一个留心观察的人都知道的。对一个企业来说，这个经济单元内部结构和外部环境中的变化被深深烙上了时代的印记。企业如果不在严峻的现实考验面前保持清醒的头脑，对人类生活和企业经营管理以及潜在的力量有根本的认识，企业的持续生存将面临很大的风险。

建立企业新秩序的前提

企业文化是我们今天新认识和新理解的企业人能够以最大功能、最高水平，最全面发展企业的开端和起点，是人类作为宇宙的"万物之灵"尊重全人类的共同自由，以更高的层次，全面地创造更新企业肌体的再生器。

然而，正当我们需要一些在企业文化价值问题方面基本达成一致的观点时，我们发现，不仅各国之间，而且各理论家，包括管理学家、管理心理学家以及哲学家之间都存在着相当大的分歧，这个分歧不仅关乎使企业达到理想境界的方法的一种技术上的争论，而且更为重要的是它关系到这样一个理想的文化企业可能为之付出的各种价值本身。

互相竞争、具有生命力的各种企业文化的价值体系为世界展现了丰富多彩的自由选择之路。因为我们坚信：一个充满追求的企业，除非对供它选择的种种活动方式有所了解，否则，它不会轻易委身于一种既成的样式。

企业文化是企业建设和发展的意识形态

就企业建设和发展而言，到 20 世纪 60 年代，企业成为经济发展的主要结构力量，以欧美企业的成长为主流，因此，在这一漫长的过程当中，以美国为代表的西方企业初步建立了一套企业文化的理论体系。由于近现代工业革命解放了西方世界的生产力，导致西方国家在文化领域也处于强势状态，西方企业文化作为西方文化的一部分，从管理学、心理学、哲学等领域对东方国家的经济文化（企业文化）形成全方位的挑战与压迫。东西方之间存在的思想分歧是显而易见的。在市场竞争的舞台上，西方企业以其高度发达的高科技促进了生产力的发展，并以丰富的物质生产迫使东方企业奋力追赶，表现在文化方面，就是东方企业文化在经济发展基础上面临全面挑战。

西方资本主义国家的工业革命、对广大亚非拉国家的殖民统治极大地发展了生产力，在生产力解放的基础上，其上层建筑——西方文化成为强势文化。作为西方文化的一部分，西方企业文化同样作为一种强势的、广泛传播的、蕴藏深刻理性的原则，领导了企业发展的潮流并造成世界范围内的震颤。时至今日，中国内地、"亚洲四小龙"的崛起，以及本土企业为先导的东亚经济圈的形成和发展，充分显示了东方哲学理念在未来经济发展中的潜在力量，展现了人类共同的思想和期望。

东方文化的独特魅力

美国学者格雷克在《混沌：开创新科学》一书中提出了全新的企业创新理论。[①]当代数学家也认识到混沌现象的存在，并予以证明，其核心结论是——只要系统具有周期三，那么该系统就具有一切周期，且该系统是混沌的。[②]

基于数学提供的理性工具和管理学提供的感性案例，我们可以有把握地说，混沌学是关于系统的整体性质的科学。它扭转了科学中简化论的倾向，即只从系统的组成零件、染色体或神经元素做分析的倾向，努力寻求整体，寻求复杂系统的普遍行为。它把相距甚远的各学科的科学家召唤到一起，使以往的那种分工过细的研究方法发生了戏剧性的倒转，使整个自然科学界重新审视自身的航向。混沌理论揭示了有序与无序的统一，是过程的科学而不是状态的科学。它覆盖面广，几乎涉及自然科学与社会科学的全部领域。有些学者如此断言：20世纪的科学只有三件事将被记住，相对论、量子力学、混沌学。

混沌学的出现应当引起我们深刻且认真的反思：为什么到20世纪末，西方文化正如日中天，西方有识之士竟然开创与西方文化理论完全背道而驰的混沌学呢？答案只有一个，这就是，西方有识之士已经深刻地感到，单纯靠分析是不能拯救西方社会危机及其管理、哲学危机的，必须改弦更张，另求出路，人类文化才能重新洋溢着活力继续向前发展。西方形而上学的分析已经穷途末路了，它的对

① 现代数学中的"混沌"概念的提出早于企业理论中的，该理论是由美籍华裔数学家李天岩在1975年12月与其导师在《美国数学月刊》上提出的，发表的论文是《周期三蕴含混沌》。

② 本书的核心思想之一——三元和谐论，与这种混沌哲学有异曲同工之妙，三元和谐论将在第12章中予以具体阐述。

面，东方寻求的整体的综合，必将取而代之。我们断言，这种取代发端于今天东方文化的复兴势头，到 21 世纪中叶就可以见分晓。我们所说的"取代"并不是"消灭"，而是借鉴西方文化之精华，在这个基础上把人类文化的发展推向一个更高的阶段。这是人类文化发展史带给我们的启迪。

3. 新时代新文化

思想理念的进步，预示着一个新时代的到来。20 世纪人类所拥有的最大的智慧财富之一，就是重新发现了人们的潜在价值，从而掌握了新的生活方式。从经济活力上看，我们已进入一个必须创造新的产业的时代，这个产业从设计思想上看，就是人类的智慧之光的空前释放。其目标内涵就是在共有、共治、共享的前提下，达到利益共同、命运共同以及未来共同。

企业文化亟待重构

目前，世界上企业界发生的理论创新与行为实践的相互碰撞，就是这种新产业的孵化器。新产业尚未萌芽，新的工业产品生产不出来，我们也就不能期待大的经济发展。就这一点来说，目前世界范围内的经济发展不景气大概还要持续相当长的一段时间。如果新产业创立起来了，就是对世界的最大贡献，环境、文化、科学技术三者结合在一起，将构成 21 世纪企业发展的主题，各国经济的全球化将伴随着企业文化和文明的复兴走向昌盛。现在，再也不需要重复约翰·奈斯比特在《大趋势》① 一书中论及的改变我们生活的 10 个

---

① 约翰·奈斯比特.大趋势：改变我们生活的十个新方向［M］.姚琮，译.北京：科学普及出版社，1985.

方向的话题了，因为我们已经进入一个以创造和分配信息为基础的智能社会，我们必须承认自己是全球经济的一部分。地球这个太空船上没有旅客，我们都是乘务员。

处在全球化、信息化、市场需求瞬息万变的今天，缺乏共同一致的远见或战略规划，企业便没有未来。市场判决的相对快速性和严酷性可使人们更清楚地看到目前发生的一切，企业界要更早地察觉变化意味着什么。我们的商业历史上刻满了在环境改变的情况下仍然无动于衷的企业的名字，它们成为企业墓场里灰色的墓碑。经济转型的过渡时期正是创业精神最旺盛的时期，我们现在就处于这样一个时期。因此，即便是那些已经在市场潮流中"深谙水性"的现代化企业，也需要调整自身的功能结构，需要重新塑造企业文化的基本架构，以便在更高的层次上完成自身组织能级的跃迁。

可再生及可自生资源

在这样一个前所未有的宏观大背景下，任何一个企业都很难单独实现向人类期望的更高境界的转变，每一个企业都有充分的理由根据当今有利的时代背景、现代自然科学和社会科学所孕育以及已经表现出来的社会发展的事实，展望企业生产力的巨大突破和飞跃，从人类贡献的高度反思企业文化构建的历史发展过程。新型企业文化的生长和发育，完全建立在信息和智能的基础上，这将使企业的发展有史以来第一次建立在一种不仅可再生而且可自生的不竭的资源上。如果一个企业的文化发展不能在技术的物质奇迹和人性的精神需要之间取得平衡，如果不能把企业利益与国家利益、区域共荣利益协调起来，如果忽视全球经济共同化走向的紧迫性，仍然囿于既成的狭隘的思维路线，这不仅对企业自身，而且对人类共同的未来也是一种难以弥补的损失。

企业文化建设是建立现代企业新秩序的前提，是我们全方位进入市场、加入国际大循环的必备条件。20世纪的人类深切感到，文化作为人所创造的客观事实，对人类的作用是双重的：人类在感受到文化的恩泽与进步的同时，也切实体验到了文化对人的否定性作用，且不说两次世界大战给人类带来的创伤，仅当今全球性问题的出现——环境污染、生态失衡、人口爆炸、贫富悬殊等，就不断迫使我们去冷静思考：为什么人的文化在不断更新，而社会的危机和冲突不断产生呢？恩格斯曾经说过，人是这个世界上唯一没有实现自己目的的存在物。也许正是人类的这种未完成性，构成了文化和社会进步的动力。人的文化发展的意义价值恰恰是在这种过渡中展开的，其中必然伴有文化的肯定性价值和否定性价值。文化否定性价值的真正克服，有赖于作为历史进化主体的人类真正的文化自觉。从这个角度说，微观文化——企业文化的兴起预示这种文化自觉的觉醒，企业文化问题的思考必然容纳在文化大范畴的视野之中。

三、企业文化的多维视野

企业文化是企业共生共存的一种客观映像，但真正对企业文化进行系统化的研究是在20世纪70年代。迫于企业文化越来越明显的对企业战略发展和经营管理的强大促进作用，一大批从事社会科学和自然科学研究的理论家对企业文化普遍重视起来，20世纪80年代末，形成了理论创新和行为实践共同探索的高潮。因此，企业文化的兴起从一开始就具有两个基本标志，一个是理论创新方面的标志，一个是行为创新方面的标志。理论创新和行为创新在现代科学技术支撑的现代市场舞台上相互促进，使企业文化多维视野基本格局形成。

1. 企业文化探微

20 世纪 80 年代开始，世界各国出现了企业文化论著大量出版的热潮，其中许多论著不仅成为众人瞩目的畅销书，而且从各种不同的视角形成了各具特色的研究方法和理论体系，同时，对企业文化行为实践起到了系统化的指导和推动作用。

其实，真正从理论上认识企业文化、研究企业文化源于日本企业在国际经济舞台上的悄然崛起。战后的日本，在满目疮痍的废墟上，创造了一套独特的企业文化价值体系，使落后的企业管理、生产、技术得到脱胎换骨式的改造。昔日被战败的阴影笼罩着的日本人，终于乘着丰田、尼桑车，驶进了伦敦、纽约、巴黎。"二战"后，盟军太平洋战区总司令麦克阿瑟将军曾经在他高高的办公室里对着脚下的日本说过这样一句话：如果美国文化是一个成年人的话，日本文化只不过是一个 12 岁的孩童。当时日本朝野上下竟一片沉默。仅仅 40 年过去，日本用强大的企业实力和令人难以置信的经济成果在世界各地树立起自己的崭新形象，以至"很难找回 1945 年那个心力交瘁的民族的影子"[1]。执世界经济之牛耳的美国也连连惊呼：分别三日，那里的经济动物已经长成一人多高了。

日本企业取得的巨大进步，其缘由包括世界政治格局稳定，日本政府大力支持企业发展等各种因素，但日本特有的企业文化也起到了重要的作用，引起了学界的广泛重视。

---

[1] 罗伯特·C. 克里斯托弗. 日本心魂［M］. 北京：中国对外翻译出版公司，1986.

日裔美籍学者威廉·大内在《Z理论》一书中写道："一个公司的文化是由其传统和风气构成的。此外，文化是一个公司的价值观（如进取性、灵活性）——确定活动、意见和行为模式的价值观。经理从雇员的事例中提炼出这种模式，并把它传给后代的工人。"①

在此之后，企业文化研究呈现出百家争鸣的繁荣场景，大量的观点、著作应运而生。"成绩卓著的公司能够创造出一种内容丰富、道德高尚而且为大家接受的文化准则，一种紧密相连的环境结构，使职工情绪饱满，相互适应和协调一致。他们有能力激发大批普通职工做出不同凡响的贡献，从而也就产生有高度价值的目标感。这种目标感来自对产品的热爱，提供高质量服务的愿望，鼓励革新以及对每个人的贡献给予承认和荣誉。"②"这种公司文化包括一整套象征、仪式和神话。它把公司的价值观和信念传输给雇员。这些仪式给那些原本就稀少而抽象的概念添上血和肉，赋予它们生命力。"③"公司唯有发展出一种文化，这种文化能激励在竞争中获得成功的一切行为，这样公司才能在竞争中取得成功。"④"企业的成功不能仅用其计划、战略、产品或组织机构来解释，而且还要归功于企业发展的公司文化，也就是说，还要归功于全体职工所共同拥有的一套价值观念。这些价值观可能是对其产品质量高、售后服务迅速等方面感到骄傲。公司文化同时也是一种做事情的方式，这种方式使一个企业不同于另一个企业，并且能够使别人对之加以区别。在进行深刻改革的时代，公司文化是一种黏合剂，它在使整个公司团

---

① 威廉·大内. Z 理论［M］. 北京：中国社会科学出版社，1984.

② 托马斯·彼得斯，小罗伯特·沃特曼. 寻求优势［M］. 北京：中国财政经济出版社，1985.

③ 同上。

④ 劳伦斯·米勒. 美国企业精神［M］. 北京：中国友谊出版社，1985.

结在一起方面所起的作用，比任何组织结构都大。企业文化与企业经营管理的因果关系，就像火车头和车厢一样，前者在企业经营中所占的比例虽不多，却是推动这列火车前进的动力。后者虽是企业的整个中心，却要一股动力来推动或牵引。一个企业不知道它是什么，所代表的是什么，它的基本观念价值、政策和信念是什么，它便不可能理性地改变自己。"[1] "没有强大的公司文化即价值观念和哲学信念，再高明的经营也无法成功。公司文化是企业生存的基础，发展的动力，行为的准则，成功的核心。优秀公司发展起来了自己的文化观念，并且把价值准则同杰出领导人物的实践结合成一个整体，这些共同的价值准则即使在最初培育建立它的那些领导人离去以后仍然能在几十年内长期发挥作用。"[2]

2. 企业文化标准

当今企业，"发展"成了人人关注的时代主题。发展什么？怎么发展？用来判断企业文化、企业发展的标准，取决于企业人的选择。企业文化发展的当代标准是：开放、富裕、进步与稳定、自由与和谐。在这几个互补的标准之下，企业文化将回应自身的哲学理念和所处的环境条件，在国际经济一体化、企业经济多元化的结构体系中，越来越强调自身的个性，越来越将个体的发展置于整体发展的前提下，这是企业发展的历史选择。

开放

企业文化不可能在封闭的笼子里长成。所谓开放，首先是开放

---

[1] 彼得·德鲁克.管理：使命、责任、实务［M］.北京：机械工业出版社，2007.

[2] 托马斯·彼得斯，小罗伯特·沃特曼.寻求优势［M］.北京：中国财政经济出版社，1985.

自我。企业人经历了心理上和人格上的向现代化的转变，乐于接受新的生活经验、新的思想观念、新的行为方式，勇于面对世界，面对现实，面对未来。开放意味着充满活力，它为创新而欢呼，它承认并尊重多样性，抛弃僵化和教条以及将一切灌进一个共同模子里的企图。"它会不断地修改它的制度来满足新的需要，回答新的问题。它会使用它富有力量的技术来促进人的多样性和丰富性。它会使所有人都得到他们不断成长所需要的知识、安全、食物、医药护理、闲暇和流动。它将是一个以人为中心的社会，在这个社会里，任何类型的人都不能把他的自我形式强加于别人身上。"[①]它以开放的心灵容纳开放的主体化的国际市场，在塑造自身的同时，也以塑造世界为己任。开放既是合适的企业文化结构，又是合适的企业文化的精神状态。

富裕

富裕是以企业发展的物质成果进行度量的。企业活动作用于物质对象并生产出产品，以满足人类的要求。生产资料、享受资料、发展和表现一切体力和智力所需的资料，无疑要求现代企业对日益增长的物质欲望有所反映。能不能把高功能的产品生产出来，不仅仅有赖于经济的原因，还有赖于企业文化的优势，所以富裕反过来也成了企业经济和文化发展的一个表征。富裕不仅仅表现的是企业物质成果的发展程度，它蕴含着企业的整体风貌，是一个外延很大和包容性很高的名词。只有得到了闪耀着智慧之光的丰硕的物质成果，才是真正意义上的富裕。

---

① 莫里斯.开放的自我［M］.定扬，译.上海：上海人民出版社，1986.

进步和稳定

企业文化不能在现实意义上体现出符合人类需要的运动性和稳步发展的态势，便意味着企业的衰老。进步指的是企业在技术上采用更能体现人类智慧特征的工艺、设备和操作程序；在管理上采用更能体现人性的艺术方法和技巧；在市场上贡献出更多的、更好的优质产品，创造更有意义的价值，满足人类更高的需要；在企业人方面则意味着精神面貌和物质利益要完善和丰富。稳定指的是企业活动要在稳定的内部结构、经营原则和管理制度下顺利进行，保持企业文化在逻辑发展上的连续性和企业人的安全就业、内心充实，保持企业产品在市场上的持久生命力。

自由

自由是企业人进步的深刻动因。在现代企业里，自由成了发展的直接目的。《共产党宣言》指出："在那里，每个人的自由发展是一切人的自由发展的条件。"自由产生于人的精神要求，因此它构成了一种物质文化，它赋予企业人尊严，并要求自尊、自爱，最大限度地释放个人知识潜能并汇入企业文化的整体发展之中。企业的发展，无论在政治、经济、文化、福利等方面，都从企业人由必然王国努力进入自由王国的实践过程中表现出来。企业人在从事企业经营决策、长远规划以及管理思想探索的行为实践中，体现了主观与客观、理想与实际的高度统一，从而成为企业人推动企业文化向前发展的最强大的推动力。

和谐

企业内部与外部、人与人、人与物、人与环境的关系，就像五声相谐互为音乐一样。企业，实际上是一个有机运行的细胞，是社会的一部分，是企业人寻求情感满足和享受的重要场所。随着社会的进步和物质文化的日益丰富，企业人越来越需要和渴望在紧张和专业化之外，创造出一种和谐的气氛。这种和谐的气氛从广义上来讲，不但包含企业人之间的人际关系，企业人与企业运行机制之间的啮合度，还包括企业与市场适应与否，企业文化与社会环境的交流畅通与否，企业生产行为和结果与保护生态环境的因果关系。

现在看来，即使我们穷尽已有的全部知识，为企业文化下一个确切的定义，都难免挂一漏万。实际上，这也是企业文化研究形成多维视野的必然结果。文化是我们整个社会的遗产，它具有非物质属性的人类遗传的特性，它包含着人类行为实践的经济、社会和政治形态。一般说来，我们在谈到企业文化时指的总是某一民族或者某一个具体企业的企业文化，例如美国的企业文化、日本的企业文化或者松下文化、大庆文化。但是，企业文化的层次或者说水平是不同的，正如世界上的西方文化和东方文化是不同的一样。企业文化就像空气，无论是企业人，还是企业的管理思想，都呼吸着"空气"生长，如果"空气"永远保持着清新和洁净，不被浊物污染，企业就能蓬勃发展和壮大。

四、企业文化追踪

揭开企业发展史的序幕，企业文化伴随着企业的发展而发展。当前把企业文化作为企业管理来研究是一种普遍现象，不得不说这是企业文化研究的一个严重误区。企业文化就是企业文化，它既不是企业管理活动，也不是企业经营决策。

尽管企业文化研究离开了企业管理便全无意义，但企业文化和企业管理无论从本质上，还是从表现形式上，都是不同层次的问题，这个界限模糊了，我们就会失去理论研究上固有的整体性和层次性。要研究现代企业文化，就必然要研究过去，以便了解我们企业的资产是如何被建立起来的。企业文化是由经济、社会、政治要素构成的，实际上这些要素在构成全部企业文化时是联系密切和相互产生渗透作用的。由于企业文化与企业的管理思想具有高度的相关性，因此，对企业文化过去的研究，往往从企业管理的历史入手。

就管理理论而言，由于历史和现实发展的需要，形成了东西方不同的学派。对于各个学派的划分，各国的一些管理学者的观点也不尽相同。虽然关于管理的思想由来已久，但西方系统的科学理论基本被证明是在 19 世纪末、20 世纪初形成的。之后，随着企业的发展和科学技术的进步，西方管理理论经历了三个重要的转折。这三个重要的转折萌芽于工业化前早期文明中的管理，这之中，近东、远东、埃及、希腊、罗马、希伯来人都慷慨地贡献了自己的智慧。

1. 科学管理理论

管理理论的第一个转折以美国的泰勒、法国的法约尔和德国的韦伯的理论为标志。

科学管理理论思想

这个转折是由经验主义的任务管理到科学的任务管理的转变。科学管理法被誉为"第二次产业革命"。19 世纪末的美国，虽然化学工业有了相当的发展，并进入垄断资本主义阶段，但当时的企业管理还相当落后，基本是因循自然、放任自流的经验主义管理（所指管理仅仅意味着"管",而谈不上"理")。经验主义管理方法指的是经营者只凭过去的经验和感觉,而不对工作进行科学理性的分析,没有一定的计划和程序,一切都放任自流的管理方法。在进行作业时,企业人根据自己长期从事某一专项技术的经验和技能,任意选择方法进行机械的操作。基本操作的流程、材料的采购和运输、产品的销售等,既没有一定的计划,也没有一定的程序。对成本进行记录和结算的成本核算制度也很落后。在这种放任的管理体制下,提高工人作业效率的唯一方法便是采用计件工资制。这种计件工资制也因经营者在管理问题上只凭自己经验和感觉而很少有任何改进。如果工人提高了效率,增加了工资收入,经营人员就单方面地降低工资率和非理性地增加定额。因此,工人有组织的怠工就蔓延开来。有组织的怠工造成劳动生产率的下降,使要获得高工资的工人和通过剥削工人获取高额利润的企业主之间的对立越来越分明。

泰勒长期在企业的基层工作,他的经历决定了其对工人和企业管理者两方面的实际情况都有比较深入的了解。他通过科学调查来规定任务。他认为:造成有组织怠工的主要原因不在工人那里,而在于沉醉于通过剥削工人来追逐利润的使管理工作陷入放任自流状态的经营者。只要科学地规定任务,工人完成这个任务需要付出的努力能够与得到的奖励相称,企业也将由于单位劳务费的降低而增加利润收入,这样就在很大程度上实现了劳资关系的平衡。

意义与不足

科学任务管理法包括职能化的组织原理、作业劳动与管理职能的分工原理等内容。它既有资本家榨取工人血汗的理论局限性,也包含一系列丰富的科学成就。从管理理论的逻辑发展上看,这是现代管理理论得以成型的起点。

科学管理时代的企业文化与18世纪的工业文化是紧密相连的。工业革命所带来的技术和知识进步极大地改变着人类社会的经济、政治和文化结构。金钱关系最终打败了宗教关系，成为私有制的唯一合法代表。资本代替土地成为财富的象征，人类生产的剩余产品表现为剩余价值。工业文化在西方成了资本文化，资本主义的生产过程统治着人类的行为选择，科学管理思想也就成为当时人类行为选择的结果。因为，人类的一切与自然发生关系的结果都被深深地刻上了价值观的烙印，工厂中管理思想的转变也因此具有企业文化的意义。

我们对企业文化的研究，是根据整个历史过程中各种不同的道德准则和价值准则的变化而向前发展的。在科学管理时代，企业的发展还不能在文化的层面上自觉且有意识地、全面地上升到企业文化的高度，它仅仅表现了企业"经济人"自然本性的一面，忽视了企业人的全面需求。企业管理思想既是企业文化环境的一个过程，也是企业文化环境的产物。尽管在以"经济人"为指导思想的科学管理时代，人类由于认识的局限性，尚不能理性地提出企业文化的概念，但泰勒将管理的思想由经验论提升到科学管理层面，本身就是企业文化发展的结果。这种结果导致了企业人灵性的初步解放。

2. 社会人理论

美国管理学家乔治·梅奥在20世纪30年代前后，以著名的霍桑实验阐述了人群关系管理理论，从而导致了管理理论的第二次转折。

社会人理论思想

当时，受压迫和剥削的工人阶级普遍觉醒，爆发了一系列工人反抗运动，加上1917年俄国十月革命的成功和资本主义经济的世界性大危机，资本家采用泰勒制管理已无法缓和劳资关系的严重对立。梅奥通过在美国霍桑工厂进行的照明实验、继电器装配室实验等发现，生产效率的决定因素不是作业条件，而是企业人的情绪。情绪是由工厂环境（企业人际关系）决定的。这次实验还表明，尽管经营者专心于效率逻辑，但如果对不合理的情感逻辑在企业的社会结构中的作用以及对企业人的情感需求熟视无睹或不予理解，那么，效率逻辑也将以失败告终。

梅奥以"社会人"的假设取代了泰勒的"经济人"的理论。他认为立足于"经济人"假设之上的管理片面强调了效率逻辑，结果，企业共同体之间的纽带遭到破坏，造成了企业运行的不稳定。"社会人"假设认为，在社会上活动的企业人不是各自孤立的存在，而是作为某一团体的一员，是有所归属的"社会人"。"社会人"不仅要求在社会上寻求经济收入的源泉，而且还需要得到友谊、安全感和归属感。梅奥认为，让下属参与决策，可以改善人群关系，提高下属情绪。在决定或更改作业目标、标准和方法时，如果是自上而下的单向指令，企业人的关系就不是协作的关系，久而久之，企业人的情绪就会因受到挫折而低落。相反，如果企业人能得到透彻的解释和说明以充分理解上级的指令，并且动员企业人自下而上地提出建议，那么，就会创造一种良好的人际关系，从而使其保持饱满、高昂的情绪。梅奥的人群关系管理理论就是这样对企业管理的基本思想进行了变革，同时也带动了一大批管理学家把心理学、社会学的新成果应用到管理学领域，因此产生了行为科学管理理论。

在行为科学管理理论中，马斯洛的"需求层次论"是影响最大的。他认为人有如下5种基本需求：（1）生理需求——在某种极端的情况下，生理的需求是最优先的；（2）安全需求——如果生理需求相对满足了就会出现一组新的需求——我们可概括为安全的需求；（3）爱的需求——假如生理需求和安全需求都很好地被满足了，人们就会生产爱、情感和归属的需求；（4）尊重的需求——社会上所有的人都希望自己有稳定牢固的地位，希望得到别人的高度评价，需要自尊、自重或为人所尊重，面临复杂环境，希望自身有实力、有成就和有信心，以及要求独立和自由，要求有名誉或威望，获得赏识、关心、重视和高度评价；（5）自我实现的需求——希望自己经过努力，越来越趋向自己所期望成为的人物，即促使自身潜力释放，完成与自己能力相称的一切事情。满足了5种需求的人，具有最充分、最旺盛的创造力。

意义与不足

行为科学管理理论的产生和发展，推动了西方企业管理方式的变革。这场变革在一定程度上缓和了资本主义的阶级矛盾，促进了生产力的发展。由于行为科学管理理论中引入心理学、社会学甚至文化学的理论，使得以企业管理为中心内容的企业运行机制发生了质的变化。企业人不仅对企业和环境，而且对自身都有了新的认识，这既是企业管理思想的进步，也是企业人在实践中提升自身的结果。在这个过程中，企业文化之树已经悄然萌生，这是企业文化理论能在半个世纪以后形成系统理论的重要准备。

由于行为科学理论撇开人的阶级关系分析人的社会性需求，它不能从资本主义社会的本质上或是从理论普遍意义上揭示劳动者在生产过程中不能发挥内在潜力的原因。因此，行为科学理论对于管理的指导意义是有限的。特别是20世纪50年代末、60年代初，美国经济萧条，企业的利润率持续下降。其后，尽管经济形势有所回升，但企业的利润率仍处于长期下降状态。利润率长期下降不仅意味着企业经营危机，而且也是对全局性经济形势的警告。在日益严峻的经济形势下，美国普遍出现了要求重新评价行为科学管理理论的浪潮，管理学界又开始了一场旨在拯救企业、开创企业发展理论新局面的新变革。

3. 决策理论

现代管理理论的第三次转折标志是赫伯特·西蒙提出的决策理论。这是管理理论第一次基于现代经济理论，通过微观经济学中的消费者选择理论，将管理作为一种手段，达到企业的总效用或者边际效用最大化。西蒙因此获得 1978 年诺贝尔经济学奖，他也是迄今为止唯一一位获得诺贝尔经济学奖的管理学家。

决策理论思想

西蒙作为一个管理学家，首先认识到经济学理论中的"理性"假设存在重大缺陷，据此提出了"有限理性"概念——西蒙认为现实生活中作为管理者或决策者的人是介于完全理性与非理性之间的有限理性。在学界广泛承认管理者的"有限理性"之后，西蒙随后提出了决策理论，将管理学提高到一个崭新的层次，同时，也为企业文化的创立创造了重要的理论前提。

西蒙认为，传统组织论的目标是建立旨在确保效率的组织活动的组织原则，而现代管理论的目标是建立旨在确保合理地进行决策的组织原则。任何行为实践活动，在开始之前都要先进行理论实践（思维实践）。决策是否正确，决定了行为实践结果的"正负"。传统管理理论忽视了决策是组织的统一概念这一点，这是因为，传统管理理论把决策局限为最高领导层的单独行为，其实，不仅最高管理层次要进行决策，组织的所有层次，包括"第一线的管理者"（作业人员）都要进行决策，它贯穿在整个组织之中。所以，管理就是决策。西蒙认为决策有两个前提，即价值前提及环境的作用方式的说明。所谓价值前提，指公司的宗旨、经营方针、效率标准、公正标准和个人价值等。决策理论用组织目的代替个人目的，组织目的或价值逐渐地被统一到企业人的心理和态度之中，即使没有行使权力等外部刺激，企业人的决策也能自动地和组织目的变得一致。对于确保成员为实现组织的目的而合理地进行决策，组织一体化是一个重要的内在标准。

意义与不足

西蒙的理论尽管在认识上要比"经济人"和"社会人"理论更进一步，但他的某些认识是有失偏颇的。他对管理概念的认识存在着逻辑上的混乱和失误。管理和决策是两个具有内在联系但绝对不同的概念。管理是决策的行为实践，决策是管理的理论指导。决策才是企业文化活动的元概念，具有开端意义。西蒙所说的"管理就是决策"缺乏理论逻辑的一贯性。

随着科学技术与生产规模的发展，进入 20 世纪 50 年代以后，管理系统出现了两大特征：一是现代信息与交通的发展、生产效率的提高，使得系统的动态过程大大加速了，时间缩短了；二是由于动态变化的加速，生产的宏大规模使得人类对环境的影响大大加强了，社会活动间的距离被大大缩短了。在管理系统上出现的这两大特征，首先要求管理工作必须能迅速反映这种急剧变化的形势。在这种情况下，出现了各种管理科学新技术，如运筹学、系统分析、自动化管理、信息系统、计量经济、网络技术等。通过管理的诸多表象，学者和企业家发现管理的重心在于经营，经营的重心在于决策。但是，若决策是错误的，那么错误决策下的科学管理技术手段效率越高，对事业目标的达成越不利。

因此，人们开始注意对决策理论和技术的研究。经过各国学者，尤其是中国学者的长期研究，他们发现无论处在哪一管理层次，其主要的职能都是做出正确的决策，决策是科学管理的本质。因此，决策与决策实践便成为管理的实质性内容，贯穿企业经营活动的始终。一切管理活动，实际上是以决策为本质的具象。尽管西蒙的决策理论没有达到现代以中国学者为先导而创立的决策学的深度，但它毕竟为危机四伏的管理学带来了一缕春风。《Z 理论》和《西方企业文化》^① 的诞生便是这缕春风催生的新苗。

4. 企业文化理论

企业文化理论是因经典管理学对企业实践的回应不足而产生的理论革新，也是企业急需新的理论指导的结果。企业文化理论的诞生意味着管理理论的第四次转折，这次转折是由以个人主义价值观为中心的管理向以集体主义观为中心的灵性的转变。

企业文化理论萌芽

企业文化理论萌芽于 20 世纪 80 年代初，以美国管理学家威廉·大内的《Z 理论》一书的出版为标志。在此之前，管理学领域已

---

① 　阿伦·肯尼迪，特伦斯·迪尔，等. 西方企业文化 [M].北京: 中国对外翻译出版公司, 1989.

经产生了把行为科学同泰勒的管理理论调和起来的倾向。美国管理学家罗伯特·布莱克和简·莫顿认为，为鼓励管理者个人与部属打交道以及提高整个组织的有效性，必须使组织文化本身发生变化。他们指出，管理是在一定文化中进行的，最终控制着人们行动的是传统、先例及过去的实践，管理极少需要遵从企业人的个人倾向。这些传统的思考、感觉和行事方法最终支配着人们各方面的态度，如对利润率、生产规划、厂房设计、设备布局、广告形式、销售方法、雇佣标准、晋升程序以及其他一切实践的态度。无论怎么样，面对市场的严峻挑战，重要的结论就是，企业的文化发展必然是任何变革努力的核心部分。

《Z理论》是企业文化理论的雏形与先导。企业介绍了日本企业文化形成的组织基础——终身雇佣制以及在终身雇佣制基础上形成的价值观。大内说，日本企业的作业管理方法如此微妙、含蓄和内在，因此局外人往往认为它是不存在的。这种管理方式是彻底的、纪律严明并有严格要求的，然而又是非常灵活的。掌握了日本企业的这种价值观和信念宗旨本质的人能够从概括陈述中推导出无数的具体规则和目标，以适应不断变化的情况。这些具体的规则和目标在人与人之间是有一致性的。因此，它既控制了人们对问题做出反应的方式，又在他们之间取得了平衡。故而，解决问题的各种方法就会紧密配合在一起。这种含蓄且不明确的理论是不能用若干句话完整地写下来的。它是通过企业管理者的共同文化进行沟通的，这种文化在某种程度上也为全体所共有。"有着强有力的文化的公司前途似锦。强有力的文化不仅能够对环境做出反应，而且能够适应各种各样的变化着的客观条件。遇到艰难的时刻，这些公司能够从它们共有的价值观的深处认识到真理、取得勇气以渡过难关。遇到新的挑战时，它们能够适应。当我们开始经历一场现代公司结构上的革命时，上述几点正是公司必须要做的事情。"①

　　1982年，美国学者彼得斯和沃特曼所写的《成功之路——美国最佳管理企业的经验》引起了管理学界的广泛注意。贯穿此书的一条线，是针对作为美国企业界思潮主流的纯理性主义的批判。美国出色企业的管理经验表明，文化越是强有力、越是面向市场，就越用不着什么政策手册、组织机构系统图或巨细无遗的详尽规章程序。在这些公司里，下面的职工大多数情况下都懂得他们应该做些什么事，因为他们对于公司那为数不多的几条具有指导性的价值了如指掌。企业文化理论的兴起为企业界注入崭新的力量，它正在取代古典科学管理和行为科学管理，成为企业研究的主要路线。

意义与展望

　　综上所述，管理学作为体现人的主观能力的科学，是社会物质的反映，是社会环境的反映，是社会经济基础的反映。因此，它必然随着社会生产的发展而不断前进与发展。它发展的历史证明，各个阶段的管理科学与方法，都是那个时代的产物。"经济人"的理论出现于从事简单机械生产的社会，只能解决操作工作的管理问题，而且，它所采取的奖惩、管制手段随着生产的发展，很快就反映出管理者与被管理者之间的矛盾。作为解决矛盾而采取的补助方法，就是"社会人"假设的理论。随着电子技术的出现，生产规模的扩大，企业管理进入以系统分析和创造性逻辑为手段的现代"决策人"时代。特别是由于人的智能水平的提高，人们终将认识到社会的整

---

① 阿伦·肯尼迪，特伦斯，等.西方企业文化［M］.北京：中国对外翻译出版公司，1989.

体性，局部对全局的影响性。从而人们更加深刻地认识到管理的职责，主观意志的自由是通过社会每个人的管理职责和他的活动对外界影响的总和达到的，那时，社会便从必然王国进入自由王国。这种人人得到意志自由，人人肩负个人和社会管理的职责的时代就是未来企业文化的时代。

五、企业文化的中国逻辑

之所以写下这个题目，是因为作者在研究探讨企业文化这个现代概念时，始终坚持从理念出发。这个理念完全来自中国哲学的基本精神，因此也就在逻辑上同形形色色、五花八门的片面结论划清了界限。如果我们对博大精深的中国文化不加以了解并有所认同，不对那些五千年来影响了中国人的思想进行现代意义上的理性开发，我们便不能从本体意义上揭示企业文化的来龙去脉。于是，我们不得不面临这样一个选择：在世界经济一体化这一现实蜕变中的"混乱"时代，我们是鸵鸟式地躲进美丽文化编织的织锦里去，还是本着科学的态度和方法睁大眼睛证实我们自己的过去和现在？

中国古代文化包含了丰富的人生和社会智慧，经过长期的融合和贯通，逐步形成一整套比较完备且行之有效的管理国家、团体、家庭的理论和方法。其特点集中在对国家宏观管理理念的开发和对现代管理的家训与济民要术上，其核心集中在对"人"的研究上。

1.《易经》蕴含的管理哲学

《周易》奠定了中国传统文化的思想基础。《周易》是中华祖先智慧的结晶，是人类社会最高哲理之大成，是世界上古文化学者最为关注的宝贵经典。《周易》历经毁誉磨难，很多人对它不屑一顾，更不对其进行科学研究，其思想方式仍是《易经》式的，只是没有被体系化而已。中国人不论是在语言上还是价值判断上，往往受《易经》的影响而不自知。《周易》位尊六经之首，被认为是饱含管理思想的最早的一部经典著作。《周易·系辞·上》说："一阴一阳之谓道"，明确表明，刚柔、高低、前后、上下、左右、内外、升降、进退、屈伸、聚散、消长、盈亏、新旧等，相反相生，运转不息。《周易》与唯物辩证法不谋而合，蕴含了对立统一思想，将其应用到管理上，领悟后能够完美地掌握与运用它，那便是使企业顺利发展的最可靠的途径。

　　《易经》的哲学综合了儒、道、法、兵、墨众家，它不只是占卜之书，它还有象、辞、意的观念。《易经》是世界的图像显示，在图像中找出一个定位，将它应用在企业，就能发挥最大的效果。伏羲画八卦，描写宇宙的8种象征息息相关、变化不已。从八卦中再提炼出不同的精神原则，应用在企业经营、管理上，让人做到知彼知己。例如，"天"是乾的原则，有创造的意思；"地"是坤的原则，有包容一切的作用，在守成中求发展；"泽"是安和快乐的；"兑"是和平的原则；"雪"是生机勃发的意思；"云"是动态的原则，蕴含一鼓作气、万象更新的意思；"风"表示大地更新、风和日丽，是流动的原则；"水"是柔中有刚；"火"则刚中带柔。八卦表示宇宙是对称、平衡、流动、变化的。若能上通宇宙本体之道，则可下握企业文化发展之理。何时该创新，何时该平衡，何时该以柔克刚等，都是做人管事的经纬运用。由此，可以总结出今日企业文化发展的一些原则，即：守成知变、穷化创新、定位断题、简易即时。宇宙现象在变与不变之间生生不息，企业经营管理、企业文化发展就是在简单自然中寻找变与不变的关系。在今天这个充满忧患的"混乱"时代里，企业的内部秩序和外部环境处处充满危机，但从《易经》上来讲，危机就是生机。要在变化中求得天、地、人、时间、空间的沟通和调和，要在整体性的发展中表现自身的个性，此乃易学理论对我们的宝贵启示。

《易经》的系统分析

一个系统是由许多个系统组成的，每个系统都能够相互作用，从而达到大系统的目标。系统也是多元的，并非单向的。易学是定位之学，其中有一个卦叫革卦，革卦是"应乎天，应乎人"的意思，即在原则当中做最好的应变。《易经》还告诉我们，在不同的情况下应该有不同的感受、不同的系统作用，该进的时候进，该退的时候退，不能只有一个感受，在系统中应形成相辅相成的转化关系。在企业的经营管理过程中，很多问题有形而上和形而下的关系。形而下方面，往往只能了解具体事物的结构而无法知道它的动态趋向，这个动态过程又与环境有关，所以要了解自身在整个系统中的有机定位，随时注意自己定位的变化，定位于阴阳、刚柔、虚实的合理的位置，求得企业发展"天道"与"人道"的合一。

《易经》的沟通分析

理顺关系就能沟通。沟通分析就是一种关系分析。要从定位中辨别关系，再把纷繁的关系网应用到沟通上，达到目的。《易经》中，天地相交即为沟通，达到目的，故谓"泰"，表示利的意思。天地分开，不能沟通，即谓否卦，此为不利，做事难成。就信息社会而言，搜集"资料"属于尚未沟通，将"资料"分析、归纳、组织成"信息"后，也仅仅是关系的一个方面，再将信息释为多方面知识，并加以透明的消化及贯通才算沟通。

《易经》的决策分析

《易经》是一部关于预测和决策的书。每一卦都在分析后做出明确的决策。《易经》的每一卦都有一个"辞","辞"就是根据卦的内容，分析后做出的决策和判断。所谓看卦，是从分析中找综合。透过卦，我们可以看到"象"，通过"象"则可找到相应的"辞"，"辞"是过去人的经验，将"象"与过去的经验连在一起。最后是"意"，是自己的意思，即在主观的状态下，通过自己的主观目标、客观的现象加上过去的经验做综合的决策。

《易经》的领导分析

对一个企业的经理要有合理的定位，要将具备不同品德的领导定位在合适的层次。领导的分析在于能够知己、知彼、知事、知道。简单地说：天是过去、现在、未来；地是前后、左右、上下；人是感情、理性、欲望，让它们配合起来就能充分地体现领导的意义。

《易经》的协调分析

协调的目的在于追求生生不已的发展。从《易经》的分析来看，协调就是使得阴阳配合、刚柔并济、上下沟通、理气浑成。中国有着一个伦理的、中庸的、中和的文化，其发展过程包含很多层面，但在理性分析上并不是特别突出，更加讲究生命的和谐。

2. 中国文化的理念与内涵

在中国文化史上，《易经》所产生的影响是深远的、显而易见的。在这之后，在由《易经》思想演化而来的比较完备的管理理念和方略的指导下，在治国、用兵、安邦平天下和治家、礼训、齐民等方面留下了一系列闪烁着管理思想和文化之光的论著，诸如：《潜夫论》《四书集注》《孙子兵法》《六韬》《资治通鉴》等。这些专著不仅从理论上对管理思想的本质进行了探索，同时，也为今日企业经营管理和企业文化建设奠定了坚实的逻辑基础。

王符在《潜夫论》中写道："人君之治，莫大于道，莫盛于德，莫美于教，莫神于化。道者所以持之也，德者所以苞之也，教者所以知之也，化者所以致之也。民有性、有情、有化、有俗。情性者，心也，本也。化俗者，行也，末也。末生于本，行起于心。是以上君抚世，先其本而后其末，顺其心而履其行。心情苟正，则奸匿无所生，邪意无所载矣。""德义之所成者智也，明智之所求者学问也。"这些在今天看来仍然很精辟的论述，阐述了管理系统至为重要的几个原则。所谓"莫大于道"，对企业管理而言就是要掌握"管"和"理"的科学规律，要按天地之自然规律办事。在遵守规律原则的情况下，就要讲求管理之德，即职业道德、全局和集体观念。想要达到守之道，盛于德，就要进行完善的智能开发、科学、文化和思想的教化。将上述三个原则统合起来，将其融入管理系统的总体目标中去，创造性地发挥潜在的主观能动性，就是出神入化的境界。所谓心，即人的知识性、主观精神，是人的本质。表象产生于本质，行为发端于心识。研究企业管理也好，研究企业文化也好，首先要研究企业文化系统之中人的本质，由本质分析人的行为表现，从而与现实无悖，达成企业的战略目标。

《孙子兵法》是中国最早的军事理论专著，至今已有 2 500 多年的历史。它的重要价值，早已为国际社会学术界所公认，受到各国军事家、政治家、外交家和经济管理学家的高度重视。《孙子兵法》的许多真知灼见，诸如《虚实篇》中的"故兵无常势，水无常形；能因敌变化而取胜者，谓之神"，《谋攻篇》中的"是故百战百胜，非善之善者也；不战而屈人之兵，善之善者也""知彼知己者，百战不殆"等思想都对现代企业的经营具有很高的参考价值。麦肯锡公司前董事长、日本著名经济评论家大前研一说："经过很长时间的思索和调查，我终于找到了一本管理学教科书，这就是《孙子兵法》。"日本东洋精密工业公司前董事长、经营评论家大桥武夫，在企业濒临倒闭之际，惊喜地发现《孙子兵法》有助于经营，便将其应用到实践中，很快使企业起死回生，步入坦途。大桥的经验之谈《用兵法指导经营》一书，引起经营界的巨大反响，成为1962年日本的畅销书。几十年来，大桥为企业做了数千次演讲，并在此基础上，写了30多本有关应用兵法经营的书，后又编写了一部长达10卷的《兵法经营全书》。《孙子兵法》渐渐在东邻生根，成为日本经营者经营管理的法宝。

中国传统文化已经蕴含了系统管理、行为管理、组织管理等近代科学管理理论的内核。难怪西方国家在出现了"批判管理纯理性"之后，致力于建立管理科学新体系的学者将目光转向中国管理理念和文化。今日的中国自然是昨日中国的延续，今日的世界自然是昨日世界的传承。近代管理科学发展到今天，上升到企业文化的层面，对其逻辑前提的探索必然出现。在此基础上，我们可以在现代意义上总结和解析中国文化发展的逻辑。

3. 企业文化的中国传承

中国文化重视整体观念

有关整体观念，中国文化包含了最丰富的内容。无论对于个人、家庭、社会还是国家、人类，均能以整体性角度加以理解。个人家庭也好，国家社会也好，都是天地宇宙整体的组成部分，不可能单独地谈天论地，离析宇宙整体的自然和谐。中国文化中的整体观念为太极、太和、天道等，一则显示事物的整体结构，二则显示事物的整体过程。在整体中，一切事象息息相关，逻辑成序。整体最为真实，也最具有发展潜力，人在整体中，才真正具备了进德修业和形成人格的能力。

中国文化强调整体中个体间相互依存的关系

凡物皆由相互依存的关系组成。人事也一样。表现这种相互依存关系的是阴阳二气，二者相反相成，相得益彰。此一相依并存、变通统合的关系也是其他相应的观念——如刚柔、动静、虚实、有无等的思想模型。整体与部分的关系，整体中部分间的关系也莫不可依此思想模型来理解、掌握。由于阴阳关系的相对性、多重性与相互转化性，任何事物之间均可析为重重相叠、层层蕴含的依存关系。通过此一思考方式及思想模型的运用，我们才能深入理解事物变化的契机，深悟企业文化发展的精髓。

中国文化注重和谐协调

事物在发展过程中，往往因平衡安稳而和谐协调，也因失去和谐而产生分歧。整体的和谐带来生生不已的创造力，整体的冲突则带来破坏与毁灭。对于宇宙整体中的生灭成败现象，必须假设其终极的整体和谐性方有意义，人为宇宙的一部分，当然具有和谐协调的自然需求。事实上，人格的发育完成也莫不以和谐为理想。儒家强调发展道德人格，就是发展人性的和谐与整合力，以成就最大的整体。儒家所谓中庸并非折中之道，而是不偏不倚，体现及保持平衡及和谐的原则。没有平衡及和谐等观念，所谓中庸也就流于折中、妥协了。

中国文化重视"合一""合德""圆融"

这些理念不但基于对宇宙事物的认知，也基于对实际人生的体验。表现这些理念的是"天人合一""天人合德""知行合一""情境圆融"等命题。它们阐述了主体与客体、天道与人道、知识与行为等原初的动态的关系。它们可以通过反省的方式被理解，也可以通过宇宙现象与人类本体相互界定。表现"合一"理念的另一要例是：经权互通。经是常道，权是变道。但经中有权，权不离经。因为在宇宙变化的现象中，变中有不变之道，不变之道却又是变动不居的。基于这一理解，变通、变易、变化、变革等理念也都具备了宇宙论的三重"合一"意义：理念中变与常的合一，实践中变与常的合一，以及理论与实践的合一。值得指出的是，这些重要的合一理念，以及上述整体、相互依存、和谐性等观念莫不包含在中国的《易经》思想之中。上述的各个命题也都是《易经》思想的发挥，其整体思想在中国文化中的中心地位由此可见。

中国文化知、行、达三德合一

中国文化有关宇宙及本体的观念永远与具体的人生实际联系密

切。所谓"道也者，不可须臾离也，可离非道也"。形而上的道与形而下的器不离不弃，同体不可分。这种普遍原理与特殊事物相结合的关系说明了应将"知行合一"作为人生准则的理由。知与行在概念上可以一分为二，但在实际生活上必须合二为一。不但知在理念上会摄行，行在实践中必须能达知，"真知真引"必须合二为一，方才相互完成。儒家对此极为重视，故从不轻言知，言于知就必须达于行。"知行合一"的关系若被引入现代企业文化的研究中，其意义仍十分重大。管理和决策在企业文化的研究中具有很重要的地位，管理决策绝不仅仅是知的作用，也是行的作用。如果没有行的承担，所谓决策也只是纸上谈兵，缺乏充满意志的执行力。

总之，中国文化所包含的丰富的哲学理念和思想，具备了极宽广的说明性与深刻的表达力。正因如此，此种说明性与表达力均可用于今日的社会和企业，并引申到科学研究、经济发展、企业文化活动的参考系统中，从而令我们更能把握现实，开拓未来。《易经》中"生生不已"的体现以及"与时皆极"的变通观念，不仅是我们进德修业的立身之道，也是开物成务、整合知行、创新方法、始终贯彻的管理、经营原则。若将德鲁克论管理、科学及决策化过程的理论与之相比较，我们不难发现两者在思想上实属不谋而合。

第 2 章　企业文化方法论

企业文化的本质是企业人主观精神的创造性凝聚。

研究企业文化，我们必须学会倾听与时俱进的呼声。这种呼声，既是企业内生的希望，又是企业外延的挑战；既以赤裸裸的真理震动我们墨守成规的心灵，又以全新的内容展示着企业发展广阔的前景。众所周知，现代文明的支柱是物质、能量和信息，是科学、技术和管理。但由于方法和原则不同，所以构成了不同形式的文明世界。因此，我们对企业文化进行研究时，首先应该把注意力集中在方法本身上，那才是充满活力的创造力的来源。

一、历史唯物主义的遵循

尽管关于企业文化研究的论文和专著大量论述了企业文化的一般现状，也从理论上探索了企业文化发展的一般规律，但笔者认为，即使那些被称为"学"的研究，也难以在企业文化的发端意义上构成逻辑一贯的理论体系，更不能在现代意义上对新形势做出令人满意的解释，因此，其研究的触角注定不能达到企业文化的质的深层。归其因，不能不说这是研究企业文化的工具——方法论缺乏严格的逻辑一贯性和学理的穿透力所致。

企业文化是一门新兴的学科，要找到它的开端、基本范畴和范畴体系，以及这些范畴之间的内在逻辑联系，使之构成具有严密理论体系的科学结构，的确是一桩困难的事。首先，这门学科尚处于发展之中，尽管人们很早就开始运用企业文化的基本概念，而且诸如此类的论著和学者很多，但将其作为一门学科进行系统和整体的研究，是最近几年的事。其次，企业文化作为一门横跨多学科的综合性理论体系，它的基本概念，不能不具有浓厚的哲学意味，不能不涉及一些与此有关的重要概念的现代诠释。再次，由于人们观察、分析问题的角度和使用的方法受到各种客观条件的约束，所以他们很难清晰地从本质上把握企业文化的基本范畴。这样的现实就为科学方法论的探索提出了一个崭新的课题。

"工欲善其事，必先利其器。"对于企业文化，要在整体和崭新的意义上对它进行开发与研究，首先必须掌握锐利的思想武器和科学的研究方法。没有锐利的思想武器和科学的研究方法，就不可能对企业文化进行深入的分析、研究和开发，就不可能将企业文化研究建立在严密、可靠的科学基础之上。恩格斯在《反杜林论》中指出，要想登上科学的最高峰，就一刻也离不开理论的思维。因此，要开发企业文化这样的综合性理论体系，发现它自身所特有的本质、结构和规律，就一刻也离不开辩证的思维。科学的实践证明：只有在历史唯物主义思想指导下，才能把理论建立在可靠坚实的科学基础之上。没有正确的哲学理念作为指导，就很难达到进一步开发企业文化的目的。

企业文化的基本概念和范畴，如果不用哲学观点和思想去阐述，就很难讲清楚。如果不能从哲学高度给出明确、清晰、简洁及本质上的定义，就不能澄清理论和行为实践对企业文化认识上的模糊和概念上的混乱甚至歪曲，就不能在现代企业发生历史性嬗变的今天，在逻辑一贯的意义上建立企业文化研究的科学体系。因此，企业文化的研究必须以历史唯物主义为指导，否则我们的研究便没有出路。

二、企业文化研究的思路

在没有给出企业文化的概念之前，我们首先理顺我们研究的思路。最终在理论逻辑一贯的前提下，我们将对企业文化的定义性公理进行科学的、合理的、逻辑的演绎，以求全方位地解剖企业文化的结构和秩序。

黑格尔说："概念应该是设定的自由。"[①]即概念与实在达成统一。一个自由设定的概念，它的真理性不在设定它的时候体现，而体现在通过逻辑的推演，得到的结构与现实无悖的时候，即开端经过逻辑的推演所得到的结论与动态的现实无悖的时候。这个开端既不是某个人的凭空臆造，也不是姑且假定的东西，后来它本身证明了把它作为开端是正确的、符合现实的。作为一门学科的开端，概念自身就是本学科矛盾的表现。企业文化的概念就是企业文化概念自身矛盾的运动表现。用一般语言来描述，就是对企业文化基本概念（定义性公理）的分析和演绎。为了对定义性公理——企业文化概念进行分析和演绎，必须经过大量的调查和研究，分析企业文化现

---

① 黑格尔.逻辑学：上卷［M］.杨一之，译.北京：商务印书馆，1966.

象的多种表现形式，并通过分析、归纳的创造性抽象与思维过程得出自由的设定。要经过这个连续、综合的创造过程，对企业文化的内涵进行统一的界定，即设定企业文化概念的本质内涵。我们对企业文化概念的设定，在逻辑分析中是否具有开端的意义呢？显然不是。就是说，它不是一切学科知识的开端，它只是企业文化的基本范畴。这个更基本的概念，是通过自由设定发展而来的。这个更基本的概念就是哲学的"理念"。所以，概念是理念的自由设定，正是通过这个自由的设定，才使理念上升为具体，从而产生具体学科的开端——定义性公理。

企业文化概念中到底包含着什么样的内涵，它的外延又是什么呢？

众说纷纭。

出现类似情况并不奇怪，正如马克思所说，"具体之所以具体，因为它是许多规定的综合，因而是多样性的统一"[①]。对于一个具体的系统，不同的人都可以从不同的角度考察、衡量，从而界定它的内涵和外延。设定概念具有这样的内涵，或是具有那样的内涵，似乎完全出于偶然，但是在这种偶然的背后隐藏着必然的因素。这种必然的因素造成从无到有过程必然受到的种种约束。这些约束是继承与习惯的约束，是连续与必然的约束。因为马克思说过，人们自己的历史，并不是他们随心所欲创造的，并不是在他们自己选定的条件下创造的，而是在直接碰到的、既定的、从过去继承下来的条件下创造的。在继承与发展、连续与习惯、认识与价值的约束下，理论界对企业文化的认识真可谓五花八门，这些五花八门的企业文化

---

① 马克思.政治经济学批判［M］.徐坚，译.北京：人民出版社，1955.

概念，都有一个致命的弱点：不能从整体上、本质上把握企业文化的要点，仅从企业文化的表面现象出发，从而导致理论上的悖论和思想上的混乱。这种混乱归根结底源于我们研究的理念和工具的缺陷。尽管我们对企业文化的种种现象的感受是深刻且多层次的，但这正如黑格尔提醒人们的——"熟知非真知"，这就是主观与客观的矛盾。这种主观与客观的矛盾就是创造性逻辑思维的发端，从而构成了创造性逻辑思维的分析模式（见图 2-1）。我们对企业文化的研究就从这里开始。

在这个模式中，理性的抽象、创见的诞生，完成的应是"本质是设定起来的概念"。而这种设定能否达到概念与实在的统一，即主观与客观是否存在同一性，与"设定"的时间无关，关键在于为后继的逻辑发展所获得的概念体系与现实是否无悖。在这里，"现实"指的是当代科学发展所决定的当代人具有的认识，无悖指的是在这种认识水平下的无悖。随着人们认知能力的提高，可能产生概念与实在的相悖。在原子核物理未诞生前，牛顿力学一统天下，表现了与现实无悖的暂时真理性，然而，原子核物理的发展，向人类展现了一个更为迷人的世界，原来的真理性已经靠不住了。正是这种靠不住的发现，动摇了人类传统的科学观念，推动着现代物理科学向前发展。人们这种不断深化认识的过程，同样决定了企业文化研究的动态性。事实上，企业文化内涵本身在不同的历史时期也有着不同的表现形式和不同的衡量标准。通过历时和共时的系统研究，在企业文化"万千气象"的多次重复性的刺激下，我们便可获得理性的收获。[1] 这种多次重复的刺激是发现约束即规律的先决条件，是归

---

① 历时性研究是研究语言在整个历史长河中的变化，与其他时代语言特点的异同的；共时性研究就是研究语言在某个特定时期表现出的特点以及内在联系的。

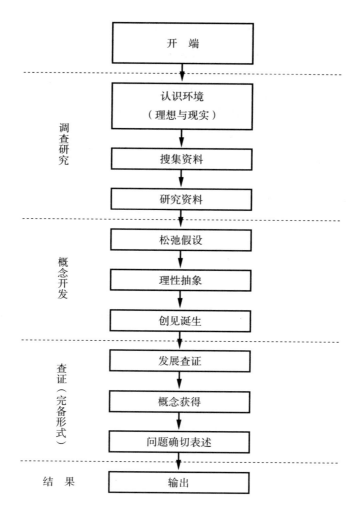

图 2-1　创造性逻辑思维分析模式

纳、综合，发现共性、进行理性抽象的前导，或可称之为去粗取精，从感性到理性的过程。就认识过程而言，企业文化的发展，从客观过渡到主观都孕育着变革，这种变革就是在去粗取精，从个性中发现共性的基质，就是在建立企业文化同一性的基础。这种形式的同一性，就是理性的抽象，就是思想的飞跃，就是创造。我们的研究就围绕着上述路线一贯展开。

三、"三论"研究的启示

按照现代企业发展的必然趋势，今天的企业为了在市场约束下获得空前的"解放"和"自由"，就要创造出与此相应的高级形态所必需的高水平生产力。这种高级生产力就在我们努力构建企业文化新体系的过程中被孕育和培植着，因此，它预示着，要从本质上揭示企业文化的全部内容，将是一件极为艰难的事。要认识企业文化，就要先解决认识的认识，同时也要对认识的认识进行选择性的和相关性的综述。

科学与哲学发展的历史证明：科学方法论的发展总是与自然科学的发展相适应的，而且是自然科学的发展推动了科学方法论的发展。系统论、控制论、信息论伴随着科学发展相继出现绝不是偶然的，它们既是人类思维升华的结晶，也是时代发展的成果。"三论"的出现不仅对科学方法论的意义十分重大，而且为人类改造自身、改造自然的行为实践活动提供了有效的工具。为了让我们在研究企业文化时保持逻辑上的连续性，我们在这里将"三论"简要地总结如下。

1. 系统论

系统论是关于整体的，相互制约、相互作用、相互联系、相互转化的理论。根据我们掌握的文献资料来看，在中外文献中，系统论、系统科学、系统学在概念上存在细微差异，但是一般不做区分，我们也遵守这个惯例。

系统论的萌芽

系统论和系统科学的研究在今天蓬勃发展，其思想渊源由来已久。可以说，整个人类思想文明发展史都为它提供了丰富的原材料。最早的系统思想来源于古代人类的社会实践经验。

很早以前，古巴比伦人就开始运用整体的思想来观察宇宙了。他们把宇宙作为一个整体，认为宇宙是一个密封的箱子或小房间，大地是它的底板；底板中央耸立着冰雪覆盖着的区域，幼发拉底河发源于这些区域中间；大地周围有水环绕，水之外有火山，以及蔚蓝色的天空。

古埃及同古巴比伦一样，也把宇宙看作一个总体，只不过描述的方式不同。他们认为宇宙是一个方盒，南北距离较长，底面略呈凹形，埃及就处在凹形的中心。天是一块平坦的或弧形的天花板，四方有天柱（天峰）支撑，星星是用锁链悬挂在空中的灯。在方盒边上，围着一条大河，河上有一只船载着太阳来往，尼罗河是这条大河的支流。这是最朴素的系统思想。

我国《孙子兵法》从天时、地利、将帅、法制和政治等各个方面对战争进行了系统的分析。秦朝郡守李冰父子主持的成都都江堰工程从设计到施工、竣工都体现了系统工程的基本思想。《黄帝内经》强调人体内部各系统的有机联系。中医认为：人体是一个有机的整体，要从整体上观察病人，强调对病症的综合诊断。中医理论根据阴阳五行学说，把身体和疾病当作一个总体的动态变化过程。《易经》认为，金、木、水、火、土是构成世界万物的基本要素，试图用阴阳五行八卦论来说明统一的宇宙。

总而言之，原始的系统思想（朴素的整体思想）是简单的、朴素的，但都包含了正确的整体观要素。

系统论的发展

人类在认识客观事物时，最初总是习惯于从事物的总体方面来考察。当人类文明发展到一定程度，人类就开始用分析的方法代替综合的方法，侧重分析事物的各个部分，然后再把对事物各个部分的认识相加，作为对整个事物的认识。随着科学技术的发展，上述两种认识方法都不能满足人类认识和改造世界的需要。人类的认识方式发展到了新的阶段，即从事物的内部有机联系，从一个事物同另一个事物的外部联系，到辩证地、系统地看待客观世界。系统思想的发展与这个历程是相关的。

世界上的一切物质的派生现象都是以系统的整体状态存在着的，具有一定的组织与等级层次，具有一定的结构和功能，其结构是由整体内各因素的相互关联组成的，结构关联性决定该系统的功能，系统内各个因素的关联又是通过信息流接通的。

正如托马斯·库恩所指出的那样，"系统"概念是一种新的"科学规范"，它区别于古典科学分析性的、机械论的、线性因果关系的规范。贝塔兰菲把普通系统论称为新的"自然界的哲学"，这是一种把世界当作一个巨大组织的机体主义观点，从而完全区别于认为世界被自然界的盲目法则所统治的机械论观点。它使我们从整体上对复杂事物和构成复杂事物的各组成部分的相互关系确立了非常有益的宏观概念。

现代系统论注意到了局部与整体之间的辩证统一以及系统发展的普遍规律。系统发生变化的机制是累进的——内部的要素、层次、结构、功能和外部环境因素共同作用，局部不断发生变化，量变引起质变，整体表现出变化。这种变化有两个方向：向好的方面变化，或者向坏的方面变化。系统向好的方面变化时，系统的构成要素质量会不断提高，数量会不断增加，层次会逐渐增多，结构会日趋稳固和优化，功能会不断增多和变强，与环境的关联性会日益紧密；系统向不好的方向变化时，一切向着反方向发展，新的系统就处于孕育之中，当不利因素积累到超越临界点时，原有系统就会因丧失其基本功能而崩溃，这时新的系统就会取代原有系统。

总之，系统思想集中体现了整体性思维的特点，这种整体性思想是根植于客观物质世界的整体性之中的。既重视整体，又兼顾局部，局部与整体辩证统一，事物内部矛盾会发展与演变等，这是历史唯物主义的常理，也是"系统"概念的精髓。

2. 控制论

控制论诞生于20世纪中叶，其英文为"cybernetics"，这个单词源自古希腊文，意为"掌舵术"。控制论在变化过程中考察系统，因此控制论是基于系统论的，是系统论的延伸。控制论从人类各种学科之间的共同点出发，在承认必然性的前提下，审视机器、动物（包括人类）的某些共同机制和特征——抓住一切通信和控制系统中共有的特征，然后以不确定性的视角综合考虑，从而形成能够指导实践的新理论。

控制论的思想

美国应用数学家诺伯特·维纳在1948年发表了他的著作《控制论》，他认为控制论是"寻找新的途径，新的综合概念和方法"，由此来研究机体和人构成的整体。

出现在20世纪40年代的控制论有着其特定的历史背景。在"二战"期间，维纳接受不能不涉及人的智能，因而不能不涉及生物科学这个领域，因为计算和预测都高于机械分析的范畴。要想用技术装置实现它，就必须找到生物科学与技术科学之间的内在联系。控制就是以复杂的因果关系，以现实世界的存在为条件，通过有目的的调配达到预期的结果。其基本任务是要在理论上找到技术系统与生物系统之间在某些功能上的相似性、统一性，以便在技术上研制出模拟智能的技术装置，即自动机或控制论机器。

控制论方法体现了认识与实践的统一，理论与技术的统一。它同时向人类提供了两套工具，一套是认识客观世界的工具，一套是改造和利用客观世界的工具。控制论在认识一个系统的优点和特点时，总是力图吸收它到设计的模型中去，这个特点在人工智能中表现得尤为突出。并且，控制论的方法反映了人类认知领域的较高抽象水平，又总是有具体的技术手段和技术步骤来保证它得以实现。控制论方法的一个重要特点在于它是从整体上有机地把握客体，在多种可能的因素中选出能够实现目的的那种因素。

控制论的思想基础源于19世纪末、20世纪初发生在美国的一次科学思想史上的重要转型：以笛卡儿和牛顿为代表的确定性的终结和以爱因斯坦、达尔文和弗洛伊德为代表的偶然性世界观的确立。

1900年之前，确定性的世界观在自然科学、哲学和社会科学领域都占据主导地位，但随着爱因斯坦的相对论、普朗克的量子论、达尔文的进化论、弗洛伊德的精神分析学等理论的出现，必然性世界的存在受到了严峻的挑战，随之而来的是偶然性世界观的建立。统计力学在这场变革中发挥了重要作用，它打开了人们对于不确定性事件的认知大门，即不再像过去一样探讨那些总会发生的事情，而是更多地考虑事情发生的规律，这其中就包含了任意性、概率和不可逆的演化。在这一过程中，人们逐渐意识到自己生活在一个既存在必然性又存在偶然性的二重性的世界中，同样，人的行为也是如此，即存在一定的非理性决定因素。维纳的控制论思想正是在这场世界观的变革中产生和发展起来的。

维纳由于执笔著作《控制论》而被誉为控制论的奠基人，然而，在此期间他也曾受到罗马尼亚医生和心理学家斯特凡·奥多布莱扎《协调心理学》的挑战。后者认为他所揭示的人类思维活动和心理活动以及面对整个世界总结出的 9 条原则是"一般的理论控制论"，提出时间比维纳早 10 年，他后来还出版了具有争辩性质的论著《协调心理学与控制论》，但学界的主流观点仍认为维纳才是控制论的奠基人，同时也不否认奥多布莱扎是理论控制论的先驱。

钱学森认为维纳的控制论是继相对论和量子力学之后又一次的科学革命，这主要归因于控制论把通信概念和控制概念联系在了一起。另外，维纳的开创性历史贡献被英国著名的系统科学家 P. 切克兰德列为系统科学的重要原理之一。此外，维纳提出了一套如反馈、调节、回路、因果性、目的性等意义深远的概念，这也对当时的传统思想带来了很大的冲击。控制论自诞生后得到了广泛应用与快速发展，研究对象也变得越来越复杂，不仅涵盖了生物、工程、军事、自然等科学领域，也涉及社会、经济、管理等人文板块。

控制论横跨基础科学、技术科学、社会科学和思维科学。对于各控制论学科的分类，图 2–2 具有方法论的意义。

管理控制论

信息和反馈是控制论思想的核心。在控制论系统中，通信（信息的传输）和控制（信息的反馈）是不可分的，现代企业的大工业化生产和管理对于高度自动化水平的需要，决定了控制论的思想在

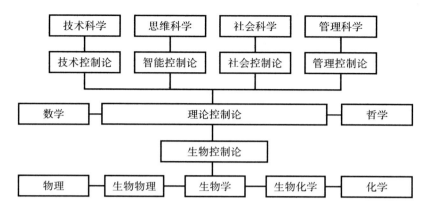

图 2-2 控制论学科分类及其与相关学科的关系示意图

构建企业文化过程中必定发挥重要的作用。现代企业的劳动过程冲破了人体的局限，人类生产力提高的途径不再完全依赖于增加体力和动力，而是依靠人的智能的开发和放大，人脑各器官的延伸，思维领域的变革等。控制论的思想融进企业文化的建构之中，它将从规模庞大、结构复杂、功能丰富、因素众多的特点出发，把能力伸向整个企业，努力探索大系统的总体性能指标，从而起到管理控制的作用。

管理控制论的概念首先出自英国教授斯坦福·比尔的著作《控制论与管理》，书中将管理控制论定义为人类组织中通信和控制的科学或是关于有效的组织的科学。此后，英国管理学教授 J. 贝克福德和 P. 达德利于 1998 年对管理控制学提出了更为整体性的定义，即管理控制论是管理科学的一个分支，它以结构、信息、人员为出发点来研究任何组织的集成整体。

管理控制论是一门从多学科的维度对组织进行自上而下的全局性研究的科学。它的研究范围十分广泛，既涉及社会控制论的研究领域，也包含经济控制论的研究内容，其研究方法不仅涵盖了管理学中的组织行为学、运筹学、决策分析和信息管理等，同时也会涉及经济学、统计学、计算机学、心理学、哲学、社会学等学科中的理论知识，最终达到运用不同的理论方法对组织进行全面统筹分析的目的。

管理控制论在过去半个多世纪的发展中已探索出了许多基于管理控制论的管理方法，其中研究所用的方法论主要沿着实证主义的传统和诠释主义的传统两大主脉向前发展。前者主要通过对结构、功能进行定量和客观性的描述，以理性分析占据着统治地位，后者则是运用推论、定性分析、主观对话及交往的方法进行感性的研究分析。针对这两种方法存在的不足与互补性特点，未来发展的趋势应是两种方法的相互渗透与协同发展。

迄今为止，管理控制论虽然已经发展出了多种自成一体的控制方法，但未来的管理控制论还有待于形成一套统筹各种方法的独特理论体系，以支撑其整体的发展。控制论的思想启迪来源于机器和动物的类比。随着互联网与人工智能的快速发展，"机器端"的控制效应不断增强，这也就使得越来越多的组织正面临着"人类与技术"和"人类思维结果与行动"的复杂局面，因此提高人类对环境的适应能力变得尤为重要，与此同时，向"动物端"学习、将仿生学引入管理的思想正备受重视，未来或在管理控制学中取得新的突破与进展。

3. 信息论

信息论引入与物理学中负熵表达式同型的可度量的信息概念，并且发展了信息传递的原理。信息论是基于系统论和控制论之上的理论，它将系统看作一个充满信息传输、交换、加工的受控制体系——系统在有目的地运动，背后受到某种规律或者意志的控制，表现为信息传递过程。

信息论的思想

科学来自实践，信息论作为一门横跨各个领域的新学科，其形成和产生的渊源可以追溯到 19 世纪。19 世纪中叶—20 世纪 40 年代，可以被看作信息论产生前的准备阶段。自牛顿力学创立以来，从 17 至 19 世纪，在自然科学领域中，机械唯物论的世界观占统治地位。机械唯物论否认客观世界存在着偶然因素，把偶然性和必然性绝对地对立起来，企图用拉普拉斯的决定论来解释一切。对于上述认知，列宁批判道："假定一切物质都具有在本质上跟感觉相近的特性、反映的特性，这是合乎逻辑的。"[1]

1948 年香农发表了著名的论文《通信的数学理论》，提出了"信息就是不确定性的消除"这一基本论点，一举奠定了信息论的基础。信息论研究如何将机体或组织的联系定量化，也就是对某种不确定趋向于确定的一种度量。后来香农引进了热力学中"熵"的概念，它描述的是系统走向组织化、有序化程序的程度或对某种混乱状态的偏离。香农信息论的精髓在于将通信的内容抽象为信息，赋予信息以数学的形式，将通信过程中的信息加工变为严格的数学运算。需要指出的是，香农的信息论也蕴含了认知过程。无论是个体，还是集体，人类的每次认知结果，本质上都是信息不确定性的减少或完全消除，这就是信息的传递和加工。

20 世纪五六十年代，西方发达国家完成了高度工业化。目前，西方发达国家正进入新的技术革命时期（有人称为"第三次浪潮"

---

① 列宁.唯物主义和经验批判主义［M］.傅子东，译.北京：人民出版社，1960.

或"第四次产业革命")。这次新的技术革命的特征之一,即社会信息化。西方发达国家在实现高度工业化后,从工业社会跨入"信息社会"(或叫作知识、智力社会)标志着人力的空前解放。在信息社会中,信息成为科技发展日益重要的资源。在新的包括企业在内的社会发展中,材料、能源和信息理所当然地成为不容置疑的三大支柱。由于社会信息化、电子计算机、自动控制以及生物遗传技术的推广和应用,人类既要具有一定的生产实践经验和劳动技能,又要有智力和知识,并且能不断更新自己的知识,掌握最新的信息,做出最恰当、最迅速的反应和处理。

信息论的管理应用

如前所述,信息理论是"二战"以后随着电信工业的蓬勃发展而兴起的。起初,它主要研究系统中的信息传播,随着信息理论的不断发展,它逐渐被应用于行为和社会科学。人们发现,许多经济和管理现象都可用信息论解释,这就进一步充实了管理理论。

企业与它周围的环境,包括用户、竞争对手、市场以及其他各种各样的机构都有一种动态的相互作用。它从周围环境系统输入能量、物质和信息,经过企业的转换系统,以产品或服务的形式输出,又回到环境中去。为使企业管理系统具有适应能力,增强它的适应性,要经常开展外部环境的调查研究,进行市场预测,研究市场信息,把握企业外部环境的状况和发展趋向及其对企业的影响,为使系统适应环境的发展而下达适应此环境的指令。为达到预期的管理目标、完成系统管理循环的功能,信息要贯穿在整个管理系统中。信息可被比作管理系统的神经中枢。通过及时提供的信息,管理人员可以加速决策过程,及时指挥和控制生产。

在工业企业系统中，物流是人所共见的，并且受到极大的重视，但是在这个主要的物流中，伴随着许多信息流；在信息流通过程中，存在信息的反馈。物流畅通与否，在很大程度上依赖于信息处理是否及时。在生产过程中的物流是单向的，而信息流是双向的，企业生产效率或劳动生产率的高低取决于这种流的流向和流量。对于物流，我们要求单向增量，对于信息流，我们要求双向反馈。更重要的是，信息流促进物流的畅通，起着主导的作用。如果在管理系统中忽视了信息流的主导作用，就会导致物流的混乱。信息论方法及时且准确地向企业各级管理人员提供必要的信息，对企业的信息活动进行科学的分析和组织，这是改善企业管理工作和提高经济效益的一个重要措施。可以说，管理的信息化是现代化管理的基础。

企业管理活动的过程是一种信息控制过程，就是在管理系统中通过信息的传递、交换和处理，发出指令，调节各职能系统，使其稳定地达到既定目标，使各职能系统的全部活动和一切环节协调一致，取得系统总体稳定性。

4. 方法论基础——三论归一

系统论、控制论、信息论三者有许多共同点，例如都与人类的工业化实践、企业运营有紧密的联系——控制论被广泛应用于自动化技术中，信息论来自通信技术，系统论的一个分支专门研究企业的组织管理技术。系统论、控制论、信息论又都对机器和生命有机体进行比较研究，往往借用生物学的概念，将个体经验的认知总结升华为哲学上具有普遍规律的一般理论。那么，接下来自然而然需要回答的问题就是："三论"与历史唯物主义之间是一种什么关系？

"三论"与历史唯物主义

我们认为，"三论"是历史唯物主义的扩充、补充。

第一，系统论建立的哲学意义在于它发现了自然和社会共同的系统构成和运动的规律性，从而从这一角度论证了世界的物质统一性。系统论提出了新的哲学范畴：系统、要素和层次。当然，系统、要素和层次的思想在马克思主义中就已出现。有些系统论学者也承认马克思的思想是系统论思想的来源之一。马克思对资本主义社会经济形态的分析，就是一种系统分析，而且初步运用了一些数学方法。达尔文对生物系统做了分析，自然科学中物质结构的系统要素和层次的思想也早就出现。但是，20世纪的社会生活和科学发展中出现了新的事实：大量的、特别复杂的巨大系统在人类的社会实践中出现，特别是人类智力的发展使得我们已经能够对其中某些类型系统进行精确的数量处理，正是这些新事实提供了把系统、要素、层次提升至哲学范畴的必要性和可能性。世界是由系统构成的，系统普遍存在，系统由各级层次和要素构成，各种系统的运动存在着不同程度的量的统一。这些就是系统论提供给历史唯物主义的一些观点。

第二，控制论对辩证的自然观来说，其主要意义就在于：它从质和量两方面深刻地揭示了生命、社会、人工技术三种不同的运动形式存在着共同规律。它们都是控制论系统。生命这种运动形式的基本特征除了新陈代谢等以外，应该新增加一点：它是一种自然控制论系统。人类社会又出现了一种新的控制论系统。人类将无机物加以组合，就创造出一种人工的、无机的控制论系统：自动化机器。这就在无机和有机的鸿沟之间架设起一座新的桥梁。这就使得历史唯物主义的世界物质统一性原理被深化了。

第三，信息论的建立对于辩证的自然观所做的贡献，就如控制论一样，首先也在于发现了人工技术、生物、社会等领域中存在着一些共同的信息运动规律。这一点将随着信息论向模糊信息、相对信息、主观信息以及信息处理、信息控制等方面的发展，随着神经系统机制的进一步发现而越来越充分地表现出来。信息论的哲学意义不仅在于此，更重要的还在于它提供了一个新的哲学范畴：信息。它对历史唯物主义的物质观、意识观、反映论都提供了新东西。生命的本质特点之一就是它是一个自我控制的系统，信息运动在控制过程中取得了完整的形式。

"三论"与企业文化

我们从对系统论、控制论、信息论的简要叙述中不难发现，"三论"研究的基本要素都是系统、信息与研究的角度（目的）。尽管"三论"的理论各有不同的出发点和特定的内容，但它们在研究对象、手段和研究主体三个方面具有共同之处，最终都显示了它对复杂系统研究的有效性。从整体意义上来看，"三论"研究的不是某个具体学科的规律，"笼天地于形内，挫万物于笔端"，它寻求物质运动的某些普遍规律，进而揭示世界各种极不相同的事物在某些方面的内在联系和本质特性。事实上，"三论"的研究和发展过程，正是互相交叉、互相借鉴、协同发展的。也正由于"三论"存在着本质的共性，使得我们对它们的归纳研究和统一性研究成为可能。"三论"的研究进一步证实了事物的矛盾对立统一的根本法则，对系统、控制、信息的研究使事物矛盾对立统一的规律更加程序化、数字形式化，从而使我们透过千变万化的表象，抽象出能够帮助我们观察社会、企业的更本质的方法。我们研究的对象——自然界、社会、企业、企业文化都是一个统一的整体，是一个多层次、多结构、多序列的完整网络。随着人类认识的不断深化、科学技术的综合化，整体化趋势越来越明显。由于"三论"给人们观察事物、研究事物带来了思想上的启迪，反映到对企业文化的研究领域，其方法必然要摆脱机械化、细分化的传统束缚，跃升到一个崭新的水平。这个崭新的水平用一句话来概括，就是科学研究方法的高度综合化与普通归一化，将彻底突破"三论"在逻辑上的局限性，使我们对企业文化的研究完全建立在理论逻辑一贯的前提下，从而与零乱的凭空臆造和不适当的舶来文化所造成的五花八门的关于企业文化的研究划清了界限。

通过对系统论、信息论、控制论的归一化研究，我们知道它们的要素都是系统、信息和研究主体。在这方面，《法元论》[①] 做了非常有意义的探索，为我们奠定了坚实的理论基础。在《法元论》中，作者用"元"代替系统，并将"信息"和"控制"进行了模型化的归一性集合，达到了方法论的崭新境界。"三论"归一性研究一方面突出了科学方法论研究中的历史唯物主义思想，另一方面强调科学方法论基础研究中的综合性、原始性和归一性，从宏观意义上构成了研究事物矛盾对立统一性的"元科学"，同时在理论内涵上具备矛盾对立统一性的明确含义——阴阳互补、道体不离不弃。

将对"三论"进行归一化研究得到的崭新的方法论思想用于企业文化的研究，是一条很有价值的思路。企业文化是由人（主体）和客观对象（客体）所组成的矛盾对立统一体。企业文化内部主客体之间的关系（作用）为内信息，企业文化与环境之间的关系（作用）为外信息。由此，我们可以建立起企业文化的科学结构（见图 2-3）。

---

① 姜圣阶，张顺江.法元论［M］.北京：中国环境科学出版社，1988.

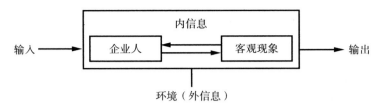

图2-3　企业文化的科学结构

什么是方法呢？狭义地讲，方法是为了达到目的所使用的手段；广义地讲，方法是对因果之间必然联系的程序的表述。通过对企业文化整体系统的矛盾对立统一性这个本质属性的逻辑推演和理性开发，并基于对物质变换、行为变换和精神变换的综合开发，我们得以构建指导本书写作的理论框架——"三性耦合论"。

四、"三性耦合论"的提出

文化是人的文化。人的尺度就是企业文化的尺度，人的价值就是企业文化的价值，人的属性就是企业文化的属性。毫无疑问，研究企业文化要从企业人入手，从人的普遍性和特殊性入手。

1. 人的基本特性与"三"

人有三个基本特性：物质性、社会性和知识性。具体表现为人的物欲、情欲、灵欲。在事物的发展过程中，按其占有形式的不同，可被分为排他性占有的物质变换，相互占有的行为变换，共有分享的精神变换。物质性是人的第一属性，社会性是人的现实属性，知识性是人的本质属性。企业文化也应该而且必然反映出物质性、社会性和知识性的特征。

人的三个基本特性并不是孤立存在的，它们耦合在一起，有机地构成了人，人的需求，人的意义。这是研究人及与人相关的一切事物的新的理论框架，是"三性耦合论"。三性耦合是本书研究的方法论基础，是企业文化研究的开端和元概念。

对中国文化而言，"三"是一个极具内涵的数字，蕴含着丰富的哲学意义和现实具象性，甚至三的倍数都神奇非凡，例如，《道德经》中写"道生一，一生二，二生三，三生万物"，再如"六六大顺""九九归一"。《易经》用三爻为一卦来占卜预测吉凶，其寓意是"三"能包罗世间万象，"三"也能概括事物变化。

现实中果真有许多"三"可以概括的领域，譬如，方位分左中右，上中下，内中外；科学分自然科学、社会科学、思维科学；时间分过去、现在、将来；粒子分电子、质子、中子；古希腊哲学家柏拉图提出"真善美"哲学三原则；罗马建筑师维特鲁威总结建筑三要素："实用、坚固、美观"；司马迁在《史记·律书》中指出："数始于一，终于十，成于三。"

2. 企业文化的人本根基

研究企业文化，唯有从人出发，从人的生命活动出发，才能全面地接近人的本质。因此，人的尺度就是企业文化的尺度，人的价值就是企业文化的价值，人的属性就是企业文化的属性。

人首先是以肉体为显性表现形式的物质性存在，其物质力以能量的吸收和消耗为标志；人也是现实的社会性存在，人与人之间的关系表现为自始至终地相互信赖和依靠，每个人的存在和生命活动都是其他人存在和生命活动的前提；人更是本质的知识性存在，其知识力区别于其他动物，表现为领悟事物发展规律并洞悉其逻辑因果关系的能力。

在与人相关的任何系统中，到处闪烁着人的物质性、社会性和知识性的映像。尽管表面上看起来它们并没有那么密切相关，但实际上，总有一股自然神秘的力量将三种属性有机地耦合在一起，其中任何属性都不能独立地发挥作用，任何一种属性发生变化，都会在不以人类意志为转移的同时引发其他两方面发生相应的变化。作者把这种现象称作人性的三性耦合现象，也称作"三性耦合论"。

"耦合"原本是一个电子术语，是对两个或两个以上物质相互依赖性的度量。耦合现象接受存在独立性，强调关系的整体性，崇尚发展的动态性。"三性耦合论"突出强调三元和谐的本质特征，认为在一个三重结构的统一体中，任何一个要素都是其他要素的必要条件。无论缺失哪种要素，都不是一个和谐的指向。

"三性耦合论"以新的理论视野探索生命的内涵，它既是方法论，又是企业文化研究的开端和定义性公理。本书不对"三性耦合论"做系统学理上的阐述，正如黑格尔所说："那个开端，既不是什么任意的和暂时承认的东西，也不是随便出现和姑且假定的东西，而是后来它本身表明它作为开端是做得对的"。[①]我国古书《太玄·玄数》记载，声律相谐而八音生，三性和谐而文化成。"三性耦合论"之于企业文化研究的展开意义也在于此。

五、企业文化的性质

基本属性来自本质属性，它包括企业文化的运化性和信息性。

由基本属性推演，可以得到企业文化的一般属性：多义性与同

---

① 黑格尔.逻辑学：上卷［M］.杨一之，译.北京：商务印书馆，1966.

态性；层次性与边界性；约束性与随机性；稳定性与质变性。我们将企业文化的这些性质总结如下（见图2-4）。

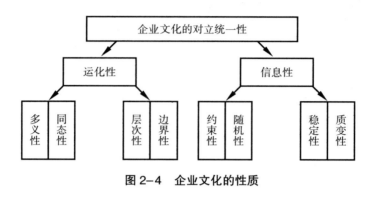

图2-4　企业文化的性质

1. 企业文化的运化性

企业文化是运动、变化和发展着的。既然企业文化存在运化性，我们只要控制企业文化运化的条件，就可以改变文化运化的方向。在复杂的现实中，一个特定企业的文化发展必须因社会政治、经济和大文化环境的变化而变化。运化是企业内外矛盾不断产生又不断解决的过程。没有运动和变化的企业文化或没有企业文化的运动和变化，都是不可思议的。变化是企业文化的运动所引起的状态、特性或本质发生改变的表象。实际上，企业文化的运化是观察不到的，人们观察到的只是由运动所引起的企业文化的变化，人们所观察到的企业文化的变化也无不随观察者、观察手段、观察角度的不同而各异。企业文化的本质属性，乃是企业文化科学结构所描述的矛盾的对立统一性，它是企业文化运动变化和发展的根据。这种矛盾的对立统一性，又表现为企业文化自身相互联系、相互作用的内信息性和企业文化与外部环境相互联系、相互作用的外信息性。所谓内信息性，是指一个特定企业文化内部各部分之间的相互关系；企业与外界环境发生相互的联系，则叫作外信息性。这蕴含着企业内部之间的交换和企业与外界发生的物质、能量和信息的交换，可统称为信息交换。这个信息的概念指的是广义的信息。研究企业文化的运化性，旨在探索企业文化内部矛盾和环境联系的规律性，进而掌握和运用这个规律，由企业人按照历史的、现实的客观条件，使企业选择和适应环境条件，向着自我完善、充实和不断进步的方向运动和变化。

2. 企业文化的多义性

企业文化的多义性有两方面内涵。就其客观性而言，企业文化有着向多种方向运动、变化和发展的可能性。就其主观性而言，人们对一个特定的企业文化的研究，可以从多方位的角度进行。而对于一个具体的企业，由于企业人对于企业特定环境和自身条件的主观认识和客观行动存在着差异，塑造的企业文化也必然存在多样性。对一个企业来说，企业文化的客观多义性构成了企业中必然出现不同企业文化特征的根据。也就是说，就具体的企业而言，由于企业所处的行业不同，地域不同，经济基础、历史背景、环境条件不同，可能形成不同的文化形态，并在既定的环境条件中表现出不同类型的创造性实践活动。正是企业中不同类型、多种多样的企业文化才造就了五彩缤纷的企业世界。由于企业文化存在着客观多义性，便可以在不同的环境中吸收不同的"营养"，从而向不同的方向变化和发展，并发挥出不同的作用。企业人可据此在企业成长的方向上进行选择，从而明确完善自身与进步的目标。而企业成长的方向和目标、达到目标的方法与手段又是多种多样的，所以应选择最适合达到目标和方向的方法、原则和手段；制定最佳的策略，使自身的企业文化向既定的目标迅速发展。从企业文化的客观多义性，我们还可以直接得到企业文化发展的最优化原理。这个原理表明，在我们建构企业文化的过程中，必然存在着一条最合理、最理想的途径。我们掌握了这条途径，就会少走弯路，创造出优秀的企业文化。

企业文化多义性的另一个理论启示是企业文化的价值准则。在现实中，任何企业都生活在社会、经济和大文化环境中，因此就必然烙上不同社会制度、意识形态的印记，反映在理想、道德和管理理念的内涵上，便构成了不同的价值准则。同时，企业所处的时代、行业等也有差别，这对如何评价企业文化的构成和优劣形成了多层次、大范围的影响。这正如历史唯物主义的相对真理与绝对真理原理告诉我们的——真理无不以时间、地点、条件为转移。

3. 企业文化的同态性

企业文化的同态性是对自身矛盾对立统一性呈现出千差万别的表象所反映出来的共性的概括、归纳与抽象，它是企业文化的本质在表象中的反映。尽管同态性是一个非常抽象的概念，但它是构成理论思维的客观基础。同态性也是物质世界的一般属性，许多看上去相差很远的事物之间，也经常可以发现惊人的相似之处。例如，机械运动中的微分方程与电路系统的微分方程中的变量在完全相同的数学描述中一一对应，这两种系统具有同态性。

面对千姿百态的企业文化，我们相信它们都存在着共同的本质，正如人类具有共同的本质一样。从企业文化的主观方面去考察，企业人的精神实践发展到什么阶段，企业人就具有什么样的灵性，企业就具有什么样的道德、意识、科学技术素质。从客观方面去考察，企业人的精神实践发展到什么阶段，企业就具有什么样的生产力、生产关系和经济基础。从主客观全方位去考察，企业人的精神世界发展到什么阶段，企业就表现出什么样的企业文化。虽然不同的企业在企业文化的发展过程中会呈现出不同的表象和内容，但它们必定存在共同的特征。根据企业文化的同态性原理，无论在企业决策、企业管理，还是在建立企业经营实用模型等领域，我们都可以巧妙地设计出管理、决策的同态系统，以便我们对可能出现的方案进行有目的的比较、鉴别和选择，这样我们就会把许多潜在的不利因素消灭在决策实施之前。

4. 企业文化的层次性

在物质世界中，任何一项事物，任何一个系统都可以一分为二（"二"指"非一"），分解为相互之间发生有机联系的两个或两个以上的子系统，每个子系统又同样可以分解下去，向任何更低的层次推演，以至无穷。同样，子系统可以合二为一，从而向更高层次的系统综合，这种情况也可以推至无穷。任何事物都无不包含着许多层次，层次是矛盾对立统一性的一种表现形式——从宏观世界看，地球是一个层次，太阳系是高一级层次，银河系则是更高一级层次，等等；从微观世界看，分子是一个层次，原子是低一级的层次，原子核又是更低一级的层次，等等；从企业来看，班组是一个层次，车间是高一级层次，工厂则是更高一级层次，等等；从企业文化来看，器质文化是一个层次，制度文化是高一级层次，精神文化又是更高一级的层次，等等。

根据企业文化的层次性原理，企业现代化生产的关键在于管理，管理的关键在于经营，经营的关键在于决策。在低一级的层次上不断地积累能量，就能实现企业由低级向高级的能级跃迁，就能在高一级层次上实现新的突破。面对现代企业的复杂性和综合性，可以说，任何自然的物质变换，任何企业的生产和科研，如果不经过强有力的组织与管理，如果不进行缜密科学的预测和决策，都是不能被有效完成的。因此，清晰准确地把握企业文化各层次之间的关系，不仅能够从各层次本身把握其动态规律，而且有利于我们从整体上发挥企业的综合优势。

5. 企业文化的边界性

歌德在《浮士德》一书中说，我从何处掌握你，无限的自然？就其涉及的领域和内涵而言，企业文化的边界是无限的，但是一个具体的企业所体现的企业文化是有边界的。企业文化的边界性是企业文化对立统一性的直接表现。正因为企业文化的本质属性是对立统一的，是一分为二的，合二为一的，才使其对立的各方各自成为独立的单元，即它们之间存在着边界。正因为企业文化是独立的、存在边界的，也才使企业文化具有整体的不可分割的性质。对这种独立整体的构成和划分，就表现为边界性。由于边界性的存在，才可能将企业文化划分为不同的层次。企业文化的机体通过边界与外界交换信息，从而维持自身生命的有机活性。据此，企业文化向内、向外推演，由接近边界、提升层次、接近下一个边界的运动模式构成了企业文化向内、向外无限深入、拓广的循环。

研究企业文化，必须首先划定边界，而划定具体研究对象的边界，有时并不简单。由于事物的广泛联系性，故欲割断这种联系来划定边界，首先就要认清具体事物的本质，并了解该对象的本质与外界环境条件的必然联系，要做到这点往往又是十分困难的。研究一个具体企业的企业文化，首先就要划定具体企业的边界。这个边界一般是指它的地理边界，也可以以服务性质、产品性质、行业性质划定边界。划定了这个边界，才能据此反映出这一边界内外政治、经济、交通、能量输入与输出的相互联系性。

划定企业文化的边界十分重要。企业文化的边界有多大？企业文化的研究对象是什么？答案必须明确具体，只有这样，才能使企业文化建立在科学的基础之上，否则就会陷入自我逻辑混乱、模棱两可的境地。企业文化的本质是企业人主观精神的创造性凝聚。这种创造性的活动表现的正是具体的企业人主观精神与客观实在的整体功能。在这里，整体的功能是以具体的企业——企业人的主体体现出边界性的。在具体的理论研究中明确研究对象，划定研究对象的边界，确立研究的层次，是任何一个学科均要研究的"本质论"问题，即具有开端性质的问题。这个问题没搞清，就无法对本学科进行理论一贯的研究。企业文化亦如此。

6. 企业文化的信息性

一旦我们为我们的研究对象——企业文化界定了边界，联系企业文化的内部结构和与外界发生的交换就体现了企业文化的基本属性——信息性。它的本质是"力"。对企业文化系统来说，企业人与企业自身客体组成的矛盾对立统一体，就构成了企业文化的内信息，它是企业文化功能表现的根据，企业整体与企业环境之间的联系就构成了企业文化功能表现的条件。在这里，企业外部环境对企业文化的影响和企业文化对社会环境的影响又构成了相互促进和发展的根据。企业文化的内信息决定企业文化结构的有机性和整体性。外信息决定企业文化与外部环境条件的相关性，即企业文化对企业环境的影响性以及企业环境对企业文化的影响性。只有从这种根据与条件、原因与结果相互转化的辩证关系上分析企业文化的现象，才能揭示企业文化发展的规律。一个企业的文化发展为何保持自身运转的合理、和谐和稳定性，为何利用自身的特点在复杂的客观环境条件下为企业人发挥主观精神的能动性，创造广阔的天地，将完全取决于企业文化的信息流向是否畅通，是否能在有机性、整体性和可控性的基础上形成活性的态势。

7. 企业文化的约束性

企业文化的约束性是指企业文化在运动、变化、发展过程中表现出来的相对不变性，是现象中巩固、同一的东西。力学寻求机械运动中运动和力之间的约束；热力学研究物体的体积、密度、压力等与热量之间的约束；控制论研究系统间控制与反馈之间的约束；逻辑研究概念与推理之间的约束；企业文化则研究企业文化优劣与企业整体发展之间的约束。企业文化的发展与企业兴衰之间的约束，有时是直接的，有时是长链条的滞后约束，是经过一系列环节、一定的时间，以不同的表现形式呈现出的相关约束。正如恩格斯在《自然辩证法》中所叙述的，美索不达米亚、希腊、安纳托利亚以及其他各地的居民为了得到耕地，把树木都砍光了，但是他们没想到这些地方今天竟因此成为荒芜之地，他们把树木砍光之后，聚合和贮存水分的中心也不存在了。阿尔卑斯山的意大利人，因为要十分细心地培育该山北坡上的松林，所以把南坡上的树木都砍光了，他们预想不到，这把此区域的高山牧业的基础毁掉了，他们更预料不到这样会使山泉在一年中的大部分时间都枯竭，而且在雨季又使洪水倾泻到盆地。正是这些预想不到的教训，启发了人们的思考——要警惕长链条的约束。不仅安纳托利亚人、阿尔卑斯山麓的意大利人饱尝了无知的苦头，就是在近代，也有类似的例子。埃及人花费几十亿美元，用了数年建成尼罗河上的阿斯旺水坝，虽然成功地实现了拦洪发电、灌溉，却引发了海岸萎缩、渔场消失，下游两岸盐碱化，血吸虫猖獗的严重后果。人类在受到大自然的惩罚后，才变得聪明起来。

企业文化对企业发展的约束，表现为直接约束和间接约束两种形式。物质文化不发达，就难以在制度文化和精神文化层次形成真正的创造性冲动，就会对企业发展形成直接约束。精神文化的落后，不仅直接制约着现实企业的进步，同时也会对企业带来潜在的威胁。企业文化自身的发展和完善，不仅受到自身内部结构和工作机制的约束，同时还受到历史阶段的约束。例如，科学技术发展水平对企业构成约束：企业人不是随心所欲地创造企业文化，而是在选择继承和时代条件的约束下进行创造的；企业受到生产关系的约束；科学技术发展到什么程度，生产力就发展到什么程度，经济基础就发展到什么程度，并由此产生相应的社会生产关系以及上层建筑；企业还受到社会习俗的约束；企业发展过程中，逐渐形成自身的传统模式，其表现就是企业人的习俗以及伦理道德。习俗和伦理道德作为一种社会意识，具有强大的潜移默化的力量和惯性，形成一种必然连续的约束。

8. 企业文化的随机性

就企业文化本身而言，它存在着向各个方向运动、变化、发展的可能性——随机性。从宇宙中大量偶然现象抽象出必然的规律，是人类认识史上的一大突破，它使科学创造成为可能。17世纪后半叶，以牛顿的决定论为主要标志的决定论宇宙观发展到登峰造极的地步。玻尔兹曼和吉布斯把统计引入物理学，偶然性的宇宙观给牛顿决定论的宇宙观以毁灭性的打击，人们又从决定论的思维方法迈进更高的境界。随机性与约束性对立统一于企业文化之中，为我们研究和认识企业文化的特征，开发其功能奠定了客观理论基础。

随机性是企业文化的一个重要属性，因为企业文化涵盖了众多领域，其内容不仅涉及自然科学和社会科学，而且涉及思维科学。如果企业文化的内容完全都是既定的，没有任何差异的，那么企业文化研究也就没有什么现实必然性了。在企业文化研究中，我们不但要承认它存在着一定的约束，存在着必然的确定性，而且还要承认它存在随机性和偶然性，并在偶然之中发挥主观认识能力，把握企业文化运动、变化和发展的必然性。从企业内部看，企业文化的主体是人，而且企业人的成长，无论是智力结构的先天遗传性，还是知识水平的后天教化，都受到环境条件的约束。然而，正是复杂环境的千变万化，使具体的企业人也有了环境变化的机遇，即环境机遇的随机性。从企业外部看，企业面对的是市场，千变万化的市场充满了机遇和随机性，不仅企业生产的产品、输出的"服务"要根据市场的变化而变化，企业的制度变化和精神文化包括智能结构、思想观念等都要按照市场的要求进行适时的修整、充实和改进。企业顺应市场，建立以市场为导向的企业文化，主要就是发挥企业人的主观能动性，深刻理解企业文化的本质约束性，从而理性地把握企业文化的即时变化，求得企业整体的优化。

9. 企业文化的稳定性

企业文化的稳定性是指其在运化过程中的本质巩固性，是企业文化本质保守性的一种表象。企业文化的稳定性主要表现为抗干扰能力。

企业文化经过历时性的长期孕育、沉淀和累积，形成了不以某个人的意志为转移的鲜明特征。无论在管理实践，还是在经营实践中，这种在表象的背后巩固着的相对不变性，就构成了维持自身存在、抗拒外来干扰的根本条件。如果一个企业的企业文化不能抵抗外来的干扰，不能保持自身相对稳定性，在以竞争和合作为标志的市场面前，就很难表现和发挥出自身的优势。其表现就是没有科学远大的企业目标，缺乏逻辑一贯的决策管理理论的指导和行为实践的价值尺度，结果就是经受不住市场风浪的考验和挑战，内部管理混乱，缺乏凝聚力；外部营销不畅，缺乏应变力。一个特定企业文化的成型，往往要经过几代人的努力，要不断地培育，才能形成一个比较完善的形态。这种带有鲜明企业特征的企业文化，一旦得到企业人的共同认可，就会成为一种抵抗外来干扰、推动企业进步的稳定力量，并在企业经营、管理的过程中，持续不断地保持着活力。

现代企业最主要的任务是应付变化，要对周围的变化保持警觉，并预测这种变化对自身的影响，然后有所反应，重新思考自身准备怎么办。在动态环境中，不确定性是常规而不是例外，市场上唯一不变的规律就是市场永远在变化之中。相对于市场的变化，企业文化必须保持一定的稳定性，以不变应万变，这也叫作持经达变。当然，我们所说的稳定性也具有一定的条件，稳定是相对的，非稳定则是普遍的。

10. 企业文化的质变性

在一定的条件下，企业文化会发生质的变化，从一种质的规定性过渡到另一种质的规定性，即事物发生了质的变化。

对企业文化来说，企业文化的质变性启示我们，要寻求适合企业发展和进步的质，就是要研究企业文化在具体环境条件下的解体，企业文化内部子系统的重组和企业文化各子系统的综合归一三种方式，从而揭示它的演变规律，并把握这些规律达到自主控制和利用企业文化的目的。

企业文化的解体，是企业在发展的重要关头，根据市场的要求，进行自身的解体，成为若干个独立的子系统，在进行了时代的选择之后，形成不同于原文化的质的内容。企业文化内部系统由于改变了它们之间的关系，就要发生结构性的重组，企业文化也要随之发生质的变化。同样是碳原子，由于原子结构排列不同，结果得到两种性质完全不同的物质——硬度极高的金刚石和软而润滑的石墨，企业文化也通此理。在一定的条件下，企业文化可以兼收并蓄，与不同质的企业文化进行综合和归一，融合构成一个全新的文化形态。正如，音符不是音乐，但音符经过音乐家的组合，可以构成优美的乐章；文字不是文章，但文学家可用它写出伟大的诗篇；有机物不是生命，但它是生命构成中不可或缺的组成部分。所谓对企业文化的研究，就是要根据外部环境因素的变化，把握企业文化的质变性和企业文化各部分之间的关系，不断地调整企业与社会、国家、企业人之间的关系，以达到"人尽其才，物尽其用"的目的，使企业系统获得最佳功能。

企业文化的质变性原理说明，企业文化的矛盾性是可以改变的，其功能与结构是不断进步或倒退的。一个企业要想使自身获得成功，就要使自身的企业文化功能结构不断地向有利于企业文化建设和企业成功的方向发展。企业文化要由低级到高级，由落后向先进发展，表现出创造性的活动功能，这就是企业文化的发展性原理。

本章补充说明

企业文化是隐性资本，我们要想创立一门符合中国企业实际的企业文化理论，不能在思想基础和理论构建上照搬西方企业文化系统，而应该避免"爬行主义"，从企业文化开端意义上夯实中国特色企业文化理论基石。

中国现行的企业体制基本都是在国家主体或社会主体的直接约束或全面主持下建立起来的。国家意志和社会意识的宏观渗入是普遍性的企业文化现象，于是很少有企业会真正兴起相对于国家意志和社会意识独立发展的一种属于自己的企业文化。那种把各企业喊出来的口号、提出来的目标等同于企业文化，并把所谓企业精神当作企业文化以及将企业文化当作管理理论的观点，显然是小看了企业文化问题。这种问题是由当前的中国企业文化没有独立主体而造成的假定性导致的，也是企业文化思想混乱、观点泛滥的根源。

中国不仅有优秀的传统文化基础，而且也有丰厚的认知世界的方法论基础。尽管我们在探讨企业文化时，会最大限度地吸收当今最新的西方科学研究成果，但中国式的或者说发展了的中国式的方法论仍然是我们的出发点。这不仅会建立中国式的企业文化的逻辑一贯性，而且对世界企业文化的发展具有普遍的价值和意义。

本章参考文献

［1］钱学森. 创建系统学［M］. 太原：山西科技出版社，2001.

［2］N. 维纳. 控制论：或关于在动物和机器中控制和通信的科学［M］. 郝季仁，译. 北京：科学出版社，1963.

［3］周汝昌. 陆机《文赋》"缘情绮靡"说的意义［J］. 文史哲，1963（2）：60-67.

［4］马克思，恩格斯. 马克思恩格斯全集：第 3 卷［M］. 中共中央马克思恩格斯列宁斯大林著作编译局，译. 北京：人民出版社，1960.

［5］L. 贝塔兰菲. 一般系统论：基础·发展·应用［M］. 秋同，袁嘉新，译. 北京：社会科学文献出版社，1987.

［6］钱学森. 智慧的钥匙：钱学森论系统科学［M］. 上海：上海交通大学出版社，2005.

第 3 章　企业文化管理论

企业文化就是企业文化，它既不是经营也不是管理，它是企业一定的生产关系、政商关系和伦理关系的反映。企业发展不平衡是企业文化演进的一般规律。

我们必须要注意这样一个基本事实：虽然在不同的社会制度下，新的文化崛起及由此引发的某些社会变革会产生不同的结局，但任何具有改革性质的新的文化的崛起，必然会对现存的社会生活和社会成员原有的文化心理结构产生深刻的影响，其结果有可能是造就新的生活方式和新的文化心理结构，也可能是固化旧的生活方式和旧的文化心理结构。当我们将注意力放在经济改革所引发的企业文化变迁的历程中时，就会发现新的企业文化体系的崛起，正在对现实企业的经营制度、管理方式甚至是商业模式产生革命性的冲击。

对现代企业来说，无论是对企业文化的研究，还是对企业管理的探索，在日益依赖信息、知识和智能化的现代社会里，这是一种人与人之间、人与自然之间的新型关系，它具有新的含义、新的组织形式、新的管理形式。H. 艾伦·雷蒙德说："我们现正处在第三次浪潮的边缘。"① 我们经历了大工业时代，现在则正面临着信息成为重要资源的时代，我们相信这是一个在更高层次上寻求企业文化和企业管理新定位和拓展的时代。当人类变得更加聪慧时，当人们有了新的发现时，当方式和认识随着环境的改变而改变时，企业体制和管理也必须前进才能跟上时代的步伐。否则，就像我们要求一个人始终穿着一件适合他小时候身材的外衣那样，文明社会仍然处于愚昧甚至野蛮的统治之下。

一、两个不同的范畴

企业文化和企业文化管理是两个完全不同范畴的概念。企业文化就是企业文化，它既不是经营也不是管理，它是企业一定的生产关系、政商关系和伦理关系的反映。企业发展不平衡是企业文化演进的一般规律。企业文化管理则是一种以自觉培育某种企业文化为主导因素的有机管理方式。

将企业文化与企业文化管理在理论和概念上混淆，是目前研究的一个误区，它既无益于理论探索的严肃性，也无益于实践应用的实在性。尽管企业文化和企业文化管理二者有着密不可分的内在联系，甚至在现实中很难区分它们所担负的相似的责任，但是，我们在论述企业文化管理时，还是要从企业文化逻辑一贯的序列出发，将企业管理放在企业文化的大背景下，以崭新的方法论思想为指导，加上创造性的开发，以便管理的真理之光透过历史和时代局限性的雾障，一展它真实的面貌。

---

① H. 艾伦·雷蒙德. 第三次浪潮中的经营管理 [M]. 许卓松，译. 北京：中国对外翻译出版公司，1992.

1. 管理实践与管理理念

管理是人类各种活动中最重要的活动之一，企业管理与企业的诞生和发展史并存。自从人们开始形成群体去实现个人无法达到的目标以来，管理工作就成为协调个人努力与共同目标之间必不可少的因素。由于人类社会日益复杂化，许多组织群体变得日益庞大、分工细化，依靠集体的共同努力来达成团体目标就显得越来越重要了。"一种新的文明正出现在我们的生活中，各处盲目的人都企图扑灭它。这一新的文明带来了新的家庭模式；带来了异样的工作、爱恋和生活方式；带来了一种新的经济、新的政治冲突。此外，还带来了新的意识。"①创新过程和创造成果展现了深刻的文化变迁，反映出经济发展和相关领域跌宕起伏的多系列、多轨道、多角度的交叠、组合、离散、涨落的形势，它揭示了这样一个简明且有深意的事实：多种多样通向未来的途径在今天的现实中已初露端倪，现代化的过程向兴奋不已的人、向各类企业和国家发出了强烈的挑战。但是，总的来说，我们尚未适当地将新的经营管理理论和企业文化与国家、世界正在经历的、变迁的重要实质联系起来，因此，我们需要行动。

管理曾经使人类变得不那么渺小，但也正是管理给人类造成了诸多迷茫和困惑，尤其是企业。有人说，管理是社会有机运行的黏合剂，是维系群体协调、社会有序的重要手段。还有人说，如果说经济学家启动和创造了 19 世纪的话，那么 20 世纪将依赖管理学的崛起独步天下。对一个具体的企业来说，管理就是螺丝钉和润滑剂，将企业这个包含无数零部件的机器有机地联结在一起，最大限度地发挥出整体的综合效用。可以想象，如果没有管理的存在，如果没

---

① 阿尔文·托夫勒. 第三次浪潮［M］. 黄明坚，译. 北京：中信出版社，2006.

有管理与社会发展的有机匹配，国家也好，企业也好，就难免陷入一盘散沙式的、以个体自我为最高原则的无政府主义。

管理活动自古以来就存在。人的行为是过去和现在的文化力量的产物，管理从一开始就与过去和现在的经济、社会和政治力量同体共生。因此，从文化学的角度来研究和认识管理问题，尤其是企业管理，乃是管理学的历史进步。管理渗透在人类历史发展进程和生命活动的每一个环节。被称为"世界七大奇迹"的中国长城蜿蜒万里，其建筑之雄伟，工艺结构之精密，工作量之巨大，运输、技术之艰难，没有周密的构想设计和严格的组织安排，这样复杂的工程是难以完成的。世界上最大的皇家宫殿——故宫，如果没有协调有序的管理和指挥，那恢宏壮观、风格鲜明、闪烁着中国传统文化之光的整齐划一的总体布局和左右对称、前后呼应、一体贯通的空间意境，是断然不能成为现实的。

从社会属性来讲，管理是人类生存发展的最有效的武器；就其本质而言，管理是人类有意识地规划生活、改造世界、追求自我升华的需要，是人的本质属性——知识性的结晶和体现。那么，究竟什么叫管理呢？让我们翻开前人的著作，一览它已有的面貌。丹耶说："管理是以最有效的方法去完成各项任务的艺术和科学。"[①] 法国管理学家 H. 法约尔在他的经典管理著作中写道："管理既不是一种独有的特权，也不是企业经理或企业领导人的个人责任。它同别的基本职能一样，是一种分配于领导人与整个组织成员之间的职能。"[②] "管理就是通过他人将事情办妥。"[③] "管理是社会系统中，联

---

① 丹耶. 工业管理［M］. 黄德鸿，云冠平，译. 北京：中国社会科学出版社，1981.

② H. 法约尔，工业管理与一般管理［M］. 周安华，译. 北京：中国社会科学出版社，1982.

③ 魏大业. 台湾企业管理文选［C］. 北京：时事出版社，1981.

系各级层次子系统的纽带，是社会的生命力所在，社会系统中的一切功能都赖以展开。若离开管理，社会系统的所有目的都无法达到，社会本身也难以生存。"①"决策贯穿管理的全过程，管理就是决策。"②"管理就是设计和保持一种良好环境，使人在群体里高效率地完成既定目标。"③

综合上述说法，我们可以看到，这些论述都以不同的角度和侧面分析、综合、归纳和概括了"管理"的一般经验内容，但都没能够深刻地挖掘出管理的本质，因而科学地阐释"管理"的概念仍然困难重重，人们实际上陷入了一种无法给管理下一个确切定义的两难情景。当然，管理无处不在，所以管理描述的多样性正是管理实践不断发展、魅力无穷之所在。但是，我们相信，管理既然是一门科学，它之于人类就一定具有同一的普遍性。尽管真理的相对性、发展性和概念是向前流动的，管理的概念也不例外，但真理的常态性和概念在某一阶段的确切性使我们有充分的理由在企业文化的基础上开发出"管理"的本质。

2. 管理是微分，决策是积分

上文提到，以文化为特色的现代管理系统在科学技术高速发展的驱使下出现了两大特征。一是系统的动态过程大大加速，生产时间缩短；二是人对环境的影响加大，社会活动间的距离大大缩短。在管理系统上出现的这两大特征，首先要求管理工作者必须能够迅

---

① 周吉. 管理理论入门［M］. 上海：上海交通大学出版社，1985.

② 转引自 F. X. 波波夫. 管理理论问题［M］. 北京：中国社科出版社，1985.

③ 哈罗德·孔茨，海因茨·韦里克. 管理学［M］. 郝国华，等译. 北京：经济科学出版社，1993.

速应对这种瞬息万变的形势。人们发现，管理的重心在于经营，经营的重心在于决策。决策出现失误，管理科学的技术手段越先进、效率越高，负效果越大。同时，人们还发现，无论处在哪一管理的层次，其主要职能均是做出准确及时的决策。因此，决策和决策实践便成为管理的实质性内容，贯穿管理活动的全过程。一切管理活动，实际上以决策为本质。

现代管理系统的两大特征表明：现代企业的生产已具有地区、国家，乃至世界的意义。跨国公司的出现，不但使现代企业的管理活动具有了国家级的管理边界，而且具有了冲破国家边界的全球意义。这就说明，发端于局部的、微观的、工业企业的管理理论研究，冲破了狭隘的局部界线并具备了宏观性质。决策管理已从微观上体现了国家级水平。企业管理研究也与政治、军事、资源、金融、外贸等浑然一体，被赋予强烈的文化意味，这是以往的管理内容没有的。它表明管理理论向大系统管理理论的过渡，预示着全球大系统管理模型的建立已经不是很遥远的事情了。

恩格斯指出，要想登上科学的最高峰，就一刻也离不开理论的思维。所以，要想对现代管理进行分析、归纳、综合与演绎，从而定义它自身特有的本质结构和规律，就一刻也离不开辩证的思维。开发企业文化管理的概念，不抓到它的本质、弄清它的内涵和外延，就无法将现代企业文化管理建立在逻辑一贯的理论基础上。我们已经提及管理的本质是决策——"就其主观能力而言，管理是微分，决策是积分"[①]，是决策与决策实践之间互为因果的必然联系。

---

① 张顺江，等. 积分决策学［M］. 北京：中国环境科学出版社，1988.

3. 管"理"

通俗地展开讲，管理就是管"理"。应该澄清，管"理"与管人理事、管事理人的传统论点是完全不同的两个理论范畴。长期以来，管人理事或管事理人几乎成了企业管理的代名词，事实上，不管是管人也好，管事也罢，要么激发人与人之间的信任与协作，使得企业人之间产生一致向上的团队奋进力，让企业蒸蒸日上，要么引发人与人之间的原始冲突，导致企业陷入僵化和死板。

那么，管"理"管的是什么呢？毋庸置疑，"理"是理念，是道理，说得更透彻一点，"理"就是规律。企业的"理"就是企业必须遵守的企业发展的规律，其中包括：市场规律、生产规律、营销规律、企业文化规律、企业人生理和成长规律等。当然，不同特色的企业要根据实际情况，要顺应自身特殊规律的要求去运化。譬如，物质产品的生产、销售规律就不同于精神产品的生产、销售规律。

所谓的管"理"，实际上就是优化企业管理者的智能结构，有目的地顺应"理"，把握"理"。可以想象，如果企业决策者不懂市场规律，企业就无法在愈演愈烈的市场竞争中站稳脚跟，长久地立于不败之地；如果企业决策者不懂生产规律，企业就不可能在商品大战中选中人们需要的产品，用最少的投入争取最大效益的产出，并不断地更新换代，保持高份额的市场占有率；如果企业决策者不懂企业发展规律，企业就不可能制订出卓有成效的短期、中期、长期战略规划，并有预见性地避免可能出现的企业滑坡和危机，永葆勃勃向上的生机；如果企业决策者不懂企业文化的发展规律，就不可能自觉地优化企业的文化结构和文化战略，从整体上提升企业的水平，创造超越企业本质存在的物质文化；如果企业决策者不懂企业人的心理、生理和精神的发展规律，企业决策者就不可能从本质上理解企业人，将人作为人来研究，从而全面、深刻地开发企业人的特性。面对日益复杂的内部秩序和外部环境，面对企业管理自身因国际市场一体化而导致的文化结构性危机，时代要求我们必须从更深的层次去把握管理世界的脉动，从管理者对应的不同的管理层次把握不同的规律，这样才能达到管理理论与实际运作之间有效的统一。

企业管理的发展史证明，各个时期的管理科学、方式和方法，都是那个时代的综合产物。古代的管理产生于奴隶劳动和小手工业作坊；传统管理发端于传统的社会环境，它仅仅适应于传统的社会环境。科学管理出现于简单机械生产的社会，只能解决最一般的操作层的管理，其采用的简单的奖惩和管理手段必然导致企业人与资本家之间众多矛盾的激化。作为要解决矛盾才采取的补充方法，组织管理和目标管理便应运而生。随着电子通信技术的高度现代化和社会化大生产的规模不断扩大，管理科学进入以系统分析和创造性逻辑思维为手段的现代管理科学。尤其是面对人类智能结构的优化和智能水平的提高，人们终将从局部利益的狭隘性中解放出来，并逐步认识到社会本元的整体性以及片面注意局部利益而对整体利益造成的影响，从而更加深刻地认识到管理的职责是每一个社会人的职责。主观意志的自由是通过每个社会人履行管理职责和发挥社会活动的影响共同实现的。那时，社会便从必然王国进入自由王国。正如德鲁克所说："管理的本质是为了提高效率，而管理的最高境界是不用管理。要达到这个境界，管理者就得学会激发被管理者进行自我管理。"[①]这种企业人大多具有高超的智慧。肩负起个人和企业管

① 彼得·德鲁克. 旁观者：管理大师德鲁克回忆录［M］. 廖月娟，译. 北京：机械工业出版社，2009.

理的职责的时代就是现代企业文化管理的时代，也就是企业人自己真正主宰自己的时代。

综上所述，企业管理作为企业人主观精神在企业中的能动体现，是社会物质、社会环境和社会经济基础的全面反映；企业文化作为企业上层建筑的组成部分，必然随着社会生产的发展和社会文化的不断进步而独具特色和模式。企业管理若能驾驭好企业文化，管理效率则大幅提升；企业管理若忽视了企业文化的潜在巨大影响力，企业则往往难以获取最低的管理成本和最高的执行效率。

二、文化与管理

管理学家在试图建立新的管理理论体系时，都竭尽全力构建一个模式，尽管这些模式的出发点各不相同，但其实质都是想用一个最完善、最简易的结构揭示日益复杂的管理的内涵和真谛。无论在原始管理时期，还是在科学管理年代，抑或是在行为科学学派、管理心理学派和权威管理学派共存的今天，管理科学的发展始终是依托一个比其自身发展更广阔的宏观文化背景进行的。历史证明，企业管理科学发端于微观经济基础，它就像一棵枝叶繁茂的参天大树，从萌芽的那一天起，就一刻也离不开文化土壤的培育和滋润。所以，企业管理科学在自身发展历程中的每一次结构变化，在行为实践中获得的每一次质的跃迁，都离不开社会整体文化能量强有力的驱动。企业管理从原始阶段到现代理论的高度发展，历经千变万化，企业文化管理的提出，只不过是我们跋山涉水，在思辨终止的现实面前对所谓的企业管理的文化本质或者说企业文化本质的创造性开发罢了。

1. 文化的实践差异

从企业整体的发展历程中，我们可以看到，拥有合理内在结构的企业文化和优秀外在形象的企业，一定是在经营管理上独具特色，在市场竞争中成绩卓著、活力旺盛和应变力强的企业。相反，那些死气沉沉、难有作为，不能根据自身特点和优势形成良好文化结构的企业，就难免在企业经营管理等方面存在着这样或那样的缺陷。企业文化和企业管理的这层辩证关系，正在被越来越多的现实企业成长的过程证明，因而备受理论界和实业家的关注和重视。

管理的原理与文化的原理统一于共同的行为实践中。成功的管理，应当是适应文化特点，激发文化内在创造力的管理。先进性与适应性构成现代企业文化管理的科学性内涵。在实现企业文化管理现代化和传统文化科学化的今天，必须解决好管理与文化、现代与传统、东方与西方存在着的二律背反的逻辑问题。这些问题交织在一起，就构成了我们对企业文化管理进行研究的全部内容。综合企业文化和管理在不同社会、民族背景下的表现形态，大体以中国、美国、日本三种情况最具个性和代表性。我们用综合、归一的方法论思想，对其进行分析和抽象，就能在人类共识的前提下建立新的企业文化管理体系（见图 3-1）。

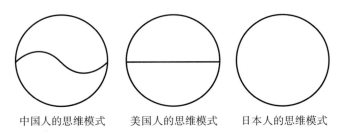

中国人的思维模式　　美国人的思维模式　　日本人的思维模式

图 3-1　思维模式抽象图

中华文明，上下五千年，一部博大精深的《易经》奠定中华传统文化的基础。《易经》思想中的"变易"、"不易"和"简易"是中国人处世的基本特征。无论从语言的多义性，还是从行为上的中庸之道，中国人的思维总是处在持经达变的准备上，从日常的生活琐事到对待工作的态度上都能有意或无意地表现出来。只是中国人自己生活在这种以变为文化出发点的氛围中视而不觉、听而不察，对自己生活于其中的文化长河的底蕴缺乏理性的思考和本质的理解，常常怀有中国传统文化不如其他文明的自卑感。其实，从事物发展运化的辩证规律来看，自然界也罢，社会发展也罢，只有变化才是宇宙面貌的准确描述。中国文化包含应变、善变、能变的特征，影响和规范着中国人的思维方式、处世态度，包括对企业管理路线的选择。台湾著名管理学者曾仕强教授曾提出，随着科技进步、生产力的进一步解放，那些机械性的生产劳动、重复性的管理工作，都将被越来越智能化的机器人代替，人从繁重的体力劳动中摆脱出来，专门从事创造和应对世界变化的工作。实际上，随着智能时代的到来，智能化机器人不仅仅能解放人类的体力，还能解放人类的脑力，让人类更加专注于人类自身最擅长的智力、智能、智慧领域的高度知识化的劳动。例如，一个放射科医生可能每天要写300~400份诊断报告，而且如果给病人做CT（计算机体层摄影），照一次就有200多张影像，要换角度来回看，这对医生来说是相当繁重的脑力劳动。医生要对诊断报告签字负责，但是由于体力限制，他可能刚到下午就疲劳了，注意力不集中，片子上的症状看漏了，容易产生误诊。患者再过几个月来复查，可能就是病症晚期了。实际上，医生每天诊断的病症中，80%以上为常规病，这些病症相通性高，诊断对于放射科医生专业上的依赖性较弱，智能化机器人可以在常规诊断中替代人类医生繁重的脑力劳动。面对剩余的20%疑难杂症，从繁重脑力劳动中解放出来的医生就可以根据人类特有的经验和联想做出精确诊断。因为对于这种非正常状态的事物，再好的机器学习模型也很难模拟出来。

美国文化决定了美国人的理性主义。他们崇尚直观、刚性、非此即彼的行为方式。上帝创世论，使他们笃信冥冥上苍的主宰力量，这表现在其行为实践过程中，美国人都贴上了实用主义和个人主义的标签。美国人的思维方式有其自身民族的独特性，如下一个司空见惯的生活小事，便反映出中国人和美国人在对待日常生活上的差异。在中国，你如果去朋友家做客，主人会先征询客人：喝点什么？中国人的回答肯定是非常简单的两个字：随便。而在同样情况下，美国人的回答是非常肯定的，要么喝咖啡，要么喝啤酒，结果是明确的。中国人即使在表达非常明确的事情时，也往往使用模棱两可的语言。当中国人在说"随便"的时候，其真实意图往往是一点也不"随便"的。这"随便"二字至少包含两个以上的不同含义，也就是说包含着无穷的变化。毋庸置疑，这两种不同的生活态度会在企业文化管理中表现出来。

日本是众所周知的现代经济强国，他们在企业文化和企业管理领域颇有建树。从历史上来看，由于日本是一个岛国，腹地狭窄，资源贫乏，海洋性地理环境使它客观上具备了积极的外向开放性。从大和时代到江户时代，在自身传统主流文化缺乏独立性和充实内容的历史背景下，大和民族主动走出海岛，表现出坚忍不拔的进取性。他们从世界各地，尤其是从中国学习并移植了大量的科学技术和文化成果。如今，走在日本都市，保存完好的、古风依然的街道上，从建筑风格、广告上的汉字，甚至午夜酒店招揽客人的灯牌上，处处可以辨别出中国文化的痕迹。即便是日本的民族语言中也充满了中国的方块字和形形色色取自古希腊语、英语和拉丁语的文字——被日本人称作片假名的外来语。日本人的语言是一个具有多文化因素的混合体,这从一个侧面反映了日本文化的特征。从创生的意义来说,日本文化是系统学习了外来文化的集合体。因为他们对自身的资源环境、文化环境有清醒而深刻的认识,形成了强烈的民族危机意识。因此,他们更虚心、更注重学习他国优秀的传统文化,以弥补自身的不足,从而在一张白纸上描绘了一幅令世人赞赏和惊叹的经济和文化图景。

文化背景的不同和各国历史的差异,使人们以不同的生活方式生活,拥有各自独特的人生曲线,这也就形成了人们在企业这个特定的环境中创造企业文化的形态特征。从管理的角度表现出来的差异就更直接、更具象、更人格化了。文化因素像血液一样渗入社会肌体的每一个部分,即使像中国象棋和国际象棋这样考验体能和智力的竞技活动,也体现着文化和管理的特征。

如果我们对中国象棋和国际象棋的结构和运作方式加以管理化考证,就会得到很大的启发。中国象棋是一部很完整的管理书籍,也是中国传统文化的综合体现。中国象棋的阵式分三个层次,将和帅像是一个企业最高层次的决策管理者,它在一个"田"字形的范围内行使着至高无上的权力,无声无息地调动和指挥着自己阵营中的所有兵力。表面上看起来,将和帅的活动范围狭窄,似乎什么都不干,其实它只干自己应该干的事情。这或许就是老子说的"无为而治"。所谓的"无为而治"并不是什么都不干,实际上是"无为而无不为",它只在置对方将帅于死地的关键时刻,才一显真实面目,对企业来说,这就是决策。作为主帅,你不必事必躬亲,而应该知道自己该干什么或不该干什么。车、马、炮则相当于企业结构中的中层领导。他们或许有这样或那样的缺点，但不必求全责备，中层领导要像车、马、炮一样，既能灵活机动地完成任务，又有不拘一格的工作能力。卒则像生产第一线的管理者，他们必须踏踏实实地按照生产的规章制度和技术规程办事，一步一个脚印地接近既定目标。反观国际象棋，结构、运行方式可就与之大相径庭了。

2. 企业中的"伦理人"

常常听到这样的言论：中国现代企业的发展取决于企业现代化管理的程度，取决于如何把西方现代的管理成果移到中国企业的土壤之中。

当然，我们承认，我们企业的总体管理水平还是落后的，我们的企业管理水平与发达工业化国家的相比仍有不小的差距，这是令人切肤灼痛但谁也无法回避的现实。在这方面，我们曾有过极为深刻的教训：面对着企业这架庞大复杂的社会机器，有些零件生锈了，有些则早已缺失，科学家和工程师拿起陈旧的螺丝刀，捅捅这里，捣捣那里，试图使它摆脱困境，有效地运转起来。最后却令人遗憾地表示，他们只是某个领域的专家，至于企业整体的运化问题，那是管理专家的责任。管理被推到了举足轻重的位置，现状却让人感到异常棘手。然而，这并不是说，现代管理科学只有在西方才能根深叶茂，也并非只有西方文化的土壤才能孕育出现代管理科学的种子，生长出累累果实。实际上，现代管理科学发展到今天，已经遇到了企业向整体化、国际化渗透和发展的严峻挑战。西方发达国家的企业管理同样也遇到了前所未有的危机，或者说已经进退维谷。因为西方人长期信奉的哲学理念，广泛采用的有效手段，在高科技与情感的激烈碰撞面前失利了，连他们自己也感到力不从心，无可奈何了。在非此即彼的环境中，他们的视线越过太平洋，转向东方，转向古老深厚的东方文化。那些曾被称为玄而又玄，众妙之门的玄学、儒学、道家学说中的灼灼灵光，磁铁般地吸引着无畏的拓荒者，在管理的世袭领地辛勤地耕耘和挖掘着。中国文化中那些曾经被埋没和一直没有受到应有重视的思想精髓，理所当然地成为他们开发新思想的逻辑起点。

现代管理理论，无论建立在什么样的理念之上，都是以人性假设为出发点的。在西方，比较公认的两个最著名的理论假设是"经济人"和"社会人"的假设。前者认定企业中的管理者与一般企业人都是有自己独特的经济利益，并以此为目的进行积极追求的。这种仅把利益动机作为激励因素的人性假设，就成了企业管理最重要的理论根据。后者则认为，企业人不是独立的个体存在，而是作为有所归属的企业人，是某一特定集体的一分子，是社会存在。"社会人"不仅在企业活动中寻求自身生存的物质利益，而且需要作为人在精神上得到友爱、安全和自我实现。所谓"社会人"，是以人类的社会需要为动机的人性假设。

在东方，尤其在中国，博大深厚的文化将人塑造得更像"人"。这里的"人"，既不是经济人，也不是抽象的社会人，而是伦理人。在以血缘为基准和原型的伦理型文化中，伦理成为界定和改造人性的基本法则。这种"伦理人"文化的主要内涵包括三个方面。（1）关系本位。它要求人们在伦理关系的轮转中确立自我，往往牺牲个性去换取整体关系的和谐。（2）人性善。中国文化从孔孟的学说中，奠定了以性善为特征的一以贯之的传统。它认为，人天生具有为善（履行道德义务）的本性，因而强调人之善端，强调与人为善，强调人与人之间沟通的可能性。（3）修己。由于关系本位和人性本善，因而每一个人都具有向善从善、改过从新的潜能和要求，因而也就具有教化和感化的可能性。"经济人"以经济利益为价值目标，"社会人"以自身的社会性需要为价值目标，"伦理人"则以伦理实现为价值目标。

"伦理人"与"经济人"的最大区别就在于"伦理人"不是以个体的满足为最高价值的实现，"伦理人"更在乎追求人格的完成、人伦的实现。还有在管理学上，"伦理人"假设的管理模式表现了自身的特点：第一，在管理的价值目标上强调义利并重，企业管理不仅是为了经济利益和个人实现，也是出于一种社会义务和道德责任；第二，注重管理观念与管理过程、管理方法在伦理实现上的统一，通过满足企业人的人格需求与人伦需求进行行为管理；第三，强调人伦关系，强调人与人之间的相互理解、沟通与交流；第四，由于人是道德的主体，道德成为人的内在激发力，人倾向于对管理活动进行道德价值的评价；第五，由于性善的信念，在管理方法上强调自我管理与教化管理，认为人的行为受内在信念、情感的驱动，人人具有教化、自新与从善的可能性，法律与制度的约束并不是唯一和最好的方法。但是，需要特别提醒的是，传统的伦理人假设在管理中有着严重的缺陷，它往往体现为重义轻利，缺乏商品经济的竞争意识，片面强调调节伦理道德，忽视法律、制度的约束作用，最后陷入官僚主义甚至霸道的沼泽。

综合上述分析，我们可以得出这样一个结论：不同的哲学理念和社会文化孕育了不同形态的企业文化，同时也形成了企业管理的不同内涵。如果我们忽视这些民族、区域、历史和经济发展的差异，空谈企业文化管理论，无异于纸上谈兵。在这方面，许多在企业发展过程中取得卓越成就的企业，都在选择适合自身特点的管理模式的时候，充分地考虑了这些对于企业进步至关重要的因素。当然，差异是客观存在的，承认差异的存在，是为了人类共同的追求，得出理论的普遍性。因为在形形色色的管理模式的背后，一定隐藏着固有的、同一的东西，那便是管理之于人类的普遍性。从企业文化的角度来构建企业管理的逻辑体系，就必然要将企业人的文化属性作为重要的参考系统，并加以辩证地整合，从而理性地、全面地抽象出崭新的企业文化管理理论的有效体系，这就是企业文化管理论和单纯企业管理研究最明显、最根本的区别，也是现代企业发展呼唤企业文化管理理论的根源。

3. 现代管理思想

我们对现代企业的文化内涵有了深入的了解和认识之后，再对企业管理命题进行考察，我们异常惊喜地发现了一个更广阔、更充满生机的世界。这个广阔而充满生机的世界将展现的是对企业管理规律的把握和对企业人充满理性的爱。基于这双重的认识，我们便可在管理的丛林中开发出一条由人类精神火光照耀的，越来越艰难但越来越接近真理的自由之路。

管理从以往狭窄的巢穴中摆脱出来，它一旦走过企业文化这块广阔的空域，就将获得前所未有的充实和生机。20 世纪前 10 年，泰勒创立了最初的科学管理的理论体系，是为了提高工厂的劳动生产率，最大限度地榨取企业人的剩余价值，所以，其管理体现的是贪婪和残酷无情，是对企业人自由的束缚和侵略。它从一开始就违背了管理的本质意义，它只能是管理科学进化链条上一个不可或缺且备受时代局限的连接环。

现代企业管理理论是一个跨学科的、十分复杂的科学体系，它所囊括的内容，早已超过了古代管理和近代管理理论所论述的管理理论的十倍、百倍。管理理论从一开始以支配企业人、榨取劳动者的剩余价值为目的，到今天以开发人的潜能、塑造人的人格为使命，跨越了一个漫长的从自然和社会的反光镜中了解自我、解放自我的过程。管理的意识摆脱了极端自私的行为实践，才具有了企业人与企业，与社会，与人类，与大自然同呼吸、共命运的系统理念。这是人类共有的福祉。

翻开企业管理各个不同时期的论著，由于对管理概念的理解不同，所以形成了诸多学派：以弗雷德里克·温斯洛·泰勒为代表的科学管理学派，以乔治·埃尔顿·梅奥为代表的行为科学学派，以切斯特·巴纳德为代表的社会系统学派，以赫伯特·西蒙为代表的决策理论学派，以彼得·德鲁克为代表的经验主义学派，等等。这些管理学派对于各个不同时期的企业管理实践发挥了不可磨灭的历史作用。企业文化管理论是基于"理"的认识而展开的，因此它就跳出了具体事物、具体企业的传统框框，从一个更高层次来揭示企业管理的真谛。

从本质上说，这个更高层次指的是哲学的起源，我们对企业文化管理论的研究就是通过对哲学的起源推演而来，因为这种分析推演有着严密的逻辑关系，所以无论从方法论上，还是从管理学的基本结构上，我们的研究就不再是简单的管理经验或表面现象的罗列和总结，而是有源有流的完备体系，从而成为人们在管理活动中必须遵循的规律。

企业管理的方式和模式，反映了企业人在企业发展问题上的认知能力，也反映了企业文化发育的成熟程度。企业文化管理旨在将企业管理放在一个更高层次的宏观背景中研究，就像我们生活在一个鳞次栉比的繁华都市之中，日复一日，年复一年，都市的运作和都市的变化，对一个人来说，也仅仅限于自己每天走过的地方，直接接触的工作。至于都市整体是如何协调运作的、内部结构和秩序如何，对于芸芸众生，那无疑等于瞎子摸象，只知其然，不知其所以然。忽然有一天，你有幸站在都市的最高建筑上，才猛然发现，原来都市的结构竟如此错综复杂，蕴藏着奇妙无穷的内涵。企业文化之于企业管理的研究也大同小异。

三、"法、理、情"三位一体

以现代企业管理理论来衡量一个企业是否在企业整体发展方面成绩卓著，往往会得到许多悖论。事实是，一个严格遵守组织理论并建立了严密组织机构的企业，从外表上看来，管理似乎有条不紊，但内部秩序混乱；一个工程技术人才众多的企业，却难以设计生产出高质量、高智能的产品；一个设备优良、自动化程度极高的企业，却创造不出与之相称的劳动生产率；一个精读企业管理教科书的领导者，都不能凝聚企业人的心魂于企业的中心目标之上；一个感情氛围融洽、和和气气的企业，却往往表现出松松垮垮、一盘散沙的样子；一个在市场上占尽优势，独领风骚的企业，却可能在转眼之间就沦为市场的弃儿。

这一切的一切，要单从某个方面究其原因，是很难的，也是传统管理理论自身难以回答的。企业文化管理论并不片面地看中某些信条，也不笃信那些花里胡哨的所谓技巧。企业文化管理论试图以现代的辩证、整体观来重新梳理企业管理的脉络，并特别注重各部分之间千丝万缕的联系，从管理自身的基本属性——信息性、运化性上界定企业管理内部结构上的有机配合，为那些片面刻板的定理、方法、技巧等组成的管理机器，注入理性的润滑油，使其协调且有效地运转起来。

　　管理系统是由管理者、管理对象，以及它们之间存在的信息联系——决策实践构成的矛盾对立统一体。企业文化管理论就是对这个矛盾对立统一体的基本要素及其在一定的外界环境影响下产生的运动、变化与发展过程的分析与研究。由管理的一般结构，我们可以推演出企业文化管理论的具体结构（见图3–2）。

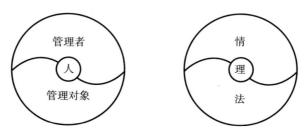

图 3–2　企业文化管理论的具体结构

　　"法、理、情"三位一体的立体架构，不是被凭空臆造的。它是自然界和社会运作的抽象和体现，因此，它在逻辑上是有开端的，是我们对企业管理的矛盾对立统一体进行辩证演绎和开发后得到的。这是一个定性和定量相结合、虚与实相渗透的包罗万象的整体系统。企业管理的全部内容，我们都可以在这个三位一体的结构中找到根据。要使一个企业有效地运作，关键是要使这个三位一体的主体架构保持有机、协调的配合，单纯任何一个因素配合失调，都不可能达到理想的效果。"法、理、情"管理体系最终的指向是对准企业整体的，具体体现在企业人身上。

1. 基之"法"

　　在"法、理、情"的立体架构中，"法"是整个系统坚实的基石。

"法"对企业管理来说，就是法律、法规、规章制度。企业管理的法律约束原理，源于人和企业人的价值准则。因为企业人的价值准则一旦以组合成员集体的意志与目的的形式出现，就从形式和内容上具备了衡量企业人行为实践好与坏，美与丑，是与非，善与恶的标准。就人的需求性而言，企业人不但具有天生的物质需求，更具有强烈的精神需求；企业人不但是理性的人，而且还是感性的人；不但有社会属性，而且还具有自然属性。人的行为不但受理性思维产生的意念动机的驱动，而且还受感情产生的行为动机的支配。当人的物质需求和精神需求，理性和情性，社会属性和自然属性产生了价值背离的时候，人就会在理念性目标、事业性目标和利益性目标上产生分歧，甚至违背或破坏共同的行为目标，从而导致系统的解体。为了维护共同的目标和利益，就必须以共同的目的与意志为维系力量。这种维系力量以规章、制度的形式表现出来就是法律约束原理。

常言道，无规矩不成方圆。企业是一个极其复杂的综合体，由成千上万个零部件组成，如果缺少严密科学的程序和秩序，就无法形成和谐稳定的结构。企业人千姿百态，背景各异，如果没有统一的法规制度，将企业人的行为约束在企业的共同追求和目标之上，就不能使其团结一致，凝成一股强劲的合力，推动企业向前发展。法律是一个国家、一个社会必须共同遵守的准则，它对人的社会行为是具有强制性的。企业规章制度则是企业根据自身的生产经营方式和生产特点自我制定的。法律的观念建立在理性的组合目标的基础上，就国家而言，价值准则的理性表现就是"法典"和"宪法"。就党派而言，就是党章。对于一个企业，表现出来的就是企业的章程。由于价值准则本身就是企业文化的集中体现，因此，价值准则在企业中的理性表现，就是企业文化的重要组成部分。

具体到企业管理层面，法从信息论的角度包含三大部分内容：一是在企业内部的经营管理运作中，企业人个体必须在达成企业目标的意念下，自觉地遵守企业的纪律、规章和制度，这是企业行为一致性的外在保障；二是企业人的个体行为，企业内部的局部行为通过生产、服务等有序过程，质变性地转化为企业的整体行为，在进入市场，参与物质和精神交换的时候，必须规范企业的输出行为，符合国家的法律，符合人民的社会期望和利益期望；三是世界经济一体化，每一个企业要参与统一市场的大循环，要从原始、区域市场获得质的跃迁，还必须遵守国际社会统一的市场原则和一些行之有效的国际法规和惯例，从而使企业的发展拥有更加广阔的天地和更加丰富的内涵。这三者不是相互对立的，它们在企业文化之于人类的普遍性上达成有机的统一。

善恶不分即无德。人的发展，取决于后天环境条件的变化和影响以及自身的系统学习。法律、法规的产生，是人类通过自身独具的智慧对自我进行完善和开发的结果，其目的是抑恶扬善，最终提升自己。法自从诞生的那天起，就成为一个国家、一个阶级、一个社会或企业维持自身安全和稳定的有力武器，它也因此被烙上了不同社会制度、不同阶级利益的印记。

企业要在市场上扎下根，立稳足，就要自觉地接受法规的约束，利用法规来保护自己、发展自己。在企业内部，管理者必须以严格的法律意识来制定各项规章制度，无论是生产车间、科研部门，还是行政职能人员，都必须有章可循，在此基础上，协调各局部、各单元的行为实践，达成一致的目的。法规的设定，是人类发自内心的要求，对企业来说，必须充分考虑企业自身的特点、工作的性质、道德水平和情感因素以及时代的局限性。法规经实践检验有效后予以确定，就成为企业行为共同遵守的准绳，成为企业实施管理的强制性手段。

法规是企业管理的基础，是手段，但不是企业管理的目的。因此，对于企业管理过程，法规并不是万能的钥匙，不是一经制定，人手一册，企业管理便万事皆通了。面对飞速发展的企业变革、经济环境，法规也要适应社会的发展，不断地被充实和调整，保持与社会目标、企业目标的协调性。

企业人在企业中从事各种工作，除了谋求生活的物质需求以外，更重要的是通过对社会和人类的贡献，达到自身精神和人格的不断完善。企业人的智慧决定了企业人追求自由的天性，他们渴望在企业的事业性追求中，向着挣脱物质利益的束缚，达于精神自由的境界升华。而企业人心灵深处勃发的生生不息的创造力，往往以对现实表示不满的方式表现出来。企业的法规一经确定就不可避免地带有机械性、片面性和不完善性。如何在严肃的法规约束下，创造一种充满自由气息的氛围，使企业人保持严格的自律自导，又能真正体会到身心由衷的舒畅和快乐是很困难的。这不仅取决于企业人本身，更取决于企业文化的发育程度。如果一个企业只有严格的组织纪律，缺乏自由的气氛，就会导致企业人那种原始的、歇斯底里的反抗对立情绪和内心烦躁的、焦虑的、郁结的情绪爆发，从而令企业人的意志涣散，造成对理想、对事业、对企业前途的漠视，以及同事关系、上下级关系的恶化。

法规是"情、理、法"立体架构的基石，是企业实施管理职能的出发点，特别是在高度发达的现代企业，信息化、智能化、自动化成为企业从事生产、服务的重要标志，那些精密的仪器设备，严密的控制反馈手段，不允许有半点马虎的作业程序，都对企业人提出相当高的要求。任何人都不能随心所欲，不受企业法规的约束，对自己的行为放任自流，否则，大到国家民族，小到工厂企业，国将不国，厂将难厂。但法规必须兼顾国事民情，厂事厂情，如果忽视了这一点，仅依靠几个决策者杜撰的法规制度，不仅不会被企业人承认和接受，反而它们会成为扼制人的枷锁，如此就适得其反了。

2. 介之"理"

理，是"法、理、情"立体架构中的重要环节，是企业活动中的纲。

理，即道理。所谓道者，乃道路也。在一个特定时期、特定的环境中，"道""理"就成了企业生产经营、管理决策活动无形的准绳，它无时不在，通过自身内在的逻辑力量，规范着企业的全部活动。它不以企业人的意志为转移，顺道者昌，逆道者衰，合理者事成，悖理者事败。企业管理必须从根本的规律和道理上来把握，才能在理论和实践中获得理性的升华和突破。企业文化管理论就是要摆脱传统管理理论的条条框框，从就事论事、管理技术以及技巧的说教中获得对企业管理理念的重新认识。

企业管理之道，要服从"天道"和"人道"，要从"天道"和"人道"中抽象出适合企业自身特点的管理之道。只有这样的管理理论才是有本有源的、在逻辑上具有一贯性的。因此，它才会在实践中，在众多学科理论上表现出归一性和有效性。企业管理者的根本任务，是要有效地组织企业人在生产经营活动中，顺应市场规律，生产出优秀的物质和精神产品，以满足人民群众的需要。

要把握企业文化的规律，说起来容易，实际操作起来就不是那么得心应手了。这需要企业人长期有意识地进行系统化的学习，提高自身的知识文化水平，优化智能结构，在企业的实践活动中，不断地积累经验，不断地修正认识上的缺陷，不断地向企业运作规律的真理靠近。只有达到这个水平，企业才能在理论实践中，对企业未来实践的方向、目标和为实现目标所采用的方法、手段、原则等做出正确的决定，才能不犯方向和路线性的错误。一些企业之所以在企业管理、经营活动中花了很大的力气，投入了很大的财力和物力，却不能使企业在市场竞争中取得战略上的主动权，关键是不能及时、准确地发现市场潮汐的变化规律，进行自身的调整，从而达变。

另外，"理"在企业管理中还有另一层含义，即公理。如果一个企业不能形成一套行之有效的公理体系，一套广大企业人认同的道德准则，就不能造就良好的企业风尚和敬业精神。这种道德风尚的形成过程是一个双向过程。一方面，不成熟的企业人个体，在企业发展过程中得到提高，能更好地适应企业环境；另一方面，成熟的企业人个体在新的企业条件下，产生更符合社会发展规律的意识，因而有可能改变企业优化的某些要求，使新的企业发展内容形成。

作为企业的主人，为推动企业的整体发展，不仅要遵守企业规范，还要革新企业规范。每个企业人不仅是道德规范的承担者，同时还是企业道德规范的更新者、推动者。企业向前发展，总要不断淘汰不符合需要的企业道德和企业风尚，建立一些新的有利于企业在新环境下发展的企业道德和企业风尚。企业人则可以在变革客观、认识客观的过程中，通过客观变革的结果认识自我，从而在企业经营管理实践中完善企业"理"的内容。因此，在企业管理过程中，能够把握规律、顺应规律，并将之落实到实践中，善于优化和创造新型的、符合社会发展和市场变化要求的道德风尚，是企业管理的最高境界。切实做到了这一点，企业管理就从被动型的管理进化到自导型的管理了。

一言以蔽之，企业管理的这个进化过程就是企业文化优化的过程，也就是提升企业人，使其从必然王国向自由王国迈进的过程。只要企业人能够在企业的整体目标下，进行自我约束和自我管理，知道什么应该做，什么不应该做，就会自觉地将个体利益与集体利益联系在一起，将个体目标融汇到企业目标之中，在完成个体人格塑造的同时，形成企业文化最优化的态势。

3. 表之"情"

情，是"法、理、情"立体架构中的最富有实践性与艺术性的元素。

在以往的管理理论中，很少能找到"情"的位置。很长一段时间以来，人们一直回避这个问题，把人的感情因素当作资产阶级的专利，一再地加以批判，甚至造成社会谈情色变，扭曲了人性本来的面目。受这种谈情色变的影响，在企业管理实践中，管理者往往把企业人作为劳动的工具和单纯劳动力的载体加以役使，全然不考虑企业人的情感需求，因而在一定程度上瓦解了企业内部人与人的关系，破坏了企业结构应有的稳定性。

今天，社会和人类的发展已经进入一个更需要高科技、更需要情感的时代，即使那些崇尚皮鞭加大棒的资本家，在令人振奋的社会进步面前，也无法维持凶狠的面孔了。经过理论工作者和实践工作者的艰苦努力，对企业的研究已经进入一个崭新的文化时代。以往那些起过不同历史作用，获得历史阶段性承认的企业管理理论，都要被理所当然地重新赋予新的内涵。通过对企业文化的研究和理论上的突破，我们至少在现代的层面上达成这样一个共识：要建立现代企业管理的新架构，如果这个架构不能容纳情感因素这个必要的内容，或者不能给予情感在企业管理中应有的位置，将会成为历史的遗憾。

情感是人的本质属性——灵性的具体体现。在现代企业中，由于社会物质生产的财富日益丰富，企业不再单纯作为企业人谋生的场所，也就是说，企业人在企业经营管理中追求物质属性的愿望，逐渐被越来越强烈的精神追求代替。人类一旦挣脱了物质利益的束缚，就将进入一个精神自由的王国，这就决定了企业文化管理必须更加关注人，更加关注人的情感需求。用一句话总结，要将人作为人来研究。在科学管理时代，泰勒在做计件实验时，企业人还基本处在单兵作战的手工劳动和简单的机械劳作中。简单的手工劳动中，只需要个人努力就可以达到当时很高的生产效率。在大工业化生产时代，不仅是劳动工具发生了很大的变化，而且企业人个体的力量对企业的生产方式和生产规模来说，越来越显得微不足道。要实现企业的宏观目标，没有多个部门和许多人的协作，简直是不可想象的。要使知识和技术交流卓有成效地进行，要使工作的配合亲密默契，要使企业人之间的情感通道保持畅通，企业人之间的知识交流、技术交流成为工作协作的必不可少的保障条件。在一些管理过程中，一些企业始终无法凝聚企业力量，使企业内部团结一致，同舟共济，在很大程度上，都因为企业人的情感世界不能融汇在企业经营管理所需的统一意志之中。

人情是人类文化不容忽视的重要特征，人伦构成价值的本位，情感则是价值判断的主体，因而人情便成为重要的社会原理。这种人情不是作为礼尚往来的形式与载体的人情，它是人际关系、社会关系的组织结构形式，其实质是社会交换与社会互动。人情以人伦为本质，以心意感通为原理，以和谐为价值目标。它不仅是一种表层的社会现象，而且具有十分重要的管理功能，不仅人情的有无对管理效应有直接的影响，而且人情本身就是管理的一种重要方法与手段，它是中国传统德治、德化的重要方面。

企业人的情感世界是一个很不稳定的因素，很容易受到外部环境的影响。这个外部环境包括大到政治的、经济的、文化的、管理的、决策的方面，小到厂房结构、车间布置、生产方式、劳动内容等。企业管理者要使自身的管理工作成为有效的管理，就必须充分地把握这些影响企业人情绪的环境因素，以求得整体的配合，使企业人在环境的变化中调适自身的情感频率，和时代的、企业的发展同步。企业人的喜怒哀乐，企业自爱、自强、自我实现的内在冲动，是企业生产经营活动永不枯竭的动力源泉。它在一定程度上构成了企业整体自爱、自尊、自强、自我实现的基础。毫不夸张地说：企业人没有一个丰富、充实和完美的情感世界，企业内没有构建一条通畅的情感流通渠道，就不可能实施良好的企业管理，塑造优秀的企业文化。要使企业人的情感世界在企业文化的滋润下获得升华，就必须通过企业管理的理念、方法、方式，把在企业生产经营活动中满足和发展企业人的情感世界落实到企业行为实践的各个环节，让这个神秘的情感世界在理性的约束下焕发出崇高的力量，为企业发展做出贡献。

中国传统文化具有浓厚的人情味，这是众所周知的。但是，这种浓厚的人情味渗透到社会的各个领域、各个角落，所谓的同乡、老同事、老邻居、老上级等，织成了一条十分复杂的"情感网"（或叫作"关系网"），使得法律、法规和原则性在这个网面前失去了效力。有一种现象也许值得所有的领导者和管理者注意：没有人情不能正常办事，继之而来的是任人唯亲、拉帮结派、各立山头的风潮，直接侵害了社会、企业的肌体。这就提醒我们，人性管理不能忽视人情，否则管理也就成了僵死的条条框框。但是，我们也应当看到，人情泛滥在企业中会导致人治，缺乏效率，甚至使关系网和裙带之风成为企业管理的痼疾。而且，人情与权术往往容易混淆，如果在企业管理中不恰当地渗入了过分的人情关系，就会导致企业纲纪的削弱和管理原则的丧失。

我们探讨和提倡的企业人能够共同享受且符合整体主义原则的高尚情操，是对企业发展有益的、符合企业人人格塑造规律的美好情操，而不是渗透在社会和企业关系中的宗法血缘亲情，也不是利己主义和排他主义的个人私情。优化企业文化的一个重要方面，就是优化企业人的情感世界，这项工作是通过企业活动全方位展开的，企业管理是其中最重要的一环。由于企业人的社会文化背景不同，遗传特性不同，智能结构不同，年龄层次不同，这必然使企业人的感情需求存在很大的差异。在企业管理过程中，既要充分考虑企业人情感需求的共性，又要兼顾企业人情感需求的个性，使企业不仅成为一个经济实体，而且成为一个情感实体。

4. "法、理、情"的辩证统一

"法、理、情"的主体架构是三位相谐、浑然一体的，其中任何一个因素都不能单独承担企业管理的职能，三者之间既有明显的界限，又须臾不能分离。用人的知识去分析，情是理性的情，法是理性的法，理是含情的理，含情的理的外在表现形式就是法。所以，法是合乎情理的法。反过来，正是这种法，又是对情的一种约束和规范。在理与法约束下的情是理性的情。无理无法的自然情是兽道，不容纳情的理是歪理，合乎情、理的法是王道。

在企业实践中，只有将三者有机地协调和配合起来，再辅以先进的管理技术和技巧，在处理具体事物时因时因地地灵活运用，就能获得上乘的综合效果。"木桶原理"告诉我们：水桶的容积大小是由组成水桶最短的那块木板决定的。同理，"法、理、情"三者之中任何一个因素的缺失或受忽视，都可能导致整体管理系统的失衡或解体。

当然，"法、理、情"三者在企业管理中的分量并不是等价的，要根据具体情况进行综合实施。情不可滥用，法不可乱治，二者最终应在"理"的层面上达到和谐的统一。俗话说，有理走遍天下，无理寸步难行。即使从传统处世观念上来看，人们往往直抒其理而不敢轻言情，因此理高于情。另一方面，法规的制定应是按照现实社会发展规律和维护大多数人利益而做出的。但在现实生活中，经常会发生合理不合法或者合法不合理的事情，这就要求我们对法理的关系有一个真切的理解。如果法规的约束与理相悖，就说明法规的制定存在着缺陷，应该予以及时的补充和修正。

长期以来，人们的认识上存在着一个误区，似乎在法治社会中，法就是一切，在企业管理中，规章制度就是其代名词。其实法规是人类用智慧对人际关系和伦理道德理性开发的结果，它是人类智慧的反映，法规的背后站着的是大写的人，人制定了法律，它反映的是人在一定历史时期的认知水平。从世界无限发展的意义上来讲，人的认知水平永远存在着局限性，所以，法规也不可避免地存在着局限性，只有人和制约着人类发展的历史规律是永恒的。

　　根据"法、理、情"立体架构的启示，企业文化管理论就意味着要整体地理解管理问题。具体地讲，就是要贯彻理人管事的理念。要善于运用各种条件理人，抑恶扬善，最终达到自理、自导式的管理。"法、理、情"立体架构有着广泛的内涵，一般的叙述当然不能全面地揭示它所涉及的每一个部分，这有待于专门的研究和开发。因为，从它们构成的信息联络项上可能生发出企业管理的全部内容，这个管理的新品系，是生长在企业文化丰厚的土壤之上的。

本章参考文献

［1］彼得·德鲁克.大变革时代的管理［M］.赵干城，译.上海：上海译文出版社，1999.

［2］H.艾伦·雷蒙德.第三次浪潮中的经营管理［M］.许卓松，译.北京：中国对外翻译出版公司，1992.

［3］亨利·明茨伯格.管理工作的本质［M］.方海萍，译.北京：中国人民大学出版社，2012.

［4］周吉，管理理论入门［M］.上海：上海交通大学出版社，1985.

［5］亨利·明茨伯格.管理至简：以实践为根基实现简单、自然、有效的管理［M］.冯云霞，范锐，译.北京：机械工业出版社，2014.

［6］彼得·德鲁克.旁观者：管理大师德鲁克回忆录［M］.廖月娟，译.北京：机械工业出版社，2009.

第 4 章　企业文化目标论

企业文化目标的根本逻辑是寻求社会目标、企业目标与个人目标的结合点，一旦找到，企业将实现对内无障碍运行和对外无边界服务。如何找到这一结合点？要点在于，几乎每一个社会企业人，都希望自己是有价值的，且能实现某种价值，企业文化目标需要基于这种普遍的愿景生长出来。

一、企业文化目标的概念和逻辑

　　西方现代管理大师彼得·德鲁克曾经提出过这样一个问题：是什么将个人的力量和责任心与企业的组织绩效联系在一起？德鲁克认为，答案是共同目标。仔细分析不难发现，企业的目标是置于社会目标框架之内的，德鲁克的目标理论在不经意间忽略了社会目标。

　　共同目标需要共同治理，企业之中的治理来自每一个认同本企业文化的企业人。这种认同基于社会目标、企业目标与个人目标三者之间存在的一致性。

1. 目标是一种哲学

企业文化的目标是企业人为主体的组织管理系统尽力争取达到的所希望的未来状况。

企业文化的目标是现实的，又是未来的，它是企业间经过反复地沟通、磋商和学习才产生的。目标具有一种持久的约束力和凝聚力，维系着企业文化的发展，不断地实现着自身更高层次的转换。企业文化的目标是企业人的个体目标中所保存的巩固的、同一的向往，是企业生命追求的概念总结和理性抽象。

企业的行为实践是企业文化发展内在动力结构的外化，是对企业外部环境作用的反作用。要探求企业行为的内在来源，唯有从剖析企业的动力结构入手，同时，结合对企业环境的全面理解，才能直达关键。企业的动力结构是隐性结构，总是以企业行为目标集成的形式表现出来。我们研究企业的行为目标，就是要通过外显的目标体系来间接地实现对企业动力结构的探微。

因此，我们所说的企业目标，不是一般意义上的具体的生产目标或阶段性目标，而是在众多的具体目标背后同一的、巩固的、深层次的、带有终极意义的目标哲学。

2. 目标历史的演进

企业文化的目标就是企业人的目标。企业文化的目标取决于企业利益相关者的目标以及相互之间的经济关系和法律关系。

就企业内部而言，所谓利益相关者，主要分为三类：资本所有者、企业经营者和一般劳动者。现实中，由于存在一些特殊的激励安排，这往往使部分利益相关者兼具两种以上的角色。由于这三类的利益相关者有着各自特殊的利益诉求，且利益关系呈现出彼此矛盾、彼此依存又相互统一的复杂态势。因此，由不同利益追求所驱动的目标体系，不可避免地表现出主观的差异性。要把这些具有差异性的目标诉求统一起来，形成共同的意志和目标，需要在一个治理结构中不断地沟通、磋商和完善，使各种不同的矢量有机结合，最终形成内容丰富、能够涵盖所有利益相关者的真实意愿的、体系完整的、层次分明的、结构有机的、战略清晰的目标体系——确定短期、中期、长期相结合的、可持续的目标走向。

就企业的外部性而言，企业并不是为了自身而存在的，每一个组织都是用来执行某种社会功能的社会机构，其目标是为社会做出某种贡献，对其功能的考验体现了特殊的外在性，这也是企业区别于生物体的地方。企业的目的是创造服务，满足顾客，因此，它的目标又存在于企业之外，它不仅仅是基于企业内部的主观愿望，还是企业内部各种经济力量和企业外部环境条件共同作用的结果。

在资本主义发展的早期，古典企业是资本所有者和管理者合一的、以资本力量为显著主导力量的生产组织，资本所有者和管理者合一的双重角色与被雇用的劳动者之间建立的是单一的委托代理关系，劳动者与资本所有者在企业的发展中存在着高度的信息不对称和信用不对称，生产资料和劳动者的严格分离造成了资本对劳动的实际控制与支配，劳动者只是资本所有者实现自身利益的工具，既不能参与企业的经营决策，更谈不上对企业目标产生什么影响。资本所有者有着强烈的资本增值的欲望，这种强烈的欲望必然反映在对企业目标的设定和主导上。结论是显而易见的，资本主义企业的目标是剩余价值最大化，这是由资本追逐利益的本质所决定的，许多经济学的实证研究也证明了这一点。

在以计划经济为主要特征的传统的社会主义体制下，企业实际上是一个工厂，或者说是社会主义大工厂中的一个加工车间。所有者、管理者、劳动者三位一体，都是国家的主人翁，企业的生产资料归全体劳动者公有。企业既没有独立的意志和目标，也没有经营的职能，甚至没有明确的责任。国家的计划指令往往以任务的形式下达，完成任务就是企业的目标。企业的领导者是由国家的行政机构任命的带有行政级别的政府官员，按理说，企业领导者应当充当国家利益的代表，在企业中行使经营管理职能，但事实上，企业领导者并不以国家的综合利益为目标，其听命于提供其职务、赋予其权力的组织。即使企业领导者有形式上的相对独立性，但也不可能从内在意识上和实际行动上摆脱上级组织的权力干预并取得真正意义上的相对独立性——因为上级组织不仅监督考核企业领导者执行指令的实际状况，还以企业领导者是否"听话"为依据，决定企业领导者的升降，企业领导者的利益可能处于一种扭曲的价值观中，他们可能不得不委身和依附于上级组织的意志。

现代市场经济的高度发育，推动了现代企业的组织形式、治理结构、经济关系更加丰富、更加多元化的发展。随着科学技术的进步和信息知识时代的崛起，企业作为市场经济的主体，其面对的环境越来越复杂，跨区域、跨国界、跨文化的交流和交易表明，所有企业都在毫无例外地迎接一个全面竞争、全面合作的时代的到来。以市场为导向的经济制度在信息技术和知识创新的有利支持下，为企业实施全面的现代化改造奠定了坚实的基础。企业资本的多元化、经营者股票期权计划、非特定的证券持有者、企业全员股份激励计划，正是这种现代化改造在治理结构上的直接体现。在这个特定的宏观背景下，企业文化的目标也随之发生了变化。

以资本信用为主要标志的公司形式表现出多样化的资本结构，

与古典企业的单一委托代理关系相比，大部分现代主流企业都采用所有者与经营者、经营者与一般劳动者之间的双重委托代理关系，或称委托代理链。但双重委托代理关系也呈现出相当大的差异性，这直接影响到企业目标的形成。在所谓"一股独大"的［由一个股东绝对控制的（持股 51% 以上）、由 5 个以上股东共同拥有的］股份公司里（中国大部分国有上市企业几乎都属于这种情况），表面上看来，似乎是所有权与经营权分离了，实际上，所有者与经营者身份混合了。在所有者主体缺位的情况下，经营者往往既是不明确的所有者实际上的代表，又是形式上所有者的雇员，按照现代企业制度设立的董事会、监事会形同虚设，经营者因此成为企业目标最有影响力的主导者。虽然企业表面上强调劳动者的主人翁地位，但没有从根本上改变劳动者不能参与决定企业目标的态势，同时，主体性不明确的所有者不能按照自己的利益决定企业的目标，管理者的独立性最终演变为内部少数人控制企业的扭曲状态。在所有权和经营权真正分离的企业，往往股权比较分散，所有者人数众多，单个所有者很难独立支配企业，只能通过董事会的有限影响力来实现自己的目标意图（即使是大股东，其行为也要受到其他股东的制约），结果，所有者对企业目标的影响远比古典企业的松弛，造成了企业所有者的外化。

3. 目标哲学的内在逻辑

1954 年，管理学大师德鲁克提出了企业目标管理的概念。[①]

企业文化目标理论继承了德鲁克的企业目标管理理论的精髓

---

① 彼得·德鲁克. 管理的实践［M］. 齐若兰，译. 北京：机械工业出版社，2006.

部分。传统理论认为企业必须通过员工培训和采取强制性措施（例如罚款、降级、革职等强硬手段）使员工顺从、达到有用的工作状态，这实际上割裂了员工与企业天然的、有机的情感联系，并扼杀了个体约束、自发创新、自我激励的可能性，员工只是管理者意志下的普遍理性主体。德鲁克认为，任何企业必须形成一个真正的整体，企业每个员工和管理者所做出的贡献可以各不相同，但是，他们都必须为了一个共同的目标做出自己的贡献。他们的努力必须全都朝着同一方向，他们的贡献都必须融为一体，创造一种整体业绩——没有隔阂，没有冲突，没有不必要的重复劳动。另外，德鲁克假设个体本身就是温顺的，而且还是可塑的，在这种假设下，文化的目标就是以一种柔性的、隐性的方式，促使企业的每个员工、管理者和所有者拥有共同的价值观、共同的责任感以实现团队整体的有效合作。

企业文化目标理论与德鲁克的企业目标管理理论又存在区别——德鲁克的企业目标管理理论蕴藏了人本主义情怀，非常关注个体的生存，是对科层制管理理论的颠覆与否定，强调管理层的一切决策需要照顾到员工的个人偏好，企业对于外部环境的变化应该基于企业内部人与人之间的良性互动结果做出调整。德鲁克实际上是将个体理性放在工具性地位之上，并提倡培养员工主动性、冒险精神、责任与收益的对等意识，以此提高企业生产、管理、赢利的效率，进而推进企业变革。

企业文化目标理论关注个体，但更加强调传承与社会性。企业的价值观本身就是个体与企业的双向选择，那些认同企业文化目标的杰出个体而非企业管理文本，是企业价值观得以传承的真正载体。要通过企业内部具体的、具有共同价值取向的个体之间的广泛联合，通过各种非正式渠道来影响那些尚未认识到或者信服本企业文化的员工的认知，间接地改造、统一全体员工的企业价值观。

企业文化目标的根本逻辑是寻求社会目标、企业目标与个人目标的结合点，一旦找到，企业将实现对内无障碍运行和对外无边界服务。如何找到这一结合点？要点在于，几乎每一个社会企业人，都希望自己是有价值的，且能实现某种价值，企业文化目标需要基于这种普遍的愿景生长出来。

之所以说企业文化目标是生长出来的，而不是制定出来的，是因为现实中的信息不对称、有限理性等因素使组织结构僵化，阻碍了最优决策的产生。企业文化目标理论以目标为导向，不是以控制或者考核为导向的，之所以这种管理方式可行，源于企业文化目标的内部认同强于外部干涉对员工的激励。企业文化目标理论本身并非任务管理，也不是计划管理，而是一个动态的、一致的激励体系。

二、信仰管理

自从工业革命催生了现代企业，人类社会经历了工业社会、信息社会、知识社会，企业文化也由追求股东利益最大化的世俗目标，转变为企业承担社会责任、倡导人文关怀的信仰目标。

事实上，企业文化目标的最高形式就是信仰管理，这种企业文化目标就是发挥人类的积极进取的基因，将物质价值最大化扩展到合理承担社会价值和充分实现精神价值，也就是三性耦合目标的和谐达成。

1. 企业文化目标的内涵

培养员工责任心的文化

企业文化目标论的内在逻辑是由目标引导具有责任心的员工在共同目标的激励下最终取得共同成就，因此员工的责任心文化属于目标管理的起点，也是达到最终管理目标的前提，在企业目标管理中至关重要。

有责任心的员工不仅对管理者来说是得力助手，对企业而言更是一笔巨大的财富。如果一个员工有较强的责任心，他会将传统的统治型文化下的"要我做"转化为"我要做"，这一强有力的驱动力将会激励员工愿意对工作承担责任，并愿意完成具有挑战性的业绩目标，他们会将管理者为他们定的目标视为实现自我价值的目标，因而愿意以忘我的工作热情和全力以赴的工作态度投入对于自我绩效承诺的实现中去。没有责任心的员工则会感觉工作对他们而言更多的是一种来自外部的压力和束缚，他们并未与管理者的目标产生共鸣并将其内化为自己的责任，因此他们对待工作时大多习惯敷衍了事，对待绩效目标的态度也是得过且过，这也就意味着他们与有责任心的"自律型"员工在日后的工作表现中的差距越来越大。

只有当员工视管理者的目标为他们的首要责任时，企业的终极目标才有实现的可能，因此管理者不可忽视对员工责任心文化的培养。通常员工在获得基本工资保障的基础上习惯于充当"风险逃避者"的角色，即认为自己与企业经营绩效的好坏并无关系，最终变为"责任逃避者"。

企业管理者有很多培养责任心文化的管理方法，如营造让员工有"归属感"的企业氛围，完善制度，提高员工对自己工作重要性的认识，制订激励方案、考核标准、监督和惩罚措施等管理制度都是培养责任心的有力方式。共同的责任感和团队合作是目标管理的精髓，增强员工的责任心是实现目标管理的基础，因此企业管理者要努力做好员工责任心的培养工作。

共同目标的文化

共同目标是在组织与个人有共同利益的基础上，将个人力量与组织绩效联系在一起的纽带，也是组织与个人实现协调发展的平衡点。只有当企业管理者为员工个人指明与企业利益相一致的共同目标与方向，同时让后者看到实现共同目标的意义时，才能实现企业最终的目标管理。

共同目标是企业保持旺盛生命力的源泉，它无论对个人还是对组织而言，都是提高效益的动力来源。对个人来说，只有将个人目标与企业目标相结合，将个人需求与企业利益紧密联系在一起，才能让员工在共同目标的指引下体会到在为企业工作的过程中的自我价值的实现，员工才会有更大的动力和创造力不断地迎接挑战，从而在对共同目标的追求中实现个人效能的最大化。对组织而言，组织中的成员对共同目标有了较高程度的接受和理解，将大大促进员工之间的相互协作，组织也将在这些协同效应中实现对人、力、物的最佳配置，从而带来企业绩效的提高。

共同目标的实现不仅需要员工和管理者的相互配合，同时也需要管理者将目标设定得合理可行，共同目标应充分考虑设定的可行性、崇高性和共识性。

多数员工在完成工作时看重的是实际性和可行性，因此企业在制定共同目标时不能只关注宏伟的远大目标，还应注重将大目标分解为切实可行的小目标，进而一步步迈向终极目标。企业的共同目标还应是崇高的，高利润可以作为企业目标的一部分，但不能作为共同目标的全部，有长远眼光的管理者会将企业利益与员工个人价值的实现结合起来，将服务于人民和社会的远大目标与提高企业绩效的具体目标相联系，充分激发员工的责任感与使命感，以促进他们工作效率的提高。最后，共同目标应是管理者与员工之间达成的共识，而不再是传统的员工对管理者目标的执行，当员工真正参与企业管理目标的制定中来时，他们工作的积极性和主动性会提高，这有助于共同目标的实现。

自我控制的文化

自我控制本质上是一种"自我管理技术"，它取代了传统管理学中的强制性管理，将企业的客观目标转化为个人的主观目标，通过员工的自我控制提升个人效能，进而实现企业管理绩效的提高，文化目标论为员工进行自我绩效控制提供了可能。

自我控制强调人的自我组织性，在企业员工的自组织过程中，心理上的信任与认同感代替了权力的统治，管理者不再是组织的中心与权威，取而代之的是不同个体间的合作、协调与配合。在现代知识社会中，知识工作者有别于传统的雇员，他们具有很强的自律精神和自组织性，他们不再需要管理者事无巨细的控制和安排，因为他们自身就具有反馈和处理复杂信息的能力，他们会根据环境的不同及时调整自己，同时又具有很强的学习能力和适应环境的能力，因此他们具有创造性地独立完成目标的能力。正是因为知识工作者自我控制和管理能力的提高，因此他们与管理者不再是服从与支配的关系，二者之间更多的是协调与配合，管理者将改变他们管理时所用的强制手段，让员工进行自我管理，通过知识工作者个体目标的实现来提高企业的整体效益。

由于自我控制强调的是给员工设定目标与标准，依靠员工的主观能动性完成目标，因此它需要重视个人目标与企业目标的统一，增强员工对企业的信赖和认同。在组织过程中，管理者不再是处于食物链顶端的终极控制者，企业的组织架构将朝着扁平化的方向发展，员工的个人能力被放大，因此一名优秀的企业管理者要牢牢把握员工的心理。设立共同愿景，增强员工与企业间的联系，提高员工对企业的信任感和契约感等都是激励知识工作者的有效途径。自我控制的管理文化就是要将提高组织效率与实现个人目标结合起来，通过自我控制来实现个人目标，进而实现提高企业绩效的终极目标。

2. 企业文化目标的外延

尊重知识的文化

随着知识经济社会的到来，知识逐渐成为组织的基础，知识工作者变为企业的主体，因此尊重知识成为企业目标的重要组成部分，知识也在企业管理中扮演着越来越重要的角色。企业如果不尊重知识、不重视知识工作者，终将会因缺乏知识创新的能力而被社会淘汰。

当今知识社会，知识已成为社会的关键资源，知识工作者的出现颠覆了传统的管理模式，管理者与员工的关系由"统治与服从"变为"协调与合作"。尊重知识的企业文化将不再赋予管理者绝对权威的身份，知识工作者也不再是传统的雇员，他们是具有独立解决问题的能力、创造力和学习能力的个体，衡量他们的标准不再是金钱或上级评价，而是其在专业领域的表现与成就。

知识工作者在确认"任务是什么"之后便可以动用他们已有的解决问题的知识体系来完成工作，他们对自己的工作有一定的自主性，不再是程序化地等待被动安排。同时，工作质量也深受知识工作者重视。因此，知识工作者在现代企业中享有一定的地位和话语权，他们的知识产权也会被尊重。

本质上来讲，尊重知识的企业文化，就是尊重知识工作者，这也就需要企业充分重视对知识工作者的管理。在传统的经济学理论中，工人的开支被视为成本，而如今知识工作者应被视为资本资产，企业在努力控制成本的同时希望其资本资产可以不断增长，因此企业应加大对知识工作者的投入以促进企业资本的增长。知识不存在级别高低的问题，因此企业内部的组织架构也不再是层级分明的科层制，而应是趋于平等关系的扁平化结构，这样更有利于在企业内部建立一种互惠互利的平等协作关系。企业增加对知识工作者的认可，将会提高他们对组织的忠诚度，从而使他们愿意为组织创造更多的价值。

参与式管理的文化

参与式管理的文化是指在企业中放大个体的作用，将员工被动受控于管理者转化为员工主动参与企业的管理，充分发挥个体优势，二者共同完成企业的终极目标。参与式管理在一定程度上弱化了管理者与一般员工的差异，它否定了管理者作为"绝对主体"的观点，同时强调全体员工共同参与的重要性，参与式管理本质上在强调"企业人"具有"社会人"属性的管理倾向。

参与式管理不仅强调个体员工在企业内部管理中发挥的作用，

同时也凸显了员工在外部环境中的个体优势。在企业内部，员工是有责任心、冒险精神、自治性强、富有创造力的员工，他们通常被贴上"自我主动管理"的标签，即凡事依靠自己，而不是依赖别人的资源，他们被视为具有企业家精神和管理世界能力的个体，而不仅仅是受企业机械化控制的雇员，他们被放在了企业道德中心的位置。无论员工一开始进入企业时是否具有这样的特质，他们在强调参与式管理文化的企业中会被给予有关个人能力的很大的期许，因此也就会在日后的工作学习中慢慢习得这些品质。由于参与式文化充分强调了员工个体的作用，因此当企业的外部环境发生变化时，管理层一定会考虑员工的个人立场、偏好与特征，进而针对内外部环境做出一定调整，当然，这些调整也是在组织内部员工和管理者之间的互动协调下慢慢完成的。由此可以看出，参与式管理企业中的员工在企业内外部环境中都扮演着重要角色，企业管理不再是管理者的专权统治，而是优秀员工共同参与创造的高效能管理。

　　参与式管理重新定义了企业管理中主体与客体的关系。传统的管理学理论将企业的管理者看作"绝对主体"，员工一般是客体化的存在，但参与式管理的文化打破了管理者与一般员工的身份壁垒，员工不再是被统治的对象，成为企业中具有自治力和话语权的主体，管理者也不再一直是企业中的组织者，他会变成观察者参与员工活动，他们两者的角色可以根据内外部环境的不同而不断变化，企业管理因此在参与式文化的渲染下变得灵活多变且富有活力。

成就激励的文化

　　成就激励是指通过员工在工作中实现个人目标以获得心理上的成就感和满足感，激励他们提高工作的绩效，进而促进组织目标的实现。成就激励是企业目标的重要组成部分，目标与计划的区别在于目标带有激励作用，从而是计划的先导，随着知识型员工比例的提高，成就激励在目标管理中的作用变得日益重要。

在当今知识经济社会中，对知识工作者而言，金钱的激励作用开始变得有限，他们更看重自己在其专业领域的表现与成就。相对于生理需求和安全需求等低级需求，知识工作者更关注马斯洛需求理论中的社交需求、尊重需求和自我实现需求等较高级的需求，成就激励就是主要针对这些有高级需求的知识型员工的。成就激励理论认为，通常富有成就感的员工的自信心、工作效率、积极性和创造性高于未体验到成就感的员工，因此管理者要通过帮助员工获得成就感所带来的满足和愉悦的状态来提高其工作绩效，进而为企业创造更多价值。

知识型工作者通常在工作中具有很强的自我实现愿望，因此优秀的管理者需要帮助他们实现自己的目标，从而提高成就感带来的激励效用。管理者可以从提高员工对成就感的认知，培训员工的技能，设立有效的奖励机制等方法来提高成就激励的效果。首先，员工在实现个人目标的过程中，由于认知能力的不同所获得的成就感以及成就感所带来的激励作用大小都是不同的，因此可以通过提高员工对自己、对组织和工作价值的认识和组织对员工的认识来了解员工的目标需求，进而提高成就激励的效果；其次，企业对员工进行培训可以提高其个人的能力，他们在工作中更好的表现可以帮助他们获得正向反馈并增强其成就感；最后，可以从物质、组织文化等方面设立奖励机制，同时也从个人和集体的维度设立奖励方案，通过提高员工的个人满足感和集体成就感增加对员工的成就激励效果。

三、企业文化的目标体系

企业人事组合的维系力量是共同的目标和意志，这种共同的目标与意志的现实表现就是企业的文化理念，它构成了企业人追求理想的标准。

企业文化的目标体系——三层次模型包括：理念性目标、事业性目标和利益性目标。企业文化目标的三个层次之间没有绝对的分界线，目标体系的任何一个部分都包含着整体的全部信息。为了能够定量地判断理念性目标的实现状况，必须将它科学地具体化，也就是在企业建立理念性目标的抽象特征和用于评价目标是否实现的可度量数据之间的关系。企业文化以决策为导向，其实现理念性目标的重要步骤是理性地、现实地建立具体的事业性目标，将高高在上的思想落实在企业正在从事的经营管理工作之中。事业性目标具有功能显著的二重性，相对于理念性目标，事业性目标带有手段的性质，相对于利益性目标，又带有目标的特征。事业性目标是决策实践过程中的重要组成部分，这是一个创造性的过程，能据此获得一种潜在的能力，从而为有效地实现企业的经济运行和企业文化的理念性目标创造了最重要的前提，是把理想变为现实的桥梁。为了实现事业性目标，还需要将它们更具体地分解到企业的各个业务层次。分解的必要性在于：事业性目标往往具有综合性和笼统性，一般与企业的业务系统内容覆盖面有差别，事业性目标的实现需要各职能部门采取协调措施，制定以职能为边界的具体业务，这些具体业务就是引导企业各部门具体行动的利益性目标。

1. 根本之道——理念性目标

理念性目标是企业的根本目标。理念性目标是企业文化目标的最高层次，是企业人人生观和世界观的宏观集合，是企业的共同理想。在企业文化的目标系统中，理念性目标是整个系统的统帅，把握着企业运行的事业性目标的方向，是企业经营发展能否取得战略成功的先决条件，其衡量尺度是人类持有共识的道德理想。事业性目标是企业取得成功的核心，是维系企业人的结构性力量，其衡量的尺度是企业的业绩成果。利益性目标是企业运行的活力基础，其现实表现是企业与环境的物质信息互换，其衡量标准是企业的综合经济效益。正是由于目标三层次的统一性，使得三位一体的目标体系构成了企业的整体共识，并将企业人融入同一个有机的组合，使个体的思维成为企业整体思维的有机部分，发挥出个体思维不能发挥出的作用。企业文化一旦失去这个三位一体的目标体系，就会丧失企业文化全部的功能。

2. 核心要素——事业性目标

事业性目标是企业的战略性目标。事业性目标是企业根据自身的功能特征和现实环境的要求所确立的具体的战略目标。企业的目标应该从"我们的事业是什么？我们的事业将是什么？我们的事业应该是什么？"这三个基本问题的答案中得出。

企业是一个边界清晰分明的耗散结构，它不断地同自身所处的环境进行物质、能量和信息的交换，以维持企业的生存和发展。它具有自组织能力和稳定性，不断地通过反馈进行自控和自调，以适应市场环境的瞬息万变，并保证系统的结构和功能始终保持稳定的抗干扰能力。企业从环境中吸收物质、能量和信息，经过自身的消化和创造，在企业目标体系的统领下，最终以产品——融合了主观精神在内的新形式作为对环境的回报。那么，企业最终要以什么样的产品来回报环境？什么样的产品才真正体现了企业主体的目标和理想呢？我们只有从产品的表现形式入手，沿着与消费者相关的通道，深入产品的背后，挖掘产品的本质内涵和文化意义。

产品的本质是企业人主观精神的物化和体现，承载着多重目标的集合。企业人在生产产品的过程中，把自己的智慧和理想凝聚其中，从而得到心灵满足和个体实现。因此，产品携带着物质的功能信息，也蕴含着企业人的精神追求和风貌，它从一开始就自然地被烙上服务的印记。服务既有物质属性，也有精神属性；既有直接服务，也有间接服务。直接服务不需要承载物质的转换，它需要的是精神生产资料与天赋，间接服务需要承载物质的转换，需要的是物质生产资料。但其目标是共同的，那就是满足消费者的需要。服务更准确全面地反映了传统产品概念的内涵，更能体现企业文化的中心思想。这就使我们惯用的概念发生了质的变化，并引起企业的行为实践向更能满足人性多元化需求的方向发展。

企业生产的产品满足了消费者的物质需求——提供物质服务，同时也满足了消费者的情绪和文化需求——提供精神服务。服务输出成为比产品输出本身更根本的企业目标。服务不仅把企业存在升华到一个更能体现其本质力量的高尚境界，同时，也从主观和客观的双重领域扩大了企业生命活动的领域。服务的内涵表现为全方位、全时空地满足人类的文化欲求。服务是人类的本质需求，是企业生命活动的共同目的。企业通过服务建立起为人类社会做出贡献的通道，又通过服务把人类社会的信息反馈折射到企业文化的各个层面，促使企业不断地修正、优化自身的结构和功能，使企业的服务目标永远与人类的精神和物质需求在一个高尚境界中统一。

3. 物质基础——利益性目标

利益性目标是企业的基础目标，它是企业在市场经济中顺畅运行和实现资源最优化配置的前提，也是推动经济社会发展的动力源泉。利益性目标是指企业在创造过程中维持自身生存、生长所必需的利益输出和需求，它追求利润最大化，利润最大化即用最小的成本投入实现产出的最大化。

企业的利益性目标不仅取决于企业自身对利润的追求，更是由市场经济下的社会结构决定的。在市场经济的环境下，除企业具有产出功能之外，政府组织、事业单位、社会团体等其他社会组织都不具有生产、赢利的能力，因此企业不仅作为经济组织需要实现自身的利益性目标，还被社会赋予用企业的盈余来支持其他非经济组织运行的责任。社会财富被具有生产力的经济组织创造出来，这也就意味着企业具有追求效率和创造财富的职责，即企业在经济社会中所处的地位为其追求利益性目标奠定了基础。

企业为实现其利益性目标，不仅要有对短期赢利的追求，还应确立长期赢利的事业型目标。企业会在短期利润最大化目标的引导下随市场变化对其生产、投资等活动做出调整，对于长期利益性的战略目标，企业会将其分解为具体的业务目标，这些业务目标都是在短期利益性目标的引导下被制定的。因此，利益性目标无论是在企业的短期还是长期发展中都占据着基础主导地位。

企业在实现长期利益性目标的过程中，除了对短期赢利目标有所追求之外，还应重视赢利目标与企业社会责任的协调统一。企业在追求自身利益的同时，还应将维护社会利益、促进社会进步作为企业发展的目标，力求实现企业自身利润目标与社会公益目标的和谐共赢。如果企业只是单纯追求自身经济利益的最大化，而并未将获取利润视作对社会的一部分贡献，忽视了对社会的责任，企业则会失去生存的社会根基，这将不利于企业的长期发展。因此，勇于承担社会责任是企业实现长期利益性目标的保障。

需要补充说明的是，目标的三层次模型之间的转换是以决策为媒介的。如果把决策分成理论实践和行为实践两个过程，那么把理念性目标转换为事业性目标就会形成梯度递降式的约束。从事业性目标的层次来看，这是理论实践的过程，而从理念性目标来看，这就是行为实践的过程。应该指出，在目标形成和实施的过程中，既要将企业文化理解为过程的支持手段，又要将其理解为结果的合成量。企业文化的价值观念和行为准则一方面是目标形成和目标实施过程中的主要决策参数，是企业运行系统内协调、综合、激励的因素，另一方面，企业文化也是这个过程的结果，因为企业文化的特征会在企业文化目标形成和实现的方式中体现出来。因此，企业文化的价值观念和行为准则也应被看作目标形成和实现过程的有机的合成量。

本章参考文献

［1］刘春.企业目标：利润还是价值？［J］.山西财经大学学报，2001（s1）：38.

［2］张龙治.企业目标管理［M］.沈阳：辽宁人民出版社，1985.

［3］林文俏，陈琦.企业目标管理方法［M］.昆明：云南人民出版社，1986.

［4］彭勇，萧镇.企业目标和管理目标的反思与重塑［J］.管理评论，1999（1）.

［5］琳达·格莱顿.企业生存策略：将人置于企业目标的核心［M］.王巧艳，译.北京：电子工业出版社，2003.

［6］拉金德拉·S.西索迪亚，等.友爱的公司：卓越的公司如何靠热情和目标赚钱［M］.康青，译.北京：中国人民大学出版社，2009.

［7］拉里·博西迪，等.执行：如何完成任务的学问［M］.刘祥亚，译.北京：机械工业出版社，2012.

［8］魏杰.中国企业文化创新［M］.北京：中国发展出版社，2006.

第 5 章　企业文化全息论

人类走在通往最大限度解放生产力、发展生产力，同时全面解放自己的道路上，正从此岸迈向彼岸——迎接一个新产业有机体从地平线上拔地生长，迎接一个以智能革命为标志的历史嬗变的前夜，迎接一个人类世界新文化生态的诞生。符号和算法革命孕育出大数据产业，大数据成为比肩物质、能源的极为重要的资源，它不仅引发社会、经济发展格局的重新排列和组合，而且成为文化世界主义、经济一体化和形成全球统一大市场的联络项和黏合剂。空前深刻的全球性经济变革，不仅使几千年来禁锢人类自我意识萌醒的传统藩篱得以松动，使灵魂深处的巨大潜能获得全面的释放，而且直接掀起了微观企业经济走向世界大舞台的帷幕。

　　现代科学已经出现了归一化的大融合趋势，信息革命划时代的曙光透射整个人类时空。各门科学之间的相互渗透、相互包含，极其深刻地展示了物质世界固有的全息性。每一门科学都成为科学整体的一个全息单元，全息之中凝聚着科学发展的全部因子。

　　企业发展需要全息观念，企业文化的优化需要全息机制。人类社会文化的全息机制必然催生全息的企业文化。

现代企业的生命活动，已非简单的买卖或购销行为，它不仅在可视的疆域里不断地扩展着自身的活动范围，而且扇动着文化的羽翼进入一个全新的自由空间。信息成为我们振兴企业文化的助力器，它所形成的全方位穿透力正生动地展现在我们面前，成为包括企业文化在内的当代经济结构改造升华的催化剂。

一、企业文化全息的逻辑公理

生活在春秋时期的东方先哲老子无论如何也不会想到，他以天才的直觉把握的朴素的宇宙论思想超前地为后人全息论思想播下了最早的尚未分化的种子。那些在历史的尘埃中放射出古朴光辉的真知灼见，在近现代科学进步的催化下，正在各个细节层面上长出新的枝芽。

现代科学大融合的趋势作为最初科学加速分化时期的必然结果，正孕育着新一轮科学创造。科学全息律的曙光已经照亮整个科学发展的浩浩宇宙，并在各个领域得到最有效的映射。这不仅使人类的视野得到空前的拓展，而且直接导致了科学的全息效应，由此引发的一系列连锁式反应，使人目不暇接。

全息思想源远流长，博大精深，无论是古老的东方神秘主义，还是西方当代先进的科学技术，都向我们展现出一幅幅玄妙、深邃的宇宙全息图景。宇宙间的一切存在，都在相互渗透，相互包容，相互转化，它们重重映现，无穷无尽……大系统包含着无数的子系统，高层次的包含着无数个低层次的。一切局部的、微观的、低级的又是整体的、宏观的、高级的缩影。

万物相互关联、相互转化的基础和纽带是信息。全息思想体现了一种全新的世界观，它从整体上认识宇宙的整体性。它不仅整合了人类有史以来对世界的认识和思想积累，而且从信息的角度揭示了事物发展变化的原因、形式和运动规律。信息是物质之间相互关系的表述，是主客体之间的联络项，它无处不在。因为它区别于物质和能量且表现为无限的时空序，所以信息既可以被压缩进无限小的时空，也可以散射到无限大的宇宙，具有无限的可叠加性和相互占有性。事物之所以相互含有，是因为联系的双方具有共同的信息；事物之所以能相互转化，是因为转化的双方包含着相同信息。可以这样定义全息论的基本内涵：部分与部分、部分与整体之间包含着相同的信息，或部分包含着整体的全部信息。包含着整体全部信息的某一部分，称作全息元。世界的发展是信息自身经由隐秩序向显秩序逐级、逐步明晰化的连续过程。我们对全息论的认识也大致经历了如此相同的过程。

全息论思想就像一粒种子，人类的先哲在几千年前就将它播种在深厚的人类文化土壤中，经过长期的孕育和催化，今天终于破土而出，但我们在收获果实的时候，不能不对那些曾经滋养了全息论思想之树的土壤倾注无限的敬意。

一本《道德经》，精练五千言，融汇上下四方，贯通古今中外。历来文人墨客穷尽注释解说之能事，但无人敢说已全部弄懂了其奥妙无穷的内涵。科学发展、人类进步至今日，一系列基础科学的高度发展和完善，使得我们有可能站在前人搭起的脚手架上，一触全息思想之灵光。

老子以其超凡的智慧，凭借自身对天地人的整体感知写下《道德经》。它流传千古，使本体论思想达到了非常高的高度。在如此简洁的文字中，渗透如此缜密、丰富、逻辑有序的哲学思想，这是无人能企及的。全息思想无疑是本体论思想中的一朵绚丽的瑰宝。

老子在《道德经》里写下："天下万物生于有，有生于无。道生一，一生二，二生三，三生万物。万物负阴而抱阳，冲气以为和。"从全息的观点来看，老子从朴素的宇宙感知道出物质世界发展过程和万物之间生之同源的全信息性。无中生有，"无"包含着"有"的全部信息，"有"包含着万物的全部信息，此为逻辑上的全息对应关系。《道德经》中，处处闪烁着朴素的整体观和原始的全息论思想。即使我们在现代科学的灵光照耀下，沿着历史的通道去远古探幽，也不得不为这精深的智慧之光所折服。

传说炎黄的祖先伏羲氏根据宇宙大自然的法则发明了《易经》，绵延至今已有几千年的历史。伏羲创制先天阴阳八卦，并由其爻象演绎出人类原始的文明；商纣王囚文王姬昌于汤阴羑里，在先天八卦的基础上始制后天八卦，使之成为《周易》六十四卦，使之延展成书。实践证明，《易经》内涵丰富的科学思想的种子，是历久弥新、具有强大生命力的古老科学，甚至连一代心理学大师卡尔·古斯塔夫·荣格也受到深刻的影响。荣格在《易经》英译本的再版序言中也有一段中肯的评断。他说道，谈到世界人类唯一的智慧宝典，首推中国的《易经》，在科学方面，我们所得的定律，常常是短命的，或被后来的事实推翻，唯独中国的《易经》，亘古常新，相延几千年之久，依然具有价值，与最新的原子物理学有颇多相同的地方。

"一阴一阳之谓道"，这是《易经》的精髓。世界万物由阴阳相互作用而产生，反映了宇宙和人类社会的千变万化。这种原始自发的朴素的辩证法思想，试图用有限的变化模式来概括宇宙的万事万物，其思想发端之奇妙和深邃真是不可思议。因为它在思辨的山峰中大有一览众山小之态势，计算机的二进位制、量子力学，以及气功、特异功能等都能够在《易经》的变化态势中找到渊源也就不足为奇了。

以《易经》为代表的古老的东方哲学甚至到今天仍然散发着不息的活力，它所包含的全息论思想的确让世界上很多科学家都叹为观止。阴阳之道，八卦之理，那些先天的模式决定了宇宙万物的先天构造，那些奇妙且变化万千的排列组合之象则反映了宇宙万事万物的显现，这说明阴、阳两爻和太极图反映了宇宙中无所不在的阴阳两仪与宇宙万事万物的全息关系。从宏观上看，阴阳与由万事万物构成的宇宙整体之间存在全息关系，从万事万物存在的结构来看，阴阳无处不在，因此，阴阳又是宇宙大系统最基本的全息元。因为宇宙万事万物都是由阴阳产生和决定的，就是说，阴阳中蕴含着大千宇宙，后者是前者现实的不同程度的显现和延展，阴阳潜在地包含着后者的一切信息，大千宇宙则显现出阴阳的全部内涵，即本质全息。从阴阳这最基本的全息元开始，由此演绎出来的八卦、六十四卦以及与此相称的卦象、数、理、义都成为这个最基本全息元的递解全息元。既然每一事物都包含着阴阳辩证的对立统一关系，说明万事万物之间乃至同宇宙大系统之间存在着不离不弃的全息对应关系。《易经》之所以奥妙无穷，令世人思辨而不得真谛，全在于它自身用最简单的语言包含了极为真实和科学的内容，使得人类在实现自我、认识自然的过程中，能够不时地从中寻找到极为有益的启示。

既然任何一个全息元都包含着宇宙其他任何信息元的全部信息，那么为什么我们在理论实践和行为实践中往往不能感受到和认知全部的信息，同时物质世界的发展又不断地创造新的信息，不断地达到新的水平呢？

伦敦大学伯克贝克学院的理论物理学教授、当代最出色的物理学家之一戴维·玻姆 [1]，在其著作《整体性与隐缠序：卷展中的宇宙与意识》中，提出了量子现象的隐参量和隐缠序理论，给东西方物理学界和哲学界带来了极大的震动，使标准的量子力学与玻姆的隐缠序理论得以诞生和定型，同时也给现代自然科学和社会科学以及全部边缘科学即存的理论模式以本质性的冲击。

隐缠序即潜在秩序之意。玻姆在隐缠序理论阐述中提出了一个最基本的概念，叫作全息运动。它包含所有，又被所有映射，彼此无限关联。宇宙就仿佛是一个无限大的存在于通常时空坐标之外的立体全息图。在这个立体图式中，无论是经济的、政治的、文化的、科学的，还是思维的、意识的，它们既是各自边界清晰的独立的一部分，又是全息图本身。信息占据了三倍于宇宙中亚原子数的维数，这个令人惊愕的几何级数，远远超过了宇宙中存在的大约 10^{89} 的光子数。物质世界远远比我们已经认识或正在认识的要丰富和庞大得多。隐缠序理论试图从归一化的角度更加接近本质地说明世界发展状况和社会进化的图式。隐缠序理论辩证地论述了事物发展的对立统一过程，在这个理论中，人、机器、动物等日常可见的事物都属于与隐缠序相对的显秩序，它们以通常的空间和时间形式出现。在隐缠序中，每一个事物都以这样或那样一种方式与别的任何事物密切关联，"以致对任何单个元素的仔细研究，原则上都可以揭示这个宇宙中的其他任何一个元素的详尽信息。在某种意义上，玻姆的隐

---

[1] 戴维·玻姆，这个时代杰出的量子物理学家与科学思想家。他深受爱因斯坦的影响，但同时还受到神秘主义的激励。事实上，在20世纪七八十年代，他跟印度宗教哲学家克里希穆尔蒂的交往，对他的工作有着深刻的影响。在科学与哲学两方面，玻姆主要关注一般的实在和特殊的意识的本性，著有《量子理论》、《现代物理学中的因果性与机遇》和《不可分割的宇宙》等。

缠序宇宙构成了一部超级字典，其中每一个词的定义也包含了字典中任何一个定义"①。在以隐缠序和显秩序所表达的全息宇宙中，所有存在均无限地相互渗透，相互映射，每一种行为，每一种瞬间的状况最终都是由宇宙中现在、过去和将来正在发生的任何一件事情引起的。与此相对应，信息在其运化过程中也有两种形态，即显信息和潜信息。潜信息是一个尚未被认证的神秘世界，表现出无限性，显信息只是潜信息世界已被认知的极为有限的部分。

实际上，西方科学家在很早就触到全息论思想的源头。古希腊著名思想家赫拉克利特在探索万物起源时，把宇宙的根源归结为火。万物发端于火，又复归于火。他说："结合物既是整个的，又不是整个的……从一切产生一，从一产生一切。"②"这个世界对一切存在物都是同一的，它不是任何神所创造的，也不是任何人所创造的；它过去、现在和未来永远是一团永恒的活火，在一定的分寸上燃烧，在一定的分寸上熄灭。"③赫拉克利特从物质的归一性上认识到世界在时间上都是火的变换形式，可以说它们都与火全息。尽管这种认识在科学性和确切性上存在缺陷，但它在论证世界统一性和同一性的过程中闪烁着的全息思想之光是毋庸置疑的。

在中国，全息论思想在肥沃的中华文明的土壤中得到全面的滋养，全息论的胚芽在先哲留下的丰厚宝贵的遗产的基础上以前所未有的速度和甚至无法察觉的方式冲击着我们早已形成的理念定式和方法论体系。我们为这些思想的快速成长和定型感到高兴和欢呼。1980年第二期《潜科学》杂志发表了山东大学张颖清教授《生物全

---

① 欧小威.全息经济学［M］.北京：东方出版社，1993.
② 北京大学哲学系外国哲学史教研室.古希腊罗马哲学［M］.北京：商务印书馆，1961.
③ 同上。

息律》的论文，接着《生物体结构的三定律》①和《全息生物学》②等专著面世；1983 年 8 月在美国召开的第十七届国际科学史会议 "20 世纪的生物医学科学" 专题学术讨论会上，李迪教授做了题为《生物全息律简史》的学术报告，向国际学术界介绍了中国人创建全息生物学的过程和发展状况，立刻引起国际学术界的强烈反响和连锁轰动效应。全息生物学的核心是生物全息律。"生物体一个全息元上的各个部位，都分别在整体上或其他全息元上有各自的对应部位；一个全息元上的一个部位和相对于整体上或某一其他全息元上的非对应部位，总是和其所对应的部位生物学特性相似程度较大；各部位在一全息元上的分布规律与各对应部位在整体上或其他全息元上的分布规律相同。相对于非对应部位，每一部位与整体上或其他全息元上其所对应的部位的病理、生理、生化、遗传等生物学特性相似程度较大。这样，每一部位就包含着整体上或其他全息元上其所对应部位的生物学特性的信息，同时，生物学特性不同的各位点的分布结果，使每一全息元就包含着整体各部位的以及其他全息元各位点的生物学特性的信息，这与一幅全息照片的每一个碎裂的小片都包含着整个景物的信息十分相似。所以我们使用了全息这一术语。" 从朴素的认知到全息生物学的诞生，全息论思想经历了一个漫长且充满创造性的认知世界的综合过程。

王存臻和严春友发表的一系列作品③将全息论的研究从局部的、分枝的直观探讨，带入了一个全面、本体研究的新阶段。宇宙全息论扬弃了全息思想研究的直观表象，把自然界、人类社会和人的精

---

① 张颖清 . 生物体结构的三定律［M］. 呼和浩特：内蒙古人民出版社，1982.
② 张颖清 . 全息生物学［M］. 北京：高等教育出版社，1989.
③ 王存臻，严春友 . 宇宙全息论的哲学意义［J］. 理论导刊，1988（1）：20-24.

神世界以及衍生事物统合为一个有机的联系体，也就是把宇宙中各个不同的层次和过程统一起来，从本体上为过去、现在和将来许多看起来根本无法联系的事物找到具有归一性的逻辑起点。宇宙全息论是说一切事物乃至宇宙都具有四维立体全息性，并且每一事物都是宇宙的全息元。高度统一的宇宙无时无刻不处于一个普遍渗透的有机态势中，我们无法，实际上也不可能将任何一个事物单独从普遍渗透的宇宙整体中割裂开来，因为当你在述说"此"时，其实述说的也是"彼"；当你在论述哲学概念上的"无"时，其实你就在论述万全的"有"；当你从化学角度论述化合反应时，其实你就在论述分解反应；当你在论述企业的决策时，其实你就在论述企业的管理问题。宇宙全息律向我们呈现了一幅复杂的全息图景，在这个用简单的线条勾勒出来的复杂图景面前，我们往往感到很难驾驭它。但是一旦我们完成了从局部向全面整体的综合性创造，再来对全息思想的某一条脉络加以剖析探索，我们会发现那些熟视无睹的事物会令我们感到惊奇和欣慰。我们就是怀着这样一种心情，循着全息思想发展的层次和固有的脉络进行逻辑的演绎，具体地领略企业文化这个独特领域的全息风光。

近代西方分析科学家轻而易举地抛弃了古代的整体观，全息思想的早期萌芽长期被压抑在现实的土壤中，人们用思辨中止的现实逻辑这把手术刀将未知世界片面地、孤立地一块块分割下来，自以为是地建立起独立的科学体系。多少年来，这些科学家像开凿山洞的工程兵一样，挤在一条条狭窄的坑道里，穷尽毕生精力计算着纵向前进的速度，而对别的山洞的进展情形毫无兴趣、知之甚少。时至现代，科学发展综合归一的本质规定性使许多洞穴的开掘遇到无法解决的难题，因此不得不临时绕道而行，从而使许多洞穴的前进方向发生了交叉，那来自不同光源的奇异之光幻化出令人感到晕眩和震撼的图景。然而，当他们静下心来重新梳理理论实践和行为实践的脉络时，蓦然发现现代科学发展的历史轨道上到处都闪烁着古代先哲思想启示的光芒。全息论思想从他们那里，尤其是从古老的东方古典哲学中，吸取了丰富的精神营养。从某种意义上说，它是古代整体观在更高阶段上的科学回归。如果说，古代整体观是一粒尚未分化的种子，那么，现代全息论科学以及由此衍生的理论思想只是这粒种子在不同细节上的有序展开，尽管展开的过程和内容层次交错，但它奥妙无穷。

全息论思想从根本上提示：时间和空间全息；物质和精神全息；理论与实践全息；管理和决策全息；内因和外因全息；有和无全息。

我们应该知道，眼下的中国乃至世界正站在一个危机四伏的山坳上——任何一个用坦率的、开放的眼光来观察事物的人都会看到，当代正在探求发展和进步的企业充满了问题、面临着困境，这情形就像世界的整体发展所碰到的疑难一样，我们每做一步新的选择，稍不留神都要付出递进式的痛苦的代价。企业文化全息论的提出，绝不是一个凭空捏造、虚无的概念，它本身不仅具有自身发展的逻辑开端，而且具有围绕这个开端展开的广泛而丰富的内涵。就今日的认识而言，社会经济已经成为一个有机联系的整体，它已经形成为宇宙运化全息系统的一个不可分割的高度统一的重要组成部分。企业文化全息是社会经济全息和宇宙全息律在不同层次和不同边界的折射和分化。企业文化是一个有机联系的活的肌体，是社会经济全息系统的高度特化形态。对于企业文化全息论的体系，只有用全息的方法论，用全息的思维切入方式，才能把被传统的企业管理决策、企业文化研究排斥在外的自然环境和社会环境等因素纳入，以及将相对传统的狭隘的本位主义和民族主义摒弃。

从纵向的社会发展过程来看，人类最初的社会好像一个受孕的卵子，孕育着未来社会运化的一切萌芽，未来社会的一切只不过是这个受孕卵子的具体化。如果说原始社会是未来社会的一张素描草图，那么，未来社会则是原始社会的精工细作。由于宇宙发展以及社会经济发展和它在各个领域的展开面上保持着逻辑上的内在全息关系，尽管不同时代会产生不同的社会存在方式，但其中必然积淀着所有时代发展起来的物质文明和精神文明。这是社会得以有序发展的基础。社会的一切发展只能是对这个基础的发展。具体到特定的企业实体中，社会发展的方向规定了企业发展的方向，同时又与未来社会保持着全息联系，因此从宇宙运化全息论到社会经济发展全息论再到企业文化全息论，它们展示了全息论在不同层次上的全息同构现象，使我们在深入研究企业文化现象时，能够从一个多维的视角出发，站在逻辑的源头把握企业文化支流与自然环境和社会发展环境的全息对应关系，从而为企业文化的研究拓展出一片崭新的天空。

二、全息化的企业文化建设

20 世纪以来，人类在信息、新材料、新能源、生物、空间、海洋等六大高科技领域充分展现了他们的伟大力量，取得了在几十年前甚至几年前人类无法想象和预测的重大突破和进展，其中信息已成为经济建设的战略资源和社会管理、文化积累、人类生活的基本要素，并从整体上带动世界经济一体化和社会共同协调发展的进程。

20 世纪 50 年代，美国曾在资本论上构筑了一个至今仍为世人称道的工业化社会。1992 年，美国克林顿政府提出"发展信息高速公路，振兴美国经济，恢复企业竞争活力"的竞选纲领。此后，"信息高速公路"成为一个形象化的概念，为地球人描绘了一个新时代到来时颇令人兴奋的崭新图景，这标志着人类正在突破传统科技的束缚，满怀信心地进入一个更能体现人类自由意志的王国。美国科幻小说家威廉·吉布森曾经在他的作品中描绘的幻想——人们沿着"信息公路"驰骋于信息世界的情形，正在迅速成为现实。

"信息高速公路"亦称"高速信息网"，是一种用于大规模完成社会信息资源的开发、收集、传输、交换、存储、处理、再生、分化、利用等多种综合功能的系统设施的有机整体。也就是以综合传输媒体、感觉媒体、存储媒体、显示媒体、表示媒体为车，以光纤传媒为路，按照一定的方式，将国家、政府、企业、学校、研究所、图书馆、医院、家庭等各个信息元连接起来，应用 ATIM（通知传输指示信息）传统模式，以交互方式快速传递数据、声音和图像的高信息流量的网络。在未来的某一天，人类可以在世界的任何角落，通过"信息高速公路"完成各种各样的金融、商业、政治和文化等多方面的交流、交往和交换。

在信息化社会里，人们的工作、生活等无不与信息的产生、重组、分析和传输密切相关。20 世纪 50 年代以后，几乎每 10 年都有与信息技术相关的划时代的技术创新出现。在信息产业的驱动下，发达国家高技术产业的产值出现了飞跃的增长。与其说信息社会给人类带来了或正在带来以往任何历史阶段都不曾有过的巨大物质财富，不如说信息社会正在引发又一次人类发展史上最为壮观的思想和文化革命，正如马利琳·法加逊指出的，在社会的各个领域里，最初作为彼此孤立的事件而发生的变革，到一定阶段就汇合成互有联系的统一的社会现象，从而改变整个社会的规范，创造出新的文明和文化。事实正是如此，相距千里的医生可以通过电视影像共同会诊一个病人，身处各地的医生不仅可以身临其境地看到同一患者，还可以看到各种化验单、检查结果，互相商讨做出正确的诊断和确定最后的治疗方案。从事食品制造业的工厂，可以根据消费者提供的需求信息，制作特定的不同口味的食品，以满足非批量化的需求。身在巴黎的服装设计师利用多媒体通信同时指导设在北京、纽约、东京工厂的工人剪裁最新款式的时装。人们坐在家里，非常清晰且自由自在地参加正在万里之外的联合国进行的关于全球环境的激烈辩论。工厂的科研人员通过多媒体通信，查找他们所需要的任何资料和数据。

三、"互联网＋"企业文化

20 世纪 90 年代以来，互联网工程获得迅猛的发展。近年随着互联网及智能移动通信的快速普及，今天的互联网已并非简单的信息传递工具，而是随着互联网与经济的深度耦合，成为企业改造产业生态、重塑竞争结构、颠覆价值创造方式的利器；同时，随着互联网环境对企业经营模式、营销战略等方面施加的外部影响，企业的文化与价值观也在互联网内生作用下发生了深刻的变革。

1."互联网＋"企业文化的构建

理论上讲，企业文化的动态变迁是在企业内外多种因素的共同作用机制下，在积淀、扩散、冲突、比较、选择的往复过程中形成的。正是这周而复始、循环往复的过程不断推动了企业文化的升华。

从整体看，"互联网＋"企业文化一方面增加了企业文化的生成发展因子，另一方面加速了文化的演进和发展过程，其对企业文化产生的微观机制作用主要体现在以下三个方面：一是人本思想的普遍化；二是以用户为中心的思维模式普遍化；三是自组织管理的普遍化。

人本思想的普及

"以人为本"的管理，是现代人类管理文明的基本标志，也是区别于传统企业管理观念的一种优秀企业价值理念。约翰·奈比斯特曾说，人类"必须学会把技术的物质奇迹与人性的精神需要平衡起来"。人本思想在现代企业管理理念中的浸入，意味着在现代企业的管理过程中，要更加重视和开拓人力资本要素，更加强调对人性的理解和尊重，更加尊重人才的能动性发挥，以及更加强调沟通与对话；在人本思想指导下，要通过将人文关怀渗透到高度理性化、机械化的企业经营之中，从而顺应现代社会中劳动者对感情依托与精神家园的需求，进而提高劳动者的生产效率与企业组织管理效率。

在"互联网＋"时代，互联网与实体经济深度耦合过程中，企业文化的意义也被互联网重新定义。其对企业文化最显著的影响是促进了企业文化的人性化，使得文化引导和规范员工的行为成为企业管理的重要手段。互联网所带来的价值链的重构，导致众多参与主体——如研发、生产、消费等角色是模糊与多元的，难以通过一元化的价值观塑造并进行统一引导。因此，如何做好员工的人性关怀，充分挖掘员工的潜力成为企业文化的主要内容和目的。从现有的案例来看，众多优秀的人本管理企业，赋予员工足够的自由去提出自己的想法，想方设法、创造一切机会拉近与员工的距离，增强亲近感；还有一些企业会塑造共同的价值观和构筑相仿的行为规范以及由此形成的信任基础，进行沟通、互相信任和互助。

因此从本质上看，互联网的出现客观上推动了企业人本思想的普及和发展，提升了以人为本管理模式的高度。使得企业一方面重视企业现有的制度与理性基础；另一方面强调共同价值观、和谐共融关系、管理艺术以及精神激励，以文化价值等人文因素统摄整个企业的经营管理活动，使管理的效率和效益在更大程度上通过员工的能动性与自我激励驱动，从而更准确地把握企业管理的灵魂所在。

互联网思维

在互联网时代，所谓的互联网思维是指传统企业通过与互联网的深度耦合，对传统企业价值链进行重新审读与全流程再造，最终实现传统企业的全面互联网化。互联网思维的形成源于以下两个方面。

一方面，互联网的发展与延伸倒逼企业走向"用户至上"的发展路径。根据一些调研机构发布的数据，2015 年我国网络经济营收规模达到 11 218.7 亿元，年均增长率为 47.3%，占当年 GDP（国民生产总值）规模的 1.7%；其中，移动网络经济营收规模为 4 343.6 亿元，预计到 2018 年达到 1.6 万亿元。可以预见，未来网络经济尤其是移动网络经济将成为市场主导经济之一。在互联网经济下，交易空间限制的打破与商品信息与反馈获取成本的降低，使得消费者、客户需求成为市场供需的主导与支配力量，由此企业家需要回归商业本质，找到用户需求。为客户创造价值才能带来财富，这驱使企业经营思维与经营理念发生转变，使企业更加注重客户的个性化需求，提高用户满意度；更加追求商业数据的挖掘，指导产品设计，形成闭环迭代。

另一方面，互联网技术在改造传统产业价值链融入企业文化的过程中，也在推动传统企业核心价值观的演变。因聚合消费者，快速响应市场变化而形成的供企业与用户沟通与反馈的互联网机制，推动了传统企业管理模式的改造，促使企业管理者深入了解员工的需求，将信息转换渗入企业研发之中，使管理者与员工形成多元化互动沟通，推动企业文化的传播与变革；此外，企业文化不仅汲取了技术变革形成的思想观念与思维方式，同时吸收了市场变化所带来的新观念与新风尚，使其融合凝聚为企业文化的新特质。在互联网时代，这种新特质往往会呈现加速积累与遗失的特性，其中遗失的原因有自然筛选因素，也有主观选择所致，但总体是一种自然选择的结果，沉淀与保留的部分会越发特色鲜明，最终成为企业的核心价值观，互联网在企业价值观形成过程中无疑压缩了这一积累过程与周期。

组织管理的去中心化

互联网的本质，归结到一点，就是"去中心化"。所谓"去中心化"，不是意味着放弃中心，而是改变了原来的中央集权中心，变为多个控制中心，其反映在企业组织机构形态上，就是扁平化与自组织管理。实践表明，现代企业越来越具有"去管理化"的发展趋势。自组织管理就是企业的个体和部门以"自我导向、自我激励、自我约束、自我发展"为原则，使大量问题下沉，在中层甚至基层环节解决，进而实现企业的零目标管理。在自组织管理体系中，每一位成员都作为管理者对团队目标负责。在自组织管理中，其核心要素可以总结概括为共创、共享、共治。其中共创是指每一位成员都是团队价值的创造者与中心；共享是指自组织更加强调利益的共同体观念，通过制度保障实现利益的共享；共治意味着强调多元化的治理机制与制度。

从企业管理思想理论发展历史来看，扁平化管理思想早在20世纪下半叶就已形成，而从理论的实践效果来看，在互联网高速发展与快速普及以前，有些企业进行的权力下放与扁平化管理改革往往陷入一种一放就乱的旋涡之中，反而在传统的层级组织构架下的同质企业运营效率更高。在层级管理模式下，信息与决策需要通过层层反馈，最终由最高层做出，在这一过程中产生的摩擦容易造成整个组织的行动迟钝与效率低下，同时在这种制度下，企业员工的活力难以被激发，通常需要权威性的领导方式。从表面上看，经济直觉与社会实际情况截然相反，然而从科斯的企业组织理论分析，这一现象产生的本质源于企业组织形式的比较优势与机会成本。在前互联网时代，产业更替过程缓慢，信息获取与反馈困难，企业获取超额利润的主要途径是成本控制与产能扩张，在这种外部环境下，层级管理组织的制度成本更低，管理模式更有优势。而进入互联网时代后，创新层出不穷，机遇瞬息万变，为了适应外部环境的变化，需要对组织体系进行结构性与颠覆式的塑造。管理过程无法依赖预先确定的组织秩序和组织规则，必须依靠自组织模式。相对于大型企业的层级管理模式，自组织的优势主要体现在对外生环境的适应能力以及创新机制的灵活性方面，同时小规模团体所具有的低廉试错成本也是其优势所在。因此可以说互联网时代使得自组织管理模式走向前台。

2. "互联网＋"企业文化的传导

企业文化发展变化有两大动因，一个是环境因素，一个是学习因素。前者首先通过外部环境的变化对企业自身文化产生影响，在原有文化适应了新环境、发生局部革新后，一些被市场选择和优化的新文化内涵被保留下来，在第二阶段对环境产生影响，最后，随着新文化缓慢褪去光鲜外表，环境与文化的矛盾再次凸显，环境改变文化的动力再次出现。学习因素对企业文化的影响主要通过学习作用机制实现。企业文化的发展仅依靠外部环境的改变远远不够，内部的学习能力也是企业文化发展的重要动力。企业的这种学习能力主要包括两种：员工学习与企业家学习。企业发展壮大离不开"人"的因素，企业背后每位员工通过自身努力获取知识，这对于企业文化的不断更新具有强大的动能。同样，企业家作为企业管理者，通过学习获取先进的知识，这对于提升企业能力、优化企业文化以及企业未来的发展意义重大。随着"互联网+"的兴起，互联网对影响企业文化的两大动因产生了深刻的影响，通过环境传导机制和学习传导机制，互联网深刻影响着现代企业文化的发展变化。

互联网 – 环境传导机制

不同于新兴的互联网企业，对一般企业来说，互联网对企业文化产生的影响首先是通过影响企业文化的外部环境实现的。就传导机制而言，它主要是通过以下三种途径产生影响。

第一，互联网大大促进了信息的充分交流，使得市场竞争更加激烈。完全竞争市场的必要条件之一就在于市场信息的充分性——市场中买卖双方都掌握着与自己经济决策有关的全部信息。随着互联网技术的广泛应用，人类信息技术发展步入大数据时代。互联网使得市场各方互联互通的能力大幅提升，各种市场信息在买卖双方之间相互交流，信息交易成本大幅下降，信息不对称的可能性大幅降低，这也意味着市场竞争将会更加充分，竞争更加激烈。同时，伴随着信息的广泛传播，信息的交流、分析和应用显得日趋重要。企业如果不能对得到的信息进行有效分析，在瞬息万变的市场环境中很容易因为不能适应残酷的市场竞争而走向失败，这使得企业生存更加不易。以家电业务为例，作为传统的家电经销商，苏宁和国美在互联网销售兴起之前，无论是市场占有量还是门店加盟量几乎不相上下。随着电子商务平台的迅速发展，阿里巴巴、京东这些新兴互联网公司凭借强大的信息、物流技术，以低价格、高品质服务迅速席卷传统家电经销行业。为顺应线上销售的大潮流，苏宁果断投入线上技术开辟苏宁易购线上线下品牌，还进驻天猫旗舰店，凭借多年的市场号召力稳坐家电经销市场前列。其老牌竞争对手国美，由于线上开发明显滞后，近些年的市场竞争力显著下降，至今国美在线（国美的线上销售品牌）尚未形成足以对抗京东、苏宁易购的大型线上经销公司。

第二，互联网使得个性化产品需求被大大满足，倒逼企业不断提高创新研发能力。在大数据时代，互联网信息技术的普及使得企业与消费者的沟通更加通畅，彼此之间的信息传递使得产品与客户的距离被最大限度地拉近，企业产品与市场需求深度融合。与传统经济时代相比，由于生产端与需求端距离较远，消费者只能动根据生产商提供的商品进行选择的局面不复存在。随着个性化产品需求被大大满足变得常态化，各种私人订制、多样化产品需求被迫使企业必须加大创新投入，及时满足消费者的消费偏好。这客观上逼迫企业不断更新产品类别和功能，不断从大批量生产转到大批量的订制生产以吸引和满足消费者。

第三，电子商务技术的应用，使得企业上、中、下游的联系更加紧密，对同类产品在价格、品种等方面的对比更加便捷和公开化。随着互联网技术的广泛应用，企业运用电子平台可以很容易找到符合条件的供应商，以更合理的价格采购符合企业需求的产品，这使得无数条价值链上的企业更加紧密地连接起来。同时，广泛的产品对比也使得生产商处在激烈的市场竞争中，它们必须依靠高品质和低价格，努力提高产品生产率立足市场。网络经济环境下，电子商务使得市场竞争更加充分和激烈，比质量、比价格成为产品获得市场的不二法宝，过去依靠销售渠道和分销经销谋取竞争优势的方式已经不能有效对抗互联网经济，企业无论大小，都必须专注于产品质量的提升和价格的降低，以此在残酷的市场竞争中实现企业发展。

互联网－学习机制

除了对外部环境的影响，互联网对企业文化的影响更表现在对企业内部的学习能力产生影响。这种影响通过企业员工学习和企业家学习两种途径深刻作用于企业学习上。

（1）互联网－员工学习传导机制

互联网影响、改变着每个人的生活，对员工个人学习的影响是多维度、多层次的，互联网正在从多方面改变着每位员工的学习思维方式。对一般企业而言，随着互联网应用技术的普及，其影响力不断增大，基本的传导逻辑大致体现为，互联网使员工学习更加便捷，表现在知识获取更容易，知识极大丰富化，搜寻成本更低，学习效率更高。互联网的海量知识存储和便捷高效查询使得传统图书馆相形见绌，互联网让知识的获取变得高效，由此也使得企业员工的终身学习、终生提高变为可能。员工的持续学习将持续地提升员工的综合能力，员工能力的提升又将为企业的不断进步提供内生的动能，这是互联网对企业员工最大、最直接的改变，更是对企业文化的主体产生的重大影响，诱导和引发企业文化发生深刻变化。

（2）互联网－企业家学习传导机制

企业家精神的本质是企业家在追求自身效用最大化过程中所展现出来的创新、敬业和勇于承担风险的气质，约瑟夫·熊彼特认为企业家是企业最核心的资产，企业家精神则是企业家展现出来的区别于一般员工的标志。纽约大学经济学教授伊斯雷尔·柯兹纳同样认为，企业家精神的本质就是对以前未认识到的机会的敏感度，市场的协调计划知识则是企业家在追求利润过程中生成的。对善于捕捉机会的企业家而言，互联网的兴起为他们提供了难得的成长工具，为其精神资本乃至智力资本的提升创造了机会。这是因为，互联网技术极大地提高了信息的传播速度与传播范围，这为企业家获取优质的经营与管理知识信息提供了便利，继而有助于企业家提升企业管理能力；同时，互联网的发展奠定了大数据发展的基础，这有助于企业家及时有效地获取外部宏观变化与产业变迁的信息，为企业家掌握行业动态、相机抉择以及寻求发展机会提供便利；有助于企业提取内部运营效能的数据，提高管理绩效。

企业文化全息论的提出将使企业文化的研究充分吸取当代人类科学发展丰富的养料，使它走出一厂一业、封闭孤立的小天地，在全景式的宇宙一体的大架构中获得全新的形式和内涵。互联网时代，在技术手段支持下，市场的分工与企业的差异化竞争使得企业文化塑造的重要性超过以往。强劲的企业文化能够通过组织决策机制及信息传递机制使组织成员快速适应市场环境的变化，及时做出压力应对措施。综上所述，我们认为互联网时代下的企业文化应该从物质层面、制度层面和精神层面三个方面构建。在物质层面，企业文化是外界对企业文化核心层面的直接物化感受，应当积极培育企业适应互联网时代的能力，重视网络载体对企业文化的传播和导向作用，有计划地采取多元化的手段和方法展示企业精神。在制度层面，指企业价值体系的支撑与落地。在互联网时代，制度文化建设要以积极引导、分工明确、权责统一为原则，通过推行企业扁平化与去中心化，培育互联网时代下开放、共享、平等和协作的企业精神。在精神层面，即企业存在的使命、追求的目标和差异化竞争方面，应该更加注重强调企业内外部的人本思想理念，从内部管理的各个层级到市场全价值链活动，都要坚持以人为本的理念，同时将企业文化管理作为企业管理范畴的重要开端。

本章参考文献

［1］黎明．互联网对我国传统企业文化基因正向影响研究［D］.武汉：华中师范大学，2016.

［2］赵振．"互联网＋"跨界经营：创造性破坏视角［J］．中国工业经济，2015（10）：146-160.

［3］王成荣．"互联网＋"企业文化规律探索与管理创新［J］．企业文明，2015（07）：19-23.

［4］宋杼宸．互联网时代企业文化建设的特征和方向［J］．中国人力资源开发，2014（20）：6-9.

［5］李海舰，田跃新，李文杰．互联网思维与传统企业再造［J］．中国工业经济，2014（10）：135-146.

第 6 章 企业文化风险论

共同的风险把所有人的命运联系在一起，或者说，所有人都必须面对共同的风险约束。这或许就是人类利益共同体和命运共同体的重要成因。

一、充满风险的世界

全球化带来了前所未有的不确定性，它既含有一体化的趋势，同时又含有分裂化的倾向；它既强化了专业化的分工，又展现了多样化的触角；既是对高度分化占有的有形资源的争夺，又是对信息普遍传播的无形资源的共享；有人把全球化当作福音，有人则认为它是灾难；有人把它视为人类探索未来的共同出路，有人则将它说成富国集团故意设下的陷阱；有的企业在全球化中如鱼得水、规模庞大，有的企业则迷失方向陷于前途未卜的困境。凡此种种，全球化正在跨越意识形态边界、区域经济边界、文化种族边界、时间空间边界，其表现如下：经济互动、文化互动的快速增加；地球村居民面临的共同问题日益增加；你中有我，我中有你，相互依存的程度提高；时空的压缩和转换速度的加快；资本、知识、信息的全球流动势不可挡；跨国企业和组织强力渗透，网络无限扩张；全球一体化几乎涉及人类生活的所有方面。

毫无疑问，全球化既是一个内在的充满矛盾对立统一的过程，又是一个充满诱惑且理性的选择。一些突出且现实的问题不以人们意志为转移地摆在我们面前：那些曾经掠夺了全球的廉价资源并且还在继续掠夺更大份额资源以维持诸如军备、强权、消费和富裕等的所谓民主和发达国家，它们到底还有多大程度上的资格要求那些尚处于发展中的贫穷国家尽义务保护臭氧层、热带雨林、海洋水质这些带有全球意义的自然资源？当最起码的生存权都受到威胁的时候，当历史传承的信仰受到被动性颠覆的时候，局部的冲突和全面的危机就在所难免了。如果说，对全球化为我们带来的变化还存在着诸多非议或分歧的话，至少有一点是达成共识的，那就是，一个以全球化为背景的风险社会扑面而来。

全球化使多样化的社会经济发展呈现复合性的特征，风险社会的到来使这种复合性得到进一步的增强，其潜在的意义预示和标志着我们人类生命活动的疆域交织在复合性的多重风险约束之中，我们生产风险，受益于风险，并且风险进一步规定了我们行为实践的内容和逻辑。无论是社会转型、制度变迁，或既有的制度缺陷无法满足现有的风险控制，或缺乏新的制度应对新的风险，或组织僵化无法把握风险的随机性，或知性不足难以应付风险的复杂性，它们彰显了一个事实：在现代社会，科学技术的发展使得人类改造自然、影响社会的能力日益提高，同时风险在种类、强度、频率、影响等方面与日俱增。我们必须更加理性地认识我们所处环境的风险程度，关注提高我们生存质量和发展质量的可能性，不断自省我们的知识、胆魄、信心和行动力的储备是否与这个变动不居的风险和机遇并存的社会相契合，并把这一切理所应当地建立在结构相容的文化机制之上。我们并不是在学理上把风险社会划分成某个具体的发展形态或阶段，而是对变动不居的信息和知识社会在全球一体化的现实面前呈现出的某些特征加以形象化概括，并凝聚人类共同的风险意识，形成一种具有普遍意义的风险文化。

二、文化风险理论二重性

1. 风险制造与风险规避

文化是社会生活中人类精神活动及其活动产物的总和，对人类而言，文化中既存在消极的、制造风险的文化，即产生风险和诱导风险变迁的文化，也存在积极的、规避风险的文化，即对风险进行反省规避的文化，因此文化风险同时具有制造风险与规避风险两种性质，它们是一枚硬币的两面，既相生相伴又对立统一。

风险文化具有认知的相对性，这在很大程度上取决于人们的意识和文化的不同。风险是指事物发展的不确定性，对于同一问题，不同人会根据自己以往的生活经验做出不同的判断，这在本质上就是文化的差异。例如，面对环境污染问题，发达国家会将其视为阻碍其发展的较大风险，因此会制定法律法规来严加控制；而在经济相对落后的发展中国家，人们视饥饿与贫穷为现阶段发展的最大风险，环境问题还未被人们纳入风险的范畴。我们在谈论风险文化时应充分考虑风险在认知上的差异，如果人们并未意识到风险的存在，他们也就不会认识到自己正在制造风险，就更不会想到采取行动来规避和控制风险。

我们认为，在当代社会，风险实际上并没有增加，只是被察觉、被意识到的风险增多了。因此要想控制风险的蔓延，首先要提高人们对于风险的认识，只有人们清晰地认识到科学技术发展带来的副作用和对人类的风险，才会发现原来自己正是风险的制造者，才会意识到自己应该对自己的行为负责，去控制已经存在的风险和规避未来可能出现的风险。

风险文化的表现形式具有动态可变性，这一变化与人类所处的不同发展阶段密切相关。农耕时代，人类还处于靠天吃饭的时期，这时候自然对人类的影响较大，它直接决定了人类生存的可能性，人类改造自然的能力十分有限，人类对自然的破坏力小且自然的恢复力强，因此人类在这一时期主要面临来自大自然的局部风险，自然主要扮演着风险制造者的角色，人类此时主要是风险的规避者。而随着工业时代的到来，人类对自然的改造和破坏能力大幅提升，人类在创造价值的同时也在制造风险，在这一阶段，虽然自然依旧是风险的制造者，但它变为弱势的一方，人类变得越来越强势，由风险规避者变为风险制造者，在发展的过程中不断地制造着全球性的人为风险。

当今社会，人类与自己所创造的文化矛盾的不断升级，为处理好文化风险的二重性增加了很多难度。随着人类改造和控制自然的能力不断增强，人类一方面想要利用自然为自己多创造财富，但另一方面人类又担心环境的恶化会威胁其生存环境，在这一过程中，人类贪婪的不顾后果的发展正是在制造风险，人类活动规模的扩大和科学技术的提高增加了破坏过程的不可逆性，与此同时，人类由于认识到破坏行为后果的严重性而萌生了保护环境的意识，他们又开始变为规避风险的主力军。一方面，人类不可能停下现代化的脚步，但另一方面，人类也不能放弃对高风险的外部环境的改善，因此，人类目前亟待解决的问题便是处理好人与文化风险之间的矛盾。

人类面临的全球性人为风险正在对社会的风险管理提出新的要求，我们不仅要提高人们的风险认知意识，还应该加深人们对风险的认识，培养良好的风险理念，不再把人类文化所带来的风险看作一个外生变量，而应在文化背景的基础上分析风险产生的过程，进而对如何规避风险做出一定的规划，加强对风险的管理，真正做到辩证统一地看待风险文化的二重性，这样才能从根本上解决现代社会中人类面临的重大问题。

2. 文化批判与风险启蒙

当今人类面临的全球性人为风险与人类本身创造的文化有直接关系，当人们已经开始意识到当代文化风险的独特性与严重性时，也就逐渐展开了对自我文化的深刻剖析与反思，这一寻求解决办法的过程是在人类敢于进行自我文化批判的基础上进行的。

文化批判是以人为主体，以人类文化为主要批判对象进行的自我反省、自我批判、自我校正过程，它强调规避风险对人的积极作用，批判制造风险对人的负面影响。文化批判的首要任务是转变人们的观念，树立正确的人性意识观念，协调人与文化的关系，从而在根本上促进人与自然的和谐共处。

文化批判的意义在于帮助人类进行自我反省，认识到造成文化风险的人性根源，进而找到从根本上控制风险的办法。一直以来人们都高举"理性"的旗帜，主张利用以民族国家为主体的全球治理来控制文化风险，但全球治理理论是从工具利用的角度强调人的外在控制，这种外在控制极易带来新的问题与风险，让风险控制陷入新的系统性陷阱。因此，人们在反思的过程中不应只强调"理性"的集体管理，还应重视"心性"的自我管理，寻求"理性"与"心性"相结合的平衡点。文化批判的现实任务就是在这一批判的过程中，加深人类对文化风险的认识，从意识层面上打开风险启蒙的大门，让控制和规避风险成为人们的自觉行为。

风险意识启蒙是由社会风险理论家乌尔里希·贝克首先提出的，他意识到人类所面临的文化风险主要是由人类在发展过程中无节制的实践活动造成的，解决这一问题的根源在于从思想意识的层面上认识到人类发展的不平衡性，对人们进行风险意识的启蒙。当代风险意识启蒙被称为"第二次启蒙"，它不同于第一次强调理性、主体和人性的启蒙运动，它更注重对生态环境等领域的保护意识的启蒙，进而引发了大规模的环保运动。

风险意识的启蒙源于对新风险产生的恐惧，它实际上是人类"趋利避害"本能反应的延伸。由于人类在工业化进程中掠夺式地开发利用自然资源，不顾后果地追求技术进步，人类"统治"自然的能力不断提高，但在无节制的损耗过程中产生的负面效应也日益凸显。当核物理学家看到核裂变带来的政治后果时，震惊之余还有发自内心深处的恐惧，正是这种恐惧的出现使人类社会开始出现风险意识。因为恐惧，人们才会去批判、反省和纠正自己的行为，才会开始寻求解决文化风险的出路。

虽然贝克没有给出"人性"在风险意识启蒙中的系统性观点，但他已经意识到人性的片面化发展是造成全球人为风险的问题根源，正是人性的极端不平衡发展弱化了人们规避风险的意识，从而增加了风险控制与规避的难度。因此，在未来发展的过程中，人类应努力走出单纯发展"工具理性"的陷阱，重新审视"心性"在文化风险二重性中的作用，注重对"反思理性"和"心性"的发展，力求从人性均衡发展的角度寻求当代风险问题的解决方案。

三、企业风险文化理论

1. 风险文化的育成

　　风险社会已经成为无法回避的现实，它不仅对固有的运行模式和现存的社会秩序提出了挑战，同时，也为新模式和新秩序的重构孕育了机会。风险社会呼唤风险意识的觉醒，呼唤风险文化的生成。风险文化是"制度性社会的一种实际形式，风险文化将渗透蔓延到所有的不确定领域。而这些不确定领域以前从传统的规范和秩序来说是确定的，只是在传统社会向现代化社会转型后的高度现代化的社会中才会成为给人类生存带来风险的不确定领域。"[①] 置身于风险社会中的现代企业组织和个人理所当然地面临着重塑自身的思维意识、判断能力和行动方向并形成一种具有普遍意义的风险文化的选择。风险文化必须与物质产品、人口、标志、符号以及信息的跨时空全球流动的现代性在结构上契合并容纳它们。

　　毋庸讳言，尽管以往我们对企业文化的研究几乎无所不包，但鲜有人系统地将探索的触角伸进企业风险文化的领地，以至在现实中，一些轰轰烈烈甚至颇有市场地位的企业在一夜之间轰然倒塌，此种案例，举不胜举。这既是理论研究的缺陷，也是行为实践的失范。分析得失，除了失败企业的各类原因之外，不能不将根源归结为风险意识不足、风险管理失当和风险文化缺失。

---

① 斯科特·拉什，王武龙. 风险社会与风险文化［J］. 马克思主义与现实，2002（4）.

热带雨林的一只蝴蝶轻轻扇动翅膀究竟会给南太平洋的洋面带来什么样的暴风骤雨？中东国家脆弱的政权结构会对全球油价构成什么样的影响？美元汇率的结构性变动会对短期的进口和长期的出口态势造成什么样的成本约束？流动性不足为什么会使庞大的资产陷入破产的困境？信用瑕疵在多大程度上使百年基业顷刻间损失殆尽？"非典"什么时候会重新降临，我们已经做好准备了吗？把政治动荡、经济混乱、金融危机、制度变迁、天灾人祸、生态失序等因素放在风险社会的宏观结构中进行系统性把握，就是对复杂性、偶然性、不可知和不确定性的现实科学的认识和能动性的选择。事实上，在这个选择面前，不选择你就别无选择。风险社会的全部内涵构成了风险文化理性建设的基本出发点和逻辑内涵，企业文化的建设如果不能深刻地体现和容纳这些内涵，而仅仅把风险社会看作一个认知的概念，忽视因此出现的新秩序和公共空间，势必会为我们重塑组织的思维、判断和行动，以及推动现实企业优化社会关系设置无法跨越的障碍。因此，把风险文化纳入企业文化的研究范畴既是企业文化发展的题中之意，又是现实的迫切需要。

企业文化的发展正经历着突如其来的巨变——这或多或少是由企业风险的增加造成的。站在指挥舱里驾驭企业之舰的船长正在接受市场全球化海洋里惊涛骇浪的考验，对他们而言，风险从来没有像现在这样成为企业管理的要义，与企业的战略趋向、制度安排、经营方针和投资者利益密切相连——这一点比以往任何时候都确凿无疑。换句话说，任何企业要想在复杂激烈的竞争环境中永葆生存的自信和发展的生机，都不能无视风险变量与企业发展函数之间的高度相关性。

"宇宙是一个由复杂变量构成的系统，其内部的相互关系很少能为人所知。商业只是一个子集，其内在的复杂变量和未知的相互关系也会持续存在。没有什么是必然的，很多事情都会合理地发生。"[①]共同的风险把所有人的命运联系在一起，或者说，所有人都必须面对共同的风险约束。自然的破坏力和市场的破坏力形成协同共振，预示着那些不为人知的复杂变量和联系会不断地演变成一波又一波我们不熟悉的险象，成为社会生活的重要组成部分。这或许就是人类利益共同体和命运共同体的重要成因。

不知道从什么时候开始——好像就在不远的过去，报道突发事件的电视新闻会在叙述完事件的前因后果之后，加上"到目前为止尚未发现华人的伤亡报道"或"其中有×××华人受伤、遇难"的后缀语。这从一个侧面表明：一个日益开放和融入国际社会的中国，已经和国际社会具有了高度的相关性，其中包括对风险的社会责任、义务和对风险后果的承担。在风险普遍化、全球化和高度相关性的背景下，有针对性地提出企业的风险文化是一种必然的逻辑选择，也是企业这个特殊的经济组织新的生存、发展、竞争、进化方式的选择。为了在开放的全球一体化的基础上，建立一个协同的企业风险文化的框架，我们需要通过宏观的内省和反思，微观的分析和关注的方式将企业共同面临的风险和危机变成一系列机遇。就现实性而言，无论是有形产品的生产企业，还是无形服务的提供企业，其面对的挑战同样严峻。

就人的主体性而言，现代社会分工的精细化和各种功能系统的独立作用以及相互渗透导致边界相互叠加，使得决策的难度和管理的复杂性成为风险产生的直接根源。因此，企业不得不面对这样的

---

① 玛丽·帕特·麦卡锡，蒂莫西·P.弗林.险中求胜——管理企业风险，创造持久竞争力[M].容冰，译.北京：中信出版社，2006.

事实：资本与劳动的对立导致利益分配的非理性悬殊和差异，演变成群体性的矛盾和对抗，是为风险；生产过程中的环境因素（化学的、物理的、机械的、操作的、合作的）组织不当，是为风险；各种交易过程中的复杂的不确定性导致瞬间巨大的损失，是为风险；决策过程中由于信息不对称，造成行为结果南辕北辙，是为风险；缺乏政治高度和政策敏感性，不免陷于盲动，是为风险；视野狭窄，思维混沌，对变化着的全球化趋势以及由此衍生的意外事件缺少应对的意识和措施，是为风险。

2. 风险文化的理论应用

从风险管理的角度来看，传统的风险理论主要通过财务指标分析和制度约束来管理和评价风险，完全忽视了伦理、文化等方面的因素。而企业风险文化理论提示人们需要在风险管理过程中着重从风险文化建设等方面加强管理。这给现代风险管理，特别是整体风险评价提供了新的思路。企业风险文化理论强调从人的角度管控风险，特别是人为风险，这在很大程度上丰富了风险管理的思想内涵。

低概率、高风险的科技风险文化

科技风险文化是在现代科技高速发展的背景下形成的一种社会风险意识和观念。人们认识到科技进步带来经济、社会发展的同时也会带来科技伦理、环境生态等社会化问题，于是逐渐形成了一种表现在科学技术体系内部和外部科技价值观念中的独特风险文化——科技风险文化。

科技风险文化是在统计概念向公众价值观念的渗透中产生的，之后它向各学科领域扩展。在传统工业时代，科技风险还是一个单纯的发生概率与后果乘积的数学概念，但随着新科技革命的到来，人们开始对科技发展的后果产生怀疑，这也就使得科技风险由一个内部定义变为包含意识和价值观等多维的主观概念。后来随着苏联的切尔诺贝利核事故发生，科技风险问题开始扩展到科技和社会科学等多个领域，进而不断发展成一种独特的科技价值观念的风险文化。

当代科技文化风险具有低概率、高风险的特点，因此很难对科技风险做出精准预判和有效控制。例如核泄漏等科技风险虽然发生概率极低，但其一旦发生，将带来严重的毁灭性灾难，而且人们在风险发生之前很难对其做出预估和防范。由于基于传统概率论下的风险度量方法已不再适用，且科技文化风险这一多维度的复杂性风险还未形成完善的评估体系，因此目前科技风险在度量预判和管理控制上仍有很大的难度。

我们在应对科技风险文化带来的挑战的同时，也不应忽略其在社会文化结构和体制转换中扮演的重要角色，如今科技风险文化已经成为当代社会文化的重要组成部分，它为人类带来了一种全新的社会组织模式。在技术飞速发展的过程中，科技进步带来的风险将会日益增大，这也就要求人类学会用正确的风险态度来对待风险的变化，在文化的视角下制定合适的风险应对策略。

文化形式与风险态度

不同的文化信仰使人们在面对风险时有不同的反应，正是文化信仰背后的价值观念决定了人们的风险态度。若想评估人们对待风险的态度，首先要对文化进行分类，构建出多样的文化形式来概括不同人群的思维特性，以对他们的风险观进行比较分析。

在文化分类研究的理论基础上，西方学者总结出了 5 种文化形式下的 5 种典型的风险态度。玛丽·道格拉斯是文化分类研究的理论先驱，她提出的"阶层 / 团体"的二维分类法为风险观的产生奠定了基础，其中阶层维度是指社会群体的工作受等级、种族等影响的大小，即后来风险观中的"阶层的鲜明度"，团体维度则是指个人融入社会群体的强弱程度，即"团队的聚合度"。之后道格拉斯和阿伦·威尔达夫斯基对文化做了"中心 / 边缘"的二维划分，最终汤普森在史蒂夫·雷纳总结的 4 种风险观念的基础上将其发展为 5 类人群的风险态度，这 5 类人群分别是企业家、平等主义者、官僚主义者、原子化的个人和隐士。

企业家认为风险会为他们提供机会，因此他们愿意用积极的态度面对风险以赚取更大的利润；平等主义者关注公平，他们为保护公共利益而对风险持规避的态度；官僚主义者相信制度与规则可以有效地控制风险，因此认为风险是可以接受的；原子化的个人只相信自己，他们认为生活中的很大一部分都有运气的成分，因此他们眼中的风险通常是不可控的；隐士也被称为"自主个人群体"，他们通常以自我为中心，认为只要风险不是别人强加于自己的便是可以接受的。

文化视角下的风险策略

风险文化理论将社会群体分为 4 类，分别是个人主义者、平等主义者、权威主义者和宿命论者，他们有各自鲜明的文化类型和风险观念，他们对待风险的态度可以被视为商业策略，用来帮助企业进行风险控制。

个人主义者通常以个人为中心，他们不会因外界的否定而怀疑自己的观点，他们也不会特别关注外在的风险，因为他们眼中的世界是会自动调节的，风险也总是会向均值回归的。个人主义者对应的是文化分类中的企业家，他们愿意做风险的承担者，其商业策略是利润的最大化，市场营销就是一种个人主义表现的典型例子。

平等主义者认为风险是危险的，他们害怕自己平衡的世界被外界的突发变化打破，他们是风险的保护者，他们在商业的世界中通常扮演风险规避者的角色，在法律、审计和合规等领域中，平等主义者居多。

权威主义者相信专家（权威）的力量，他们可以接受专家控制下的风险增长，因为他们相信风险不会超过专家限定的最大值，同时他们也需要制度、规则和法律来帮助他们控制风险。他们是文化分类中的官僚主义者，其商业策略是风险管理，公司的CEO（首席执行官）、CFO（首席财务官）和CRO（首席风险管理执行官）通常是具有权威主义者特质的风险管理者。

宿命论者既没有个人主义者对待风险的魄力，也没有平等主义者规避风险的精神，他们不相信权威的力量，宿命论者认为风险是不可预测的，是不可控制的，因此他们不愿对风险采取任何措施，既不愿冒险也不会主动规避风险，其商业策略是实用主义，宿命论者的代表是公司的技术和运营人员。

通常一个企业的发展会经历发展期、成长期、成熟期和衰退期4个不同阶段的循环，企业在发展的不同阶段都会有相对占主导地位的风险策略。另外，企业的风险策略也会随着发展阶段的交替而改变。一种风险策略不可能适应企业所有阶段的发展，同样，一个发展阶段也不会只存在一种风险策略。优秀的企业管理者通常会结合4种观点的解决办法，即在利润最大化、风险保护、风险管理和实用主义四者之间寻求平衡，以寻求最适合企业现阶段发展的风险应对策略。

四、马克思主义视角下的企业风险文化

风险是市场经济的产物，既存在于资本主义市场经济中，也存在于社会主义市场经济中。中国是社会主义国家，这就要求中国的企业家在理解资本主义市场经济风险规律的同时，更要关注马克思主义视角下的企业风险。

1. 马克思主义企业风险文化内涵

马克思主义企业风险文化是指在企业内部认识风险、预测风险和化解风险的精神现象和心理过程。马克思在《资本论》中对商品经济进行描述时发现了"风险"的存在，马克思主义对企业风险文化的核心启示是企业应重视对风险意识的培养。

马克思对风险的认识启蒙于发现资产阶级"货币—商品"转化过程中存在的不确定性。马克思发现自实现货币与商品之间的"货币—商品—货币"兑换之后，商人便发现了从中间环节谋取利益的机会，即用货币购入一定数量的商品，再将这些商品以高于或低于购入成本的价格卖掉，换取货币，他们在这一过程中既可能获得超额利润也可能面临一定的亏损，这种独特而新奇的运动中蕴藏着的不确定性即是马克思对风险的初始界定。马克思认为，商人这种"货币—商品—货币"的流通运动从根本上不同于农民的"商品—货币—商品"，因为商人的流通环节中潜藏着一定的不确定性，他们正是借助这种不确定性从中谋取利益，这就是马克思主义对风险文化

的初步认识。

马克思对资产阶级的风险文化做出了批判，恩格斯所强调的社会主义风险文化构建中对风险意识的重视正是企业风险文化的核心内涵。虽然资产阶级认为商人获得的利润与他们承担的风险是成正比的，因此有其存在的合理性，但马克思并不认同这一观点，他认为资产阶级的这一风险文化心理掩盖了资本剥削劳动的本质，所谓的"风险费"仍是劳动阶级创造出来的价值，并不应该全部归资本家所有，马克思由此对资产阶级风险文化做出批判。

恩格斯在《致布鲁塞尔共产主义通讯委员会》中否定了皮埃尔－约瑟夫·蒲鲁东提议的协作社的概念，他认为构建协作社在节约费用的同时也存在着巨大的风险，从而引出风险意识在社会主义发展中的重要作用，这也正是马克思主义对企业风险文化的启示，即企业往往面临风险与机遇并存的环境，企业应重视对员工风险意识的培养。

2. 马克思主义企业风险文化发展

马克思主义企业风险文化的发展主要分为马克思主义理论中企业风险文化观念的发展和企业风险文化在马克思主义指导下的当代发展。

马克思主义理论中企业风险文化观念的发展主要经历了三个阶段，它们分别是第一阶段将"风险"等同于"危险"的对风险的模糊认识，第二阶段对资产阶级的风险文化心理的分析和第三阶段对经济生活中风险意识的启蒙发现。

第一阶段，马克思在《德意志意识形态》中对施蒂纳的言论进行批判时引出了"不顺利的环境"这一带有风险特征的概念，他在这一阶段意识到类"危险"风险的存在，但还未将风险提升到风险文化的层面。

第二阶段是在 1857 年经济危机爆发后，马克思开始对经济危机背后的原因展开分析，他发现正是法国动产信贷银行为赚取更多利润不顾后果的投机行为加剧了经济危机的严重性，动产信贷银行发行的债券让股东承担全部风险，却并不让他们分享银行所得的利润。他认为银行家就是在"用最小的风险换取最大的利润"这一风险文化心理的作用下为自己谋取私利，从而揭示和批判了资产阶级风险文化心理的狭隘性。同样，企业应认识到其风险文化不是简单地将风险转移给股东，且不为他们谋取利益，企业要对这一狭隘的风险观念保持警惕。

第三阶段是马克思在《资本论》中指出的风险意识在经济生活中的普遍适用性，马克思对风险意识的认识启蒙于伦敦的房地产和国家的公债市场。由于当年伦敦的地价远高于土地的年收入，因此房地产市场中存在许多利用买卖快到期的租约来赚取中间利润的投机者，因为房租多是按周缴纳，所以他们基本不会冒任何风险，投机者的风险规避行为让马克思认识到资本主义社会中风险意识的存在。此外，马克思还对充当政府与国民之间的中介人，通过发行公债来攫取利益的行为做了描述，公债是依托于政府信誉发行的债券，这是一种在零风险条件下便可将货币转化为债券资本的融资方法，国家债权人利用公债可以在不承担风险的情况下赚取利益。马克思在对房地产市场"中间人"和公债市场"中介人"套利行为的分析中逐渐开始认识到风险意识在市场经济生活中的作用，这与马克思主义企业风险文化内涵中对风险意识的重视具有一致性。

企业风险文化在马克思主义指导下的当代发展是以风险意识为

核心，以马克思主义风险文化思想为理论主体的对风险文化的科学实践。

马克思主义让西方学者认识到风险意识的重要性，但马克思主义不同于一些西方理论的是在风险意识指导下面对风险问题的态度。马克思主义强调用历史唯物主义的视角看待事物的发展，即风险带来隐患的同时也会为企业发展带来一定的机遇，历史唯物主义是风险文化两面性的理论基础。我们在面对企业风险问题时，要学会利用辩证唯物的哲学思想一分为二地看待风险，善于利用风险的积极一面为企业寻求新的发展机会。

马克思主义中丰富的风险文化思想对当代企业的发展有很强的指导意义。我们应以马克思主义风险文化思想为理论基础，不仅要挖掘马克思、恩格斯、列宁、斯大林等人的风险文化思想，还要对毛泽东、邓小平等人具有中国特色的风险观念进行深入解读，以此为主体，结合当代企业的风险文化特点，实现跨时代、跨地域的企业文化观念的融合，以此发展出适合当代企业需求的风险文化观念。

科学发展观是在实践存在的基础上对人类社会现象进行反思的成果，它对企业应对和规避风险有借鉴意义，当代企业的风险文化应在科学发展观的指导下进行科学的实践。科学发展观从以下三方面对当代企业的风险文化的实践做出了指导：第一，在企业发展过程中提高管理者的风险防范意识，树立可持续发展观念，实现企业与社会的协调共同发展；第二，让管理者学会用发展的眼光去看待企业外部动态变化的风险，用正确的态度处理企业的风险问题，通过对企业内部的深度调整，做好长期的风险规避计划，并学会适时的调整和改变，做到与时俱进地管理和控制风险；第三，深入挖掘马克思主义方法论中的相关理论与方法，帮助企业科学地预测和化解风险。

当代企业应在马克思主义的理论指导下，提高企业的风险意识，不断挖掘马克思主义理论的思想内涵，以科学发展为实践归宿，努力做好当代企业风险文化体系的构建工作。

3. 马克思主义企业风险文化伦理

企业风险文化伦理是一种通过对企业的风险意识和行动责任来规范企业行为的约束准则，伦理不同于在理性基础上的外部治理，它更强调企业内部责任的重要性。构建和谐的企业风险文化伦理应以马克思主义的精神内涵为基础，吸收中国传统文化的思想精髓，在全球风险责任意识的指导下进行。

伦理是一种内在的对自我行为进行自觉约束的理论体系，它强调的是主观上的内求性，西方文化大多是追求外在控制的理性文化，而中国文化是重视和谐的文化，它更关注内在的自我调整，中国文化中风险规避的思想占主流地位，相比而言风险制造则小众许多。马克思主义能在中国的发展中发挥着如此重要的指导作用，不仅因为它为中国社会提供了一套科学的真理发展体系，还因为它的思想体系与我国传统文化十分契合，毛泽东早在20世纪30年代就明确指出，今天的中国是历史的中国的一个发展，我们是马克思主义的历史主义者，我们不应当隔断历史，从孔夫子到孙中山，我们应当予以总结，承继这一份珍贵的遗产。

因此我们在谈论企业风险文化伦理时，应将马克思主义与中国传统文化的思想结合起来，对儒家文化中德治思想、民本理念、正己修身、富民教民等伦理观念进行深入挖掘，以扬弃与损益的态度和观念去创造性地继承、发展企业的风险文化。

在防范风险的过程中，企业需要有道德支撑的价值观来实现伦理上的约束，马克思主义和中国传统儒家文化都提到了人在自然属性的基础上注重道德修养对约束人心的重要性。马克思在《神圣家族》中虽然承认人的自然属性，但他主张通过伦理和道德改变人的自然本性，以表明人与动物在自我控制上的差异。另外，马克思在提倡社会主义革命时也强调了培养高尚道德观的重要性，同时提倡在共产主义社会中加强对共产主义道德观的培养。孔子倡导的关注道德修养的观点与马克思的有相似之处，他同样承认追求物质利益是人的本性，但在《论语·卫灵公》中提到的"君子义以为上""君子义以为质"强调了道德修养帮助人们提升自我的作用。马克思主义和中国传统文化都提倡注重道德素养，管理者应充分认识道德素养在企业内部的重要性，树立良好的企业文化观念，提高员工整体的自律水平，实现企业内部的自我约束，从而降低企业的管理风险。

马克思主义和中国传统的儒家思想都注重现实和实践，这对我国企业风险意识的培养和风险控制能力的提高具有指导意义。马克思主义具有鲜明的无神论现实主义的特点，它聚焦于改造社会的现实问题；孔子不讲六合以外鬼神的力量，重视的是"修身、齐家、治国、平天下"的人伦家国的现实传统。另外，马克思和恩格斯在《德意志意识形态》中鲜明地指出革命及反对并改变现状对实践唯物主义者的重要性，又通过与解释世界的哲学家的对比强调了改变世界的现实作用；孔子的"学而时习之"以及后来王阳明提倡的"知行合一"也都是在说明实践的重要意义。毛泽东是马克思主义实践观与中国传统文化相结合的代表人物，毛泽东思想认为认识和实践的关系是知和行的关系。

现代企业风险文化伦理应重视马克思主义与儒家传统文化中强调的现实与实践的作用，在复杂多变的外部环境下，企业面临的将不再是单一风险，而是来自多方面的复杂风险，企业首先要做的便是认清现实，对自己所处的外部环境有清晰的定位，提高企业的风险警觉意识，进而从内部实践出发，不断进行自我反省、自我约束和自我控制，全面提升企业的风险控制能力。

当今世界全球性人为风险的问题不断凸显，企业在构建风险文化伦理体系时应有全球风险责任意识，即站在人性和全人类的伦理视角去思考企业内部的风险文化。人类在发展的过程中过度关注小我、自我、我群、我族的发展，缺乏具备全局视角的发展观念，给人类带来了很多生存和发展问题。企业在发展的过程中应充分认识到片面化自我发展的弊端，强化自己的全球风险意识，勇于承担全球问题中的企业责任。全球风险责任伦理是一种新的社会文明，它为企业提供了一种大格局的风险文化伦理观念，企业在制定风险文化策略时不应只考虑关乎企业个体、竞争对手的发展问题，而应从全人类和全球发展的角度看待风险问题，实现马克思所说的"建立在个人全面发展和他们共同的社会生产能力成为他们的社会财富这一基础上的自由个性"，促进人类社会的整体进步和发展。

构建企业风险文化伦理，应在具有全球风险责任意识的基础上，充分借鉴马克思主义和中国传统文化的思想内涵，从提高员工整体的道德素养出发，强化企业的自我管理和自我约束能力，重视现实的外在变化，将风险意识与风险管理和控制相结合，真正做到"知行合一"，搭建适合企业发展的风险文化伦理框架。

本章参考文献

［1］毛泽东.毛泽东选集：第 2 卷［M］.北京：人民出版社，1995.

［2］马克思.马克思恩格斯全集：第 46 卷上［M］.中共中央马克思恩格斯列宁斯大林著作编译局，译.北京：人民出版社，1979.

［3］靳浩辉.构建中国特色社会主义伦理文化的三重向度——以马克思主义、儒家与基督教为视角［J］.理论导刊，2017（03）：28-31.

［4］刘岩.风险文化的二重性与风险责任伦理构建［J］.社会科学战线，2010（08）：205-209.

［5］张宁.风险文化理论研究及其启示——文化视角下的风险分析［J］.中央财经大学学报，2012（12）：91-96.

［6］刘岩.风险意识启蒙与反思性现代化——贝克和吉登斯对风险社会出路的探寻及其启示［J］.江海学刊，2009（01）：143-148.

［7］莫凡，谭爱国.风险文化与马克思主义时代化的路径选择［J］.江南社会学院学报，2013（02）：66-70.

［8］朱哲，曾庆玲.国内马克思主义风险观研究述评［J］.甘肃理论学刊，2009（05）：65-69.

第 7 章　企业文化市场论

社会主义现代市场经济条件下的现代企业文化的核心是高层次上的共同主义，体现了共生共享的基本原则，而不是狭隘的集体主义或集团主义。

一、企业文化与市场机制

　　企业是国民经济的重要组成部分，它自身发展的好坏将会牵动和制约国民经济发展的整体格局。无论是工业企业，还是商业企业，它最终为人类提供的生命需求是"服务"。

　　所谓"服务"，自然包括物质服务和精神服务两种——这与传统的认识是有区别的。传统思想认为，工业企业生产的是产品——物质产品或精神产品，而商业企业提供的是流通服务。实际上，工业企业生产的本身就是"服务"，只不过这种"服务"与传统认识的服务内容和形式不同罢了。要检验"服务"的好坏，看它是否被人民群众接受，就要通过一个必不可少的中间环节，那就是市场。市场对企业来说，既是协调供需双方的直接通道，又是铁面无私的审判官。只有市场发给企业的"合格证"，才是企业通向成功彼岸的保障。同样，我们在判断企业文化的优劣时，当然也离不开市场这块试金石。

企业文化的发展不是孤立的、封闭的，它的内涵也不仅仅是企业内部的文化现象。它虽然具有很强烈的企业个性色彩，但它的开放性是毋庸置疑的。企业不但通过市场进行物质、能量、信息、知识的交换，更重要的是它还通过市场这个无形的调节器进行企业文化的交流。企业文化通过市场进行的交流是双向的，全方位的。企业将自身经过长期的提炼而形成的企业文化以不同形式贡献给社会，市场将社会对企业的期望和潜在的需求反馈给企业，从而引导企业文化的走向，促进企业文化的充实、丰富和进步。可以肯定，市场是企业文化发展的至关重要的催化剂。这一点，是新中国的企业经过多年的风风雨雨，受到市场的无情惩罚，付出经济落后的巨大代价才认识到的。

1. 市场的萌芽与竞合属性

历史证明，市场的发育是一个开放性的渐进过程，企业文化的进化是与此息息相关、互为依托的。严格地说，没有企业活动，市场就形同虚设，没有市场的存在，便谈不上真正意义上的企业。只有企业在自觉意识上承认市场对自己的约束，接受市场无形的调节，才能从盲目、被动和封闭的自然态势中得到解脱，得到推动企业整体发展和市场系统发育的一股崭新的、强大的力量。现代企业面对着比以往任何时代都复杂得多的自然环境、社会环境、市场环境和人文环境，企业文化与市场相关理论研究兴起，它们自然就要勇于面对、迎接环境变化带来的各种挑战。

所谓市场是伴随着商品交换而产生的。从历史发展的角度来考察，市场早在原始社会末期就出现了萌芽。它存在于多种社会形态之中，一直演变至现代社会的高度发达的程度。在中世纪地中海沿岸便有相当发达的商业城市，中国秦汉时期就有长安、洛阳、临淄等著名的商业城市，很早就有连接欧亚的丝绸之路，它们的出现和发展都离不开市场。诚然那些墟、集、场都是市场经济，但是不能想当然地认为那就是现代意义上的市场经济。形成市场经济要具备充分的条件，那就是商品和生产要素能够在全社会范围内自由流动，被配置到效益最优的地方和用项组合上去，这就要求废除封建制，视形形色色阻拦资源自由流动的人为障碍。商品经济发展到一定高度就需要一个统一的国内市场，并要适时地逐步与世界市场接轨。近代民族国家的形成和几乎同时发生的地理分割就是这种统一市场逐渐形成的历史背景，也是市场经济形成的历史背景。市场从原始封闭型的自给自足到现代开放性的互通互助，从狭窄的区域自然经济扩展到全球一体化的市场经济，经历了漫长的甚至是血与火的洗礼。

常言道：市场即战场，这话至少有两个方面的道理。

一是从历史的角度看，市场上的伐贸战往往与战争、侵略等互为因果。19世纪50年代，资本主义经济在西方有了进一步的发展，于是资产阶级更加迫不及待和贪得无厌地向外扩张、占领市场。资本主义强国对落后民族和国家发动战争，以惨无人道的手段肆无忌惮地掠夺他国的资源和财产，其目的就是要让那些被侵略的地区成为它们的殖民地或半殖民地，成为它们的商品市场、原料产地和投资欺诈场所。一切战争都源于对他人经济资源的贪婪，列宁曾精辟地指出战争是资本主义的必然产物。从第一次鸦片战争开始，西方侵略者鱼肉中华，除了割地、赔款和强加的一系列侵害中国主权的条文外，对华条约中还有重要的一条，就是开放所谓的通商口岸，也就是不加限制地出卖市场。这个口岸的开放，可不仅仅是"通商"。如此一来，条约签订国就可以派驻领事官员，派人担任中国海关、税务系统的官职。实质上，"通商"就是彻底的市场掠夺，与此相关的经济、文化就是彻头彻尾的掠夺经济、掠夺文化。

二是市场就像战争一样，充满了激烈的竞争。战场上是伐兵战，市场上是伐贸战。伐兵战是以兵器夺取城池，消灭敌人，伐贸战则以"服务"为武器，抢占市场份额，淘汰竞争对手。二者甚至在不同的场合遵守着相同的原则运作，这就是《孙子兵法》等兵书深受企业管理者和市场营销者青睐的原因。市场作为配置资源的有效手段为人类所掌握，管理孕育了物质文明和精神文明，市场一旦成为强权的工具，侵略的对象便成了经济恶魔的附属品，给人类的共同进步带来极大的破坏。企业围绕着市场的战斗，无时无刻不在进行着，谁也不能无视市场的存在，谁也不能置身在市场的约束之外，自在地独行其是。企业作为市场的主体，既是市场活动的积极参与者，又是市场规律的体现者。任何一个企业的文化建设，如果经不起市场的考验，如果不能在市场经济的潮涌中顺流而行，那么这个企业连同它的文化将注定被市场淘汰。

2. 市场发展的历史形态

自从企业从主观意识上将自己融于市场的大潮中，它每时每刻都受到市场规律强制性的规范和约束。企业的经营管理、战略决策和利益性目标都要理所当然地围绕着市场变化设定自己的行为取向。企业对市场的认知程度和采取的态度，反映了企业整体的认知能力和企业人的综合文化素质。市场由小到大，由封闭到开放，由简单到复杂的历史发展轨道基本勾画出了企业这一特定经济单元由弱到强、由落后到先进、由手工劳动到工业化大生产的发展曲线。同时，企业文化的产生、发育和成长，都能在上述发展的参照系中找到对应的映像。因此，企业文化理论的研究，无论在形态上，还是在逻辑上，受到市场经济理论的影响和规定是必然的。事实上，市场发育的每个历史阶段，都在一定程度上反映了社会文化的文明和进步程度，理所当然会折射出企业文化这个亚文化的文明和进步程度。

纵观近代世界发展史，市场经济的形成促进了资本主义经济的大发展，但同时资本主义社会的内在矛盾激化。市场经济发展到19世纪初，作为资本主义社会基本矛盾表征之一的周期性经济危机开始出现。此后愈演愈烈，造成工厂倒闭、工人失业等社会问题。可以发现，企业生产方式和生产关系的每一次结构性变化和质的进步，都会引发市场要素的巨大变革。资本主义发展初期，资本家为了获取高额的剩余价值，在企业的生产管理、商品的交换流通过程中，表现出贪婪的剥削和欺骗。在市场上，人们看到的是强权的经济垄断和霸权的资源掠夺和侵略。他们通过垄断的资本市场，推销他们的强权政治、霸权经济和腐朽文化。如果说要给此时的资本主义企业也抹上一点文化色彩的话，那也是"从头到尾都是欺诈"。

19世纪中叶后，社会主义的思想由空想变为科学，到20世纪初，俄国十月革命取得胜利。随着世界劳动人民自觉意识的苏醒，社会主义公有制的所有制形态向资本主义私有制提出了全面的政治、经济和文化挑战，资本家再也不能逍遥自在地为所欲为了。他们不仅陷入资本主义自身固有的结构性困境，而且面临着一个崭新、进步的社会形态对旧的、腐朽资本主义的巨大冲击。置身在经济领域中的工商企业当然概莫能外。两种截然不同的所有制形式导致了企业在生产关系、经营管理理念和企业发展目标等方面截然不同的行为实践。资本主义私有制企业以提供优质的"服务"最大限度地满足消费者的物质精神需求为宗旨。公有制和私有制所形成的两大对立的企业形态反映了两种不同企业文化的矛盾冲突。

当今，我们无疑置身在这样的环境中，即处在信息和科学技术足以使人类活动领域发生一个质的转变的社会。我们只能怀着热切的期望和对各种挑战的警惕心理，依照自己的基本观点对此加以理解和权衡。人类的智能因素越来越多地渗透到企业生产的领域，在改变商品价值观念的同时，也大大促进了企业生产力的解放。企业在市场中扮演的角色越来越显示出举足轻重的作用。市场的作用圈随着生产力的发展，不断地重组和扩大，不断地调整自己的结构秩序，从而使企业的视野和生产经营的活动范围得到空前的扩大。市场机制促进了企业对科技发展、价值取向、文化意识的优化和企业对市场重要性的认识以及企业自身文化建设与市场相互制约、相互促进关系的理解，逐步形成了企业在市场竞争中的主体意识。企业主体意识的逐步形成，为自身跳出封闭的小天地，进入一个广阔的市场格局，做了充分的准备条件。

3. 从"金本位"到"信本位"

企业在市场上的交换活动，经历了一个由原始到现代，由"金本位"到"信用本位"的过程，这个过程是一个包含丰富思想变革的历史过程，标志着以价值观念为重要内容的企业文化的升华，体现了它对于市场的促进效应。所谓"金本位"，一方面是货币发展成贵金属货币的必然形态，另一方面是市场狭小、流通乏力、信息不畅和金融手段落后的历史产物。企业的营销活动局限在一个直观的区域，客观上形成了自给自足或自给有余兼外向的经济模式。相形之下，这种存在局限的市场格局必然会相应地限制企业人的视野走向、思维方式以及企业人活生生的创造力。企业在市场与外部世界的文化交流中受到局限，企业人固有的、根植于内心的对于企业实现和自我实现的强烈愿望与追求也受到了极大的压抑，给企业文化的生长发育带来许多不利的因素和影响。这导致了企业文化发展和市场发展互相制约、互为因果的恶性循环，即封闭、狭隘的市场格局无论如何也不能促成企业文化的成熟，相反会扼杀企业文化之树的生长；愚昧落后的企业文化则无法产生强有力的经济冲动，更何谈促进市场的丰富和发达了。

"金本位"是原初市场体制发展的缩影，"信用本位"则标志着市场体系的现代进步。现代大工业化生产奠定了现代企业在市场格局中的主导地位，特别是现代技术的高度发达，使得人类的生命空间和自由度获得了空前解放。通信、运输、金融等市场工具的自动化和现代化，大大缩短了人类之间的自然距离，不同肤色、不同民族的人类共同拥有一个"地球村"。这个"地球村"的形成是以资源的相互补充和市场的相互融合和广泛交流为前提的。由于市场交换方式、方法和人类需求的日益复杂化，原初的市场要素就逐步得到形式上的修正和充实，原有市场机制的弊端也被有序地予以消除。

现代市场的"信用本位"在现代意义上适用市场运行的规范和要求，体现了人类精神世界共同的信用追求和理解，因此，它无论从理论上还是操作上都对市场健康、稳定的发展起到巨大的促进作用。"信用本位"从本质上直接反映了企业人的精神追求和对于市场的态度，并通过放大企业文化的价值使统一大市场的经济一体化成为可能。综观今日世界，人类正为着共同的利益和理想不懈地努力，积极推进市场的整合和统一。"大中华经济圈"的提出，欧洲市场的统一，北美经济的结盟，正是这种理想和利益的表现。市场的统一，预示着各国各地区在政治、经济、文化、外交等方面的认同，预示着各国、各地区在求大同、存小异的条件下追求利益性目标的要求。当然这也预示着企业在参与统一市场运行的过程中，在维持自身个性和独立性的同时，调适企业文化的结构，丰富企业文化的内容，兼容不同企业文化的优秀特质，使其具备广泛的普遍意义。以代表欧洲共同体一体化的《欧洲联盟条约》为例，它是欧共体成员于 1991 年 12 月在马斯特里赫特城草签的。目的是在欧共体原有的《罗马条约》和《单一欧洲文件》的基础上，将以统一大市场为标志的经济一体化进程进一步扩展和深化，在成员范围内实现经济货币联盟和政治文化联盟，即建立所谓的"欧洲联盟"。根据《欧洲联盟条约》，新诞生的欧洲联盟有三大支柱，其一是经济货币联盟，目标是在不长的时间内，分阶段协调和统一成员的经济政策、经济结构和经济发展水平，最终在 1999 年前实现使用单一货币；其二是共同外交和安全政策，即成员今后将在外交和安全事务方面采取共同的政治立场和有效的联合行动；其三是司法和警务合作，协调各国在出入境管理、移民、反毒和打击犯罪等方面的立法和政策。很显然，《欧洲联盟条约》的签署，撇开政治因素不论，对于当时 12 个成员之间的自然资源、人力资源、科技资源等的有效配置以及货币统一后的市场交换和补充，无疑具有现实的促进作用。各国企业界在新的统一经济政策指导下，必然也必须依此调整自身的生产结构、战略规划和市场目标，必须以更广泛的交流和协作代替封闭的单一行为，从而为企业文化的发展带来崭新的变革契机。

4. 两只"看不见的手"

企业文化的发展和市场机制的运作存在着必然、深刻的联系。这种联系是由企业连续的理论实践和行为实践完成的。可以肯定地说，没有市场的存在，便没有真正意义上的企业，也不可能培育和造就出主体意识鲜明的企业文化。相反，如果企业不能在经济运行和市场运化的过程中保持和发挥其不可替代的主导作用（这种不可替代的主导作用，是企业系统化、整体性的综合表现，即企业文化整体功能的外显），那么出现经济"空洞"和市场"空洞"是不可避免的。明确企业文化和市场发展之间的逻辑关系，是我们从新的视角研究和探讨企业的一个重要途径。

有些市场弊端是由企业文化战略发展失当造成的，有些企业文化建设存在缺陷则是市场机制的不完善造成的。理顺企业文化建设和经济发展的各种内隐和外显的关系，是保持自身和国民经济持续、稳定、健康发展的现实要求。因此，企业文化建设必须从市场的国情背景出发，把企业文化的基本原则系统化、操作化，从市场经济体系的微观基础和宏观管理，从市场运行的一般规律和特殊规律，从社会进步的现实要求和深远影响，从生产、分配、流通、消费等各个环节和领域，构建企业文化与市场经济相互促进、相得益彰的基本框架。

对国民经济来说，市场是一只"看不见的手"，这只"看不见的手"不以人们的意志为转移，执道而行。它不仅是资源合理配置的有效手段，也是经济运行中各要素的有机黏合剂。对企业经营来说，企业文化也是一只"看不见的手"，它规范和调节着企业人的价值理念和行为方式，无形中发挥着潜移默化的影响，保证企业持续、稳定、健康的发展。这两只手是相互对应、同等重要的，少了任何一只手都不能使国民经济整体发动机有效、协调地运转起来。两只手紧密地握在一起，就撑起了经济发展的双翼，也就具备了实现企业文化优化和市场改革整体起飞、振翅高翔的条件。

二、企业文化与社会制度

"我们必须从理论上懂，资本主义与社会主义的区分不在于是计划还是市场这样的问题。"[①]"计划经济不等于社会主义，资本主义也有计划；市场经济不等于资本主义，社会主义也有市场。计划和市场都是经济手段。"[②] 这些今天看来似乎很简单，很顺理成章的辩证关系，却困扰了我们40多年，长期流行的理念把市场经济等同于资本主义，把计划经济等同于社会主义。其实，无论是市场经济还是计划经济，都是区分社会经济制度的不同标志，是一种体制和经济运行方式。市场经济固然最早萌芽于资本主义社会，它在生产力高度发展的发达资本主义国家取得现代最成熟和最典型的形式，并不意味着市场经济本身就是资本主义的专利，1949年和1968年以来，南斯拉夫和匈牙利尝试旨在实行市场经济的改革。同样，计划经济的典型形式固然最早出现于社会主义，但它也绝不专属社会主义。20世纪30年代以来的现代资本主义，就出现了对市场经济进行政府干预和采取计划、协调的趋势。特别是"二战"后的资本主义，上述趋势更加明显，因而现代资本主义已经不再是纯粹由市场调节的自由市场经济，而是已经引入和拥有某种程度、范围的计划机制的市场经济，是一种把"看不见的手"和"看得见的手"相结合的市场经济。为认识到这

---

① 邓小平. 邓小平文选：第三卷［M］. 北京：人民出版社，1993.
② 同上。

一点，我们付出了巨大的理论和行为实践的代价。

1. 制度的局部性与文化的整体性

社会经济的发展和演变是一个自然历史过程，外力不可能改变这个过程的内在趋势，我们只能在真正认识和理解这些趋势的基础上，使其加速运化，并在合乎这个过程的内在趋势的范围内，选择适合本国历史条件的制度或模式。

"趋势就像是奔腾的马，顺着它们的奔跑的方向来驾驭就比较容易。"[①] 经过十多年的改革探索，我国的经济体制发生了巨大的变化。社会主义市场经济改革目标的提出，把我国的经济体制改革推到一个新的阶段。时代要求我们必须解放思想、实事求是，彻底转变计划经济的传统观念，勇于突破陈规，接受新时代、新事物、新思想，以经济建设为中心，保证改革开放、经济发展和社会稳定的相互促进和相互统一。在复杂的国际风云变幻的背景和国内日益高涨的改革呼声中，完善中国特色社会主义市场经济的理论体系，践行中国道路，构建中国学派。

在建设中国特色社会主义市场经济体系这项前无古人的开创性事业中，需要解决许多极其复杂的综合性问题。企业经营机制的转换、企业文化体系的变构，是社会主义市场经济体制循序渐进、不失时机地在重要环节取得突破，带动改革全局的重点和关键。转换企业的经营机制，首先要建立和完善现代企业制度，并以企业制度为中心内容构造具有社会主义和中国特色的企业文化体系。

需要明确的是，现代企业制度是现代企业文化重要的组成部分，

---

① 约翰·奈斯比特.大趋势［M］.梅艳，译.北京：中国社会科学出版社，1984.

企业制度是局部的，企业文化则是整体的。不能认为企业制度的建立和完善就等于企业文化的建立和完善。任何忽视和放弃整体的思想方法，单纯地追求某一个方面突破的理论实践和行为实践，都是有害于企业改革全局的。在这方面，我们曾经有过许多沉痛的教训。企业制度的改革，需要宏观经济策略的指导，需要企业微观基础条件的配合，这是企业综合改革的第一步，是发展社会化大生产和社会主义市场经济的首要需求。过去我们对企业文化的研究，往往局限在狭小的企业内部，局限在企业内部那些比较直观的方面，从而忽视了企业文化研究的市场背景，脱离了企业文化与社会经济体制的有机联系，使研究的结果停留在简单的描述上，成为脱离实际的纸上谈兵。

社会主义市场经济体制在经历了反反复复的认识—实践—再认识—再实践的过程之后，终于从本质上历史地界定了它在中国社会主义经济发展中的现实地位："不要以为，一说计划经济就是社会主义，一说市场经济就是资本主义，不是那么回事，二者都是手段，市场也可以为社会主义服务。"① 社会主义市场经济的基本原则一经确立，与此相关的许多领域的许多问题都要重新加以认识和甄别，许多在计划经济体制中被认为是顺理成章的事情，都面临着市场经济体制的严峻考验，面临调适改革和蜕变。当然，社会主义企业文化也不例外。

2. 企业文化的创造与积累

社会主义市场经济不仅是一种社会经济现象，也是一种社会文

---

① 邓小平.邓小平文选：第三卷［M］.北京：人民出版社，1993.

化现象。以经济领域而言，在物质资料和精神资料方面，人类社会在不断发展的过程中积累和创造了极为丰富的文化，这是人所共知、共认的。

市场经济中包含了很多的文化创造和文化积累，而且发展到现今已经达到了一个相当的水平。可以说，正在改革中的社会主义市场经济是构筑在现代科学技术、现代管理科学和现代人思维理念高度文明积累之上的。因此，它是一种从上到下体现着现代意蕴的市场经济，这就从内涵上与资本主义初期简陋的"古代市场经济"和"近代资本主义完全自由竞争的市场经济"划清了界限。从市场中的经济组织和经济人，从进入市场的商品属性和服务程序，从市场的客观结构和微观基础，从市场的运行方式和规则，从市场严密的宏观政策和计划指导，从市场经济活动涉及的现代科学和技术等许多方面来看，现代市场经济是一个很复杂、很精致、很宏大的系统。由于中国受到长期自我封闭的束缚，市场经济的发育基础相当薄弱，且计划经济僵化体制的影响仍然很大。这两种经济体制并存的局面会带来许多复杂的问题，它对我国社会主义市场经济的现代化进程弊多利少。因此，中国的经济体制改革，如果没有社会主义的不断输血，没有市场经济文化的系统学习以及国人平均知识占有量的相应提高，是断然不成的。

我国社会主义企业由计划经济模式脱胎而来，必然在企业的运行过程中，集中表现出计划经济体制的所有缺陷。在计划经济下，司职再生产、再分配的计划部门，在给生产企业制定原料配额、下达生产指令之前，要把在社会的各个角落里分散发生的巨量信息收集、传播和有效地处理出来，并在有限的时间内对一个含有几千个甚至上万个变量的均衡方程组求解，然后将结果纳入一个统一的不可越轨的计划之内，这显然是不可能的。

从激励机制方面看，采用行政资源配置方式较市场化配置的成本更高。任何一种资源配置方式，都伴随着一定形式的激励机制，使其正确的资源配置决策能够得到最优的贯彻执行。这种激励机制要求代表社会整体利益的计划部门在对企业下达指令任务的时候，必须不折不扣地完成社会理想的任务且自己没有任何特殊利益和要求，因而在执行企业统一计划时，不会有任何偏差。事实证明，这一前提在社会主义初级阶段条件下是不可能被满足的。在社会主义初级阶段，每一个经济活动的当事人，包括计划的制订者和执行者，都受到他们自身利益的束缚。这种利益经常会同社会的整体利益发生矛盾和冲突。于是它们理解信息的角度，编制计划的出发点，执行计划的坚定程度，免不了因受到自身和局部利益的影响而发生偏离。

从信息机制方面说，在现代全球一体化经济条件下，要保证社会资源和自然资源配置正确，就必须要解决企业信息流通不畅的问题。"信息爆炸"和瞬息万变是我们这个时代的显著特征，现代企业的生产结构日益复杂，科学技术一日千里，新材料、新工艺、新产品不断涌现，传统的非市场化手段对信息反应迟缓，使得企业难以跟上瞬息万变的技术革新与消费者需求的变化。

要解决信息处理和激励机制中存在的现实矛盾，只有追求效用最大化的经济当事人根据市场信号，主动地通过理论实践和行为将自身利益和社会利益有机地结合起来（市场将告诉经济当事人，没有社会整体利益便没有自身和局部利益），才能达到社会和个体的共同发展。

经济体制的改革，主要是在培育市场的同时，改革和改造市场主体——企业。市场经济体制的完善和企业的发展是相辅相成的，二者缺一不可。任何偏重于单方面的改革倾向都是有失偏颇的。因此，社会主义经济改革呼唤现代市场经济文化，社会主义企业改革呼唤现代企业文化。

在未来的改革努力中，我们要从理论实践和行为实践的两个方面完成逻辑上的辩证衔接，即把中国市场和世界市场连接起来，使中国的市场经济迈向现代化，并成为世界现代市场经济的必然组成部分；把中国的企业与市场连接起来并走向世界，使中国现代社会主义企业文化进程与世界现代企业文化的发展并轨。在现代市场经济条件下，只有建立无论在形式上还是在内涵上都体现出现代市场经济鲜明特征的现代企业文化，才能使企业之舟自由地泛波于市场经济的汪洋大海之中。

3. 全球化的企业文化

无数事实证明，以封闭的计划经济走向开放的市场经济，是一个生产社会化高度发展的过程，是社会分工在广度和深度上不断发展的过程。这一历史进程使经济活动的范围从初期的承包市场，走向区域市场、世界市场。市场交换、市场竞争、市场机制渗透到经济活动和相关的各个环节，必然带来深刻的文化革命，任何企业都无法自我封闭，无法阻挡这股强大无形的市场力量。现代企业文化的构建必须适应现代市场经济体制的严格要求，必须在内涵上容纳现代市场经济的特征，即从信息化、金融化、智能化、人格化、全球化等方面接受宏观大环境的全面辐射。

举例来说，全球化即全球性市场。我们认为，社会主义市场经济概念的定语中，已经隐含了国家有意识、有目的、有计划进行宏观调控和干预的意思。但是，现实越来越证明，对现代市场经济进行宏观调控，已不仅仅局限在一国一地，对现代市场的宏观调控是国际化、全球性的具有连锁反应的宏观调控。大家看到，国际上任何一个重大的政治动荡和经济波动，尤其是金融市场的大起大落、自然资源的供需冲突，都会引起许多国家的恐慌，甚至全球性的灾难。在这种背景下，不管你是否认识到，你所生产的物质和精神产品都在参与世界市场的竞争，只不过程度深浅不同罢了。

资源配置全球化是当今任何企业所追求的目标，商品、劳动力、资产、服务、信息、智能的自由流动趋势正在不断冲破各自以国境为界的流动障碍，以商品国际化和资本国际化为核心，以经济集团化、区域化为表征，全面地推动经济关系国际化。在生产要素的跨国交流中，"国际管理体制"这一概念日益明确和突出，以关贸总协定为典型代表的国际管理体制规定了相互依存关系中的国家间的行动准则。代表不同利益集团的企业跨地区、跨国界的异地上市和企业间跨国界的合资生产、合作经营、相互参股联盟，不仅表明企业经营关系全球性的结网已成为一种时代的潮流，而且还预示着，一个独立企业的文化建设如果不能在现代国际市场上表现出鲜明的个性和有效性，并融进国际企业文化发展的大趋势中，就有在竞争中逐渐衰退直至死亡的危险。

三、社会主义企业文化

社会主义市场经济体制是市场经济同社会主义基本制度结合在一起的。社会主义企业文化是企业文化同社会主义基本制度结合在一起的。社会主义企业文化是社会主义市场经济体制建构的产物，应该而且必须在实施企业运行机制和企业文化变构的改革中，坚持创新、协调、绿色、开放、共享的总原则，建立适应市场经济要求的法人治理结构和文化自信，使企业自觉、自主、自导地进行市场化，促进全国统一市场体系的形成，实现区域间市场的紧密结合，国内市场和国际市场的相互衔接，保障社会资源和自然资源的优化配置。

1. 社会主义企业文化繁荣

建立社会主义市场经济条件下企业文化体系发展的基本框架，要实事求是，既要按照市场经济规律的一般要求，在深化企业改革中，进一步更新观念，解放思想，探索和解决长期束缚企业活力的深层次矛盾，着力进行企业文化的创新，又要结合我国经济体制的基本国情历史地看问题，注意做好新的经济体制和企业文化体系转轨变构的衔接工作；既要果断且有序地跳出旧经济体制的"鸟笼子"，充分体现社会主义市场经济的基本特征，汲取和借鉴发达资本主义国家成功的经验和先行的教训，又要体现社会主义制度的本质规定，发挥其已被实践证明了的特色优越性。

建立现代社会主义企业文化体系事关企业现代化的千秋大业，必须要正确对待它之于企业现实改革的重要性和紧迫性。同时，建立和完善一个内容相当繁杂，涉及领域十分宽广的企业文化体系，会经历一个受到客观条件限制的历史过程，要充分注意这个过程，要充分注意这个过程的渐进性及与各个方面关联发展的协同性。对一个具体企业实体来说，企业文化建设应该是时代经济发展的先锋，而且必须在宏观上体现出高度的思想性，才能够指导和影响企业的行为实践——经营决策在微观上具备现实的可操作性，能够跟企业的生产经营活动有机地联系起来。社会主义企业文化不是悬在空中用来观赏的花瓶，它融入企业理论实践和行为实践的每一个环节，是既抽象又实在的结合体。

社会主义企业文化面临的现实挑战，正如社会主义市场经济面临的现实挑战一样严峻。要将企业文化建设在市场经济的"场效应"辐射下，进行变构、整合和创新，是一场企业人内在精神和这种内在精神外在体现的革命。尤其值得我们注意的是，当一种经济体制向另一种经济体制过渡的时候，就会迎来企业文化走向繁荣的契机。这不仅因为企业发展所提供的物质财富本身就意味着物质文化的进步，还因为企业人在创造物质财富过程中所形成的经济关系也构成了产生一定精神文化的背景。促成企业文化繁荣的原因不在于经济体制采取何种表现形式，而在于这种经济体制的本质内容是不是为新的企业文化的产生提供了必要的条件——这种经济体制的内容是否能促成新企业文化的产生，或这种新的企业文化生活是否为企业人提供了发挥主观创造热情和表达自己思想追求的舞台和背景。

社会主义市场经济体制，必然孕育和催生与任何时候都不同的崭新的社会主义企业文化。企业文化的发展是一个自然过程，是通过对已往落后或守旧的企业文化的辩证否定而获得的。但是，这种辩证否定是伴随着深刻的企业危机到来的。所谓危机，是事物辩证发展的重要组成部分，是连接两个历史过程的方式。企业危机既可能是企业文化获得新生所显露的端倪，也可能是企业文化逐渐走向衰败命运的征兆。在许多情况下，危机则可能是两个过程的统一。中国社会主义经济体制和社会主义企业都是在遇到国际大环境的严峻挑战，或者自身在发展的课题面前陷入了前所未有的危机之后，才痛定思痛、义无反顾地走向革故鼎新之途的。中国社会主义市场经济体制的历史性确立和不断巩固，就预示着旧企业文化的蜕变和新企业文化的诞生。

2. 社会主义企业文化建构

市场经济和企业文化建设统一于建设有中国特色的社会主义大业的理论之中，它们的共同目标和任务，就是从发展生产力和解放生产力的高度来认识改革的性质和意义，并在具体实践中予以现实的实施。

社会主义企业文化的重组和建构，应该以发展和解放生产力为价值取向，首先从改革企业的经营机制入手，全方位地释放出受旧体制束缚的经济潜能，扩大开放和提高企业经济运行的外向程度。企业经营机制的改革之所以是解放生产力，是因为改革的锋芒指向的是束缚企业生产力发展的旧体制。社会主义企业经营机制是生产关系大系统中外在性的体制，社会主义企业生产关系是促进还是束缚生产力的发展，总是通过企业的生产经营制度来实现的。

应该承认，1949 年以来，社会主义建设取得了举世瞩目的成就和进步，社会主义制度的优越性已初步显示出来。尤其是社会主义企业多年的艰苦创业，创造了一系列行之有效的企业经营管理的方式、方法，并形成颇具特色的企业文化。这一切奠定了社会主义中国全面改革的基础。但也不能因此回避一个事实——社会主义的制度优越性并没有得到与制度本身相称的、应有的发挥，究其原因，就是在思想上存在着片面的错误认识，导致经济体制和企业经营机制上存在着许多同生产力发展不适应，甚至严重束缚生产力发展的弊端。政企联体，职责不分，条块自封，观念僵化，国家对企业统得过死，忽视了商品生产、价值规律和市场调节的作用。分配中平均主义严重、管理中官僚主义猖獗。尽管这种经济体制在社会主义中国的建设初期，曾起过积极的作用，但随着经济建设，特别是社会主义商品经济的发展，其消极作用越来越明显地暴露出来，严重挫伤和压抑了企业人的社会主义积极性、能动性和创造性，使本来应该生机盎然的社会主义经济和社会主义企业的生产经营活动在很大程度上失去了自我更新的活力。

不对陈旧的经济体制和企业运行机制进行彻底全面改革的话，是没有出路的。只有通过光明而理性的改革，建立和完善充满生机活力的社会主义市场经济体制，并围绕着这个中心思想，改革企业经营机制，丰富社会主义企业文化，才能在激烈竞争的市场背景中，使生产力获得空前的解放和高速且适宜的发展，从而使社会主义制度的本质优越性得到充分发挥和释放。

毫无疑问，在社会主义初级阶段，企业中那些束缚生产力发展的因素还没有从根本上革除，我们的改革就是革除社会主义生产关系和上层建筑中不适应生产力发展的某些环节和方面，它同革命一样，都具有扫除发展生产力障碍的功效，从而完成解放生产力的任务。所以，我们正在对企业文化建设倾注的关注和探索性研究，可以说是我们在社会主义企业发展过程中的一个特定历史时期，对企业进行了一系列改革，取得了举世公认的成果之后的又一次综合性革命。这与我国社会主义整体改革和经济体制全面革命具有同一性，是其完成的横向展开和纵向深化。

社会主义市场经济体制无论从设计上，还是从实际操作上，都是一项浩繁的系统工程。它所涉及的领域之广、程度之深都是前所未有的。它必然牵动整个中国社会主义事业的神经，导致一系列辐射般的连锁反应。因此，任何片面的认识和单纯、形而上学的理解，都会对整体事业的发展造成有害无益的影响。我们必须从理论实践和行为实践两个方面，整体且辩证地对社会主义经济体制的改革进程进行全方位的把握。

诚如企业改革是社会主义经济体制改革的突破口，企业运行中制度的重组和创新，则是社会主义企业文化建构的重点工程。从文化学的角度来研究企业问题，开辟了企业改革的一个全新的视角。很显然，现实中的中国企业存在这样或那样的弊端和缺陷，很难确切地断定哪一个方面出现了问题。实际上，这些弊端和缺陷不仅表现在简单的形式上，更主要的是游离在企业内部各种关系的联络项上，游离在与外部环境进行交流的过程中。所以我们不能用西医的方法对其进行孤立的"诊断医治"，而要用中医的思想方法对企业肌体进行全面的、系统的分析和研究。这就是我们要将企业文化的建设提高到一个极其重要地位的原因。而且，计划经济体制的弊端渗透到企业肌体的各个枝节，仅从某一个部位进行调治是很难达到整体效果的。由于我们企业的经营意识在计划经济僵化的模式中浸润已久，这种单一的计划经济体制不仅在经济政策和经营实践中表现出闭关自守和僵化滞后，而且更重要的是渗透到企业中，造成了企业人思想认识和价值取向上的惰性定式，最终凝结成一种具有强大惯性的惰性文化，使得我们从一开始进行改革时，就不得不面对着一架缺少润滑油的庞大的经济机器，而不是某一个零部件。

企业文化伴随着企业相生相立。企业文化作为社会大文化在企业的缩影，是一种社会微观文化，它必然带有不同的社会属性。资本主义私有制决定了企业人受资本家剥削和压迫的地位，只要这种根本性的阶级关系不发生彻底转变，就带有本质上的虚伪性和欺骗性。正如马克思、恩格斯所说："从前各个个人所结成的那种虚伪的集体，总是作为某种独立的东西而使自己与各个个人对立起来，由于这种集体是一个阶级反对另一个阶级的联合，因此，对被支配的阶级来说，它不仅是完全虚幻的集体，而是新的桎梏。"实行泰罗制的企业形成了追求个人经济利益为核心的"经济人"的企业文化；实行行为科学管理的企业形成了以尊重个人心理特征为核心的"社会人"的企业文化；实行以企业人的全面发展为原则的企业形成了以共同主义（整体）价值观为核心的社会主义企业文化。前二者都是自发形成的，后者则需要企业人主观自觉的培育。

3. 共同主义的企业文化核心

社会主义市场经济具有冲破一切地理障碍的强大辐射性和渗透性，因为它在宏观目标和意义上，深含了人类归一性的理性和追求，那就是人类的共有、共治、共享的利益共同体及命运共同体的共同社会。因此，这决定了社会主义市场经济的主体——企业的文化建设和发展必然将共同主义价值观作为企业文化的核心内容。

共同主义与一般意义上的集体主义不同，这是现代社会主义企业文化对市场一体化、全球经济一体化和世界资源配置归一化的理性反思和现实评估，旨在改变企业人的褊狭，根据人类共同的合理要求和生活价值以及物质世界、自下而上环境的同一性制约获得划时代的进步。

当然，要在企业文化走向何种未来上取得共识，是以对人类最重要的发展方向和总体关系的理解为前提的。必须先在现代意义上达成这样一种全民共识：社会主义现代市场经济条件下的现代企业文化的核心是高层次上的共同主义，体现了共生共享的基本原则，而不是狭隘的集体主义或集团主义。二者完全是不同意识范畴内的。

共同主义要求企业文化建设从资源的人类共有、环境的人类共存、产品的人类共需和服务的人类共享等最高层次全面考虑。这样的企业不管是有意识的还是无意识的，它就顺理成章地成为体现国家、人类价值观和理念性目标的工具，不把企业行为看作以地域、行政隶属、利益相关为划分原则的个体行为。

以往，许多企业、团体往往在集体主义的幌子下，照顾个人小圈子、区域小团体的眼前和短暂利益，使国家、社会甚至全人类的利益遭受巨大的损失。这种所谓的集体主义已经成了某些个人和企业粉饰极端的利己主义和满足自私欲望的挡箭牌，成了企业文化肌体上的毒瘤，必须在现代企业文化的重组和构建中予以果断割除，在这一点上，社会主义现代企业文化的共同主义概念的提出，就从根本上与西方企业文化的个人主义和传统狭隘的集体主义划清了界限。

社会主义企业文化有其独特的特质和内容以及逻辑上的内在秩序，它倡导精神文化为追求，物质利益为基础，二者相统一的原则；高度的市场原则性与灵活的经营机制、方式和方法相统一的原则；共同行为的归一性与企业个体需求的多样性相统一的原则；主观精神与客观现实、理论实践与行为实践相统一的原则；企业利益共同体的目标匹配与企业人全面发展相统一的原则。对社会主义企业文化上述原则的认识和理解，应该分别从生产力发展、社会分工发展、社会经济形式发展以及社会形态发展的三个阶段，结合社会主义市场经济的宏观背景加以综合立论，从历史必然性的高度认识中国特色的社会主义制度对企业运行的优越性和对企业文化建设的重要性。

第 8 章　企业文化信用论

"庸言必信之，庸行必慎之。"

——荀子《不苟》

　　显而易见，信息革命在广泛的领域中引发许多令人难以置信的变化，变化不仅表现在通信技术领域——人们成功打破了对信息的控制，更重要的是，信息革命加快了权力的分化和民主化的进程。

　　以互联网为基本介质的新时代重塑了时空的秩序，以至我们不与电子虚拟世界打交道就几乎寸步难行。同时，由此派生出来的见所未见、闻所未闻的新生事物和超过传统阈值的满足感，证明了人类对追求自身价值并获得承认的一种本能欲望，但虚拟世界似乎无意间忽视了贯穿其中的关键因素：信用，以及由此衍生的其他商业美德。

　　信用不会存在于集成电路之中，也不会存在于光纤电缆之中，尽管信用是一种信息联系，但信用并不能被简单地分解成信息。信用是由文化决定的，企业信用是由企业文化决定的。研究现代企业文化，如果不能在信用机制的深层次上展开，我们就无法通过信用的通道窥见企业文化本质的另一个重要的侧面。

一、关于信用概念

信用缘起于人的社会性存在。人需要满足非自给自足性，从而形成相互依赖。同时，人又是知识性存在，其交流受意识和思想支配。思考和行为的互动不仅相互一致，也相互背离。如若言行不一，社会合作基础必遭瓦解。

"信用"立足于客观，没有信用，就没有秩序；没有信用，就没有市场；没有信用，就没有交换；没有信用，就没有组织，没有企业。没有信用，何谈企业文化。我们不能将经济生活从文化生活中剥离出来，也不能将信用从经济生活中剥离出来，更不能只谈文化不谈信用。在一个时代，当精神资源与物质资源同等重要时，只有那些拥有高度信用的社会才能构建一个稳定、有机的商业生态，以应对全球经济一体化的复杂变化，应对不确定的和不能控制的未来。

信用在一定意义上是一种"过渡时空"，表现为实质上的价值生产，具有克服时空障碍的能力，是一种无形的"生产力"，信用系统使得货币可以独立于以货币为一般等价物的普通商品的流通。广泛市场上的信用流通成为以时间消灭空间的主要机制，并大大增加了跨空间商品（以及资本）流通的能力。信用作为本质的、发达的和活跃的生产关系，象征着信誉、实力和历史积累，是社会系统得以高效运行的润滑剂和驱动力。

正如冲突理论、交换理论、符号互换理论的前驱格奥尔格·齐美尔在开启信任研究时所说的，没有人们相互间的普遍信任，社会本身将瓦解。几乎没有一种关系是完全建立在对他人的确切了解之上的。如果信任不能像理性证据或亲自观察一样，或更为强有力，几乎一切关系都不能持久——现代生活在远比通常了解得更大程度上建立在对他人的诚实的信任之上。企业信用文化的研究和建构应该获得与它在实际生活中的极端重要性相匹配的独立性和崇高地位，只有如此，企业文化才能为企业的经营行为提供价值论的、规范的和认知的方向。

1. 信用释义

"信用"的英文为 credit，按照《韦氏大词典》中的定义，"信用"为"The system of buying and selling without immediate payment on security"，其义是一种买卖之间无须立即付款或安全警戒的制度。依《词源》解释，即："人之道德，有诚笃不欺，有约必践，夙为人所信任者，谓之信用。"

实际上，信用就是主客体之间对履约能力的信任预期。信用是简化复杂性的机制之一。信用关系是现代文明社会的根本关系，它几乎渗透到我们所能意识到的所有领域。

经济学对信用是这样定义的：信用是一种建立在信任基础上的，不用立即付款就可获取资金、物资、信息、服务的能力，完全从属于经济基础和市场范畴。

现代经济学的重要分支之一——制度经济学的交易成本理论从成本的角度解释信用变化的经济原因。交易成本论认为若交易失信行为不能够产生足够的经济损失，失信行为就不会停止；相反，如果失信行为的成本大于失信产生的收益，失信行为将由于失去利益驱动而减少。同理，如果交易主体要了解交易客体的信用状况，他就会从成本孰低的原则出发，决定是选择信用中介机构还是选择自己进行交易，这从社会分工、节约成本和提高效率的角度解释了信用服务的产生和发展的经济原因。

现代经济学的另一个重要分支——信息经济学的信息非对称理论认为，如果在交易中，交易主体和客体之间信息传递不通畅，或掌握的信息存在差异，其结果就会导致企业、团体和个人的不守信行为不能被所有潜在的市场参与者及时发现，信用主体可以因此神不知鬼不觉地摆脱信用的约束，从而以不当的方式获益。

博弈论视角下的信用是当事人在重复博弈中谋求利益最大化的手段。在充分条件下，如能保证博弈重复发生，信用就会建立并持续存在。

简而言之，市场是商品交换的场所，市场是一组合约，但它的本质是一组复杂的信用关系。各国现在通用的货币（信用货币）就是信用关系的产物，现代金融业也是信用关系的产物。信用关系紊乱，就会造成社会秩序的恶化，市场信号的失真和扭曲，交易的链条就会断裂，市场经济的运行就会受到破坏。

除了经济学的各种解释，其他学科对信用也有深刻的剖析，例如，伦理学认为，信用体现为一种约束人们行为的道德准则。信用不仅是一种社会关系，也是一种交往方式，更是人类社会的一种价值观。

实际上，信用的内涵远比我们已经了解到的要深远得多，它是一个具有多层次、多侧面、多样性的范畴，它至少包括个人信用、组织信用、企业信用、公共信用、金融信用、国家信用。其中，企业信用对于企业文化的研究和建构显得尤为重要。

2. 企业信用文化

企业信用是企业文化的重要内涵，是企业文化的重要基石。就这一点而言，以往的研究严重地忽视了企业信用。在中国特色社会主义市场经济不断巩固发展的同时，民族呼唤信用，市场呼唤企业信用。换句话说，如果我们不能从民族振兴大业的高度、文化进步方向的高度、经济全面崛起的高度审视信用之于民族、企业甚至个人生死攸关的紧迫性，那我们的宏图大业将难以为继。如果我们不能从道德重塑、市场建构、企业升级的入口处深入地挖掘企业信用之于企业经营管理、服务创新、市场竞争的重要性，我们就不能在全球经济一体化背景下的企业之林中获得与泱泱大国形象相称的地位。

什么是企业信用呢？由于企业理论是多种理论交叉渗透，横跨自然科学、社会科学以及多种新兴学科的综合集成，因此，企业信用的定义不可避免地被打上了这种特征的烙印，呈现出五彩缤纷的内容。让我们分享如下这些内容。

企业信用是在信息不完全或不确定性情况下对产品质量的预期（Shapiro，1982）；企业信用是基于过去行为的行为者特征（Raub & Weesie，1990）；企业信用是利益相关者通过观察不同的信号得到的信息成果，信号包括市场信号（与市场绩效、红利政策相关）、会计信号（会计利润与风险）、机构信号（所有权、社会责任、传媒形象、企业规模）、战略信号（差异、多元化）（Fombrun & Shanley，1990）；企业信用是企业行为规范化的社会结果（Rao，1994）；企业信用是一种组织声望（Shenkar & Yuchtman Yaar，1997）；企业信用是关于企业的一个特征集合（Weigelt & Camerer，1998）。

据此，企业信用可分为广义和狭义两种形式。狭义的企业信用主要体现为一种债权债务的资金借贷关系，具体表现为企业与企业之间的信用、金融机构相关信用和企业发行有价证券的直接信用等形式。广义的企业信用则泛指一种相互信任的关系，它更接近代表现代资金信贷的"credit"一词的来源——拉丁语"credo"所表达的含义，意思是"我相信"。在企业信用关系里"给予信任"，是各种交易关系中与交易主体行为相关的属性特征。相对而言，狭义信用只是广义信用的一种特殊表现形式。本文所论述的企业信用主要是指广义的企业信用。

需要特别指出的是，企业信用不是外力强制的命令，而是市场经济内生的伦理关系和价值效率要求。

企业的经营过程，实质上是不断推动内外部环境之间形成契约关系并履行契约的信用行为。企业主要有两个基本特征，一是以资本增值为目的，二是经济及契约关系的连接点。企业通过与外部的资本所有者、生产资料供应者、产品消费者以及内部劳动者之间进行连接，进而产生一系列的信用关系。企业的经营效益决定着企业的实力与履行契约的能力，企业的赢利能力越强其商业信用就越高，另外，企业良好的信用也会提高包括企业赢利能力在内的内在价值，二者既相互促进，又相辅相成。

企业信用与社会经济环境息息相关，它不仅与国家的经济发达程度呈正相关，还与交易频率有关。亚当·斯密曾说，"商业在一个国家里兴盛起来，它便带来了重诺言守时间的习惯"，一个地区的经济发达程度越高，公民就越信守诺言，企业文化越优化，企业信用越可靠。如果交易频率很高，即构成连续博弈，交易参与者利用不正当手段谋取短期利益的欲望也会随之降低，他们更愿意树立好声誉，以赢得长远利益。

二、企业信用的属性

企业信用是企业人群体与客观现实多维利益关系的综合集成，是企业内信用和外信用的对立统一。

1. 企业信用的信息性

企业信用是一组关系，它的本质是它的信息性。在一定的边界内，企业信用依靠信息维系着整体信用的稳定和变化。企业信用的信息性包括两个方面的内容——内信息与外信息，与此相对应的企业信用则分为内信用与外信用。内信息指的是系统内部信用体系的相互联系。它通过信用主体的特质、信用客体的反映以及相互之间的信息联系，系统地表现出整体的信用功能。内信息是一个具体信用系统的内在本质，所以它是信用系统变化与发展的根据。所谓外信息，就是信用体系的内信息与外界发生的联系，它是信用系统运动、变化和发展的条件，只有通过信用系统的内信息，信用系统的外信息才能对信用系统起到有效的作用。企业通过交换与市场组成了一个相互对立统一的信息系统，同时也组成了相互对立统一的企业信用系统，通过内外信用不断地沟通、交流、输入和输出，确保企业经营系统的运动、变化与发展沿着逻辑一贯的方向——既符合企业的目标、理想，又满足市场竞争的需求，良性且持续地进行。

内信用和外信用二者缺一不可，缺乏内信用就会使企业的经营决策疏于知己，而缺乏外信用就会使企业的经营决策失于知彼，因此，我们必须高度重视能够反映信用评价的信息反馈机制，对市场信号（与市场绩效、红利政策、服务质量等反馈相关）、会计信号（盈亏、风险、现金流量等）、结构信号（所有者成分、企业规模、经营团队等)、感官信号(社会责任感、视觉形象、传媒形象等)、战略信号(理念性目标、事业性规划、差异化策略等)进行能动性的管理,以使企业的决策管理系统在规范化、秩序化、科学化的前提下有效运行。

2. 企业信用的边界性

企业信用的边界性是企业这个矛盾对立统一体的直接表现。信用主体和信用客体既相互独立、一分为二、又相互渗透、合二为一。正因为企业信用是独立的且存在边界,才使其具有整体的不可分割的特性。也正是由于边界性的存在,我们才可能将企业信用划分成不同的层次。

由于事物具有广泛的联系性,所以要想割断这无限的联系来确定某一事件的边界,首先必须对事物的本质进行层次上的认知,并将其与外界的环境条件有机结合起来。实际上,要准确地做到这一点往往困难重重。

就具体的企业而言,企业的有形边界是显而易见的,尤其是传统的生产企业,我们可以依据它的地理、区域将它清晰地辨认出来。但要划定企业信用的边界,那就必须从历史的继承、文化的凝聚、市场的积累等予以全方位地理解和判断。正可谓,一个企业的全体员工在多大程度上分享共同的道德准则和价值目标就构成了企业信用的边界。换句话说,我们甚至可以从企业的行为方式、服务符号、管理者风格、企业标识中分辨出它的信用等级或信用度。

3. 企业信用的层次性

任何事物无不处在一定的层次之中,任何事物也无不包含许多层次，层次性是矛盾对立统一律的一种表现形式。从宏观信用来看，国家信用是一个层次，地区信用是一个层次，社会信用又是一个层次；从微观信用来看，企业信用是一个层次，市场信用是一个层次，企业个人信用又是一个层次。

所以说，信用内有信用，其小无内；信用外有信用，其大无外。企业信用的层次性提示我们，对于每一特定层次上的信用研究，必须以更高层次的信用研究结果作为约束条件，二者在逻辑上是内在的、相互包含的，可以据此知彼，加深理解。当低一个层次的信用出现问题时，要在高一个层次中寻找原因。

对于信用研究，首先要确定在什么层次上展开，是企业人的层次还是服务内涵的层次，是资本的层次还是产品质量的层次。层次就是我们研究企业信用的对象、范围。从横向分析，企业信用具有多维性，涉及不同的系统和内容，是多种性质信用的集成。从纵向考察，企业信用的形成过程具有不同的状态，呈现层次性，是不同等级信用的叠加。这个问题看起来似乎很简单，实际上准确地辨识信用的层次是一项非常复杂和困难的事情，企业在信用管理上出现的错误往往与此有关。任何一个企业信用行为和信用关系的建立，必然受到某种动机和意愿的支配。

企业信用始于企业基于市场竞争的客观要求所必需的信用意愿，若企业仅着眼于短期的利益、自身的利益，就无法满足不同利益相关者的需求，也就无法建立多层次的企业信用。

4. 企业信用的稳定性

企业信用一旦建立，其内涵就具有了相对不变性。企业信用是经营思想、服务理念、文化积淀乃至世界观等多种元素的高度凝聚，既有对内统摄企业人价值追求的力量，又有对外展示企业文化内涵的功能。因此，企业信用具有稳定地、持续地推动企业的生产关系和生产力协调发展的作用，同时它还具有化解经营危机、平抑经营风险和强大的抗外界干扰的能力。

企业信用是一个不断运动、变化、发展的系统过程，但信用背后巩固的、同一的信任的内涵仍保持着相对的稳定性。正如生物学已经证明了的，不管生物经过怎样的分裂—融合—分裂的复杂循环过程，其生物信息密码并没有变，生物信息密码的不变性就反映了生物循环进化的稳定性。不断增加的社会和技术的复杂性提高了企业面临的竞争的不确定性，企业的选择越多，不确定性就越大。为应对风险出现的可能性，我们就必须更多地依赖于信用，更大力度地扩大我们的信用储备。

例如，百年企业可口可乐公司经过长期的积累，树立了口碑良好的品牌信用。有人因此断定，即使可口可乐的工厂被一场大火毁于一旦，第二天，银行就会毫不犹豫地予以贷款重新建厂，当然，其依据就是可口可乐价值数百亿美元的商品信用。

5. 企业信用的约束性

企业信用在企业的运动、变化和发展过程中，表现出内涵的相对不变性。它不仅对企业现时的思维实践和行为实践构成约束，而且通过锁链式的延伸传导对企业的未来发展构成递延式的潜在约束。约束体现了信用的逻辑力量，体现了信用研究的规律性，不能把企业信用的内在约束性直觉地理解为简单的相关，它往往经过一段相当长的时间和广阔的空间位移才显现出高度的关联性，很多企业由于受到诸如短期利益、视野狭窄等因素的影响，忽视了这种关联。

现实是，无论是行事方式还是言谈举止，是人际交往还是信息传递，是管理方法还是决策模式，是市场选择还是服务态度，它们都无不受到企业信用的直接约束或间接约束。在一个毫不起眼的方面造成的信用缺失导致另一个方面的致命损失甚至全盘崩溃的案例几乎每天都在发生。

6. 企业信用的多义性

企业信用交织在众多的利益关系之中，每一个利益相关者按照自己的期望去理解企业信用。因此，不同的利益相关者对于企业信用就会有多种含义不同的评判——基于道德期望的企业信用是价值论的，基于信任期望的企业信用是社会学的，基于市场期望的企业信用是经济学意义上的，基于符号期望的企业信用是文化层面上的，基于战略期望的企业信用是发展概念上的。

企业信用的多义性深刻地体现了其多种多样的运动、变化与发展的可能性和方向性，把握了这个规律，就能有的放矢地发挥企业的主观能动性，使企业信用的构建朝着有利于企业全面发展的目标前行。企业信用对于股东、供应商、消费者以及政府机构具有不同的含义，也就是说，企业信用面对千差万别的环境条件，有向各种可能的方向变化与发展的内在动因。由于企业的类型、性质和生产方式不同，企业信用也因此表现出不同的信用形态，通过不同的形式表现出来。

企业信用的多义性说明，如果我们不能深刻认识企业信用系统多种多样的运动、变化与发展的可能性，就不能把握信用系统本身的功能以及各种各样的环境条件，既不知己，也不知彼，因此就无法做出信用决策，无法适应多变的市场环境。

7. 企业信用的资本性

企业信用是不在企业资产负债表上标注的资产，却是企业最重要的资产。

信用资本的含义就其价值形式而言，可以概括为由信用在市场交换过程中为服务增值的价值。交易范围越广阔，企业信用所表现的资本价值就越大，信用资本在不停地运化中实现价值增值，运化速度越快，价值增值也就越快。在周而复始的信用资本运化过程中，信用资本的积累、储备、使用是一个相对于物质资本更复杂的过程，它既可以实现价值向服务交换的无限转移，也可能形成对服务价值的有限约束。信用资本具有高度的流动性和渗透性，相对于有形资产，企业信用是无形资产且最容易受到伤害，一旦受到伤害，欲恢复其原来的价值，往往比恢复有形资产的价值要困难得多。信用资本具有非常高的外部性特征，企业的信用价值往往并不直接通过市场交换体现，而是间接地构成了企业发展的信用基础，全面地促进企业生产服务价值的实现。

企业信用是经营管理和市场交换的润滑剂，许多落后企业和经营受困企业都可以从缺少相互信任的角度找到原因。企业信用是多元经济活动所必须拥有的公共品德，是企业生存和发展所必需的"社会资本"，也是资本结构中的稀缺资源。同时，企业信用能够为企业带来不可估量的效益和价值，因此其资本属性是毋庸置疑的。另外，企业信用是实现企业自身价值的前提，是构成企业长期发展战略的潜在约束。

8. 企业信用的实践性

列宁在《黑格尔〈逻辑学〉一书摘要》中写道："实践高于（理

论的）认识，因为它不仅具有普遍性的品格，而且还具有直接现实性的品格。"

恩格斯为《英国工人阶级状况》写的多种版本的序言中一再表达这样一种思想：信用是现代经济发展的客观规律。"现代政治经济学的规律之一就是：资本主义生产越发展，它就越不能采用作为它早期阶段的特征的那些琐细的哄骗和欺诈手段——的确，这些狡猾手腕在大市场上已经不合算了，那里时间就是金钱，那里商业道德必然发展到一定的水平，其之所以如此，并不是处于伦理的狂热，纯粹是为了不白费时间和劳动。"

前两段精辟的富有创造性的论述表明，信用是市场经济运行的客观需要，而不是人类内心世界的自然生成物。信用与经营是否合算、能否赢得期望的利益是密切相关的，决不单单是外在于市场经济规律的美好的伦理愿望，而是市场经济运行过程之中的必然存在，是经济发展秩序所必需的前提条件。

三、企业信用的类型

企业信用按照不同的分类标准可以划分为不同类型，企业信用从产生到后来发展的过程中也在不断变化。

1. 企业信用的分类

根据对企业信用各种不同性质的分析，我们可以从不同的角度，按照不同的标准将企业信用划分类别，以便我们更好地理解和把握。

按照企业信用的表现形态，可以将企业信用分为显性信用和隐性信用。显性信用通过协议、合同、规章制度（文字的或口头的）

所明确表达的内容要求体现出来；隐性信用通过约定俗成的惯例、礼仪，行为方式、岗位要求、职务职能、知识能力等体现出来。

按照信用标准的约束程度，企业信用可分为刚性信用和弹性信用。通过合同、协议、章程、守则等形式表现出来，并给失信行为予以法律、经济、行政或其他社会性惩戒，或对有良好信用记录历史的企业、群体、个人给予市场监管、授信额度、薪酬标准、晋级升职等方面优惠、优先或便利，约束程度高，属刚性信用。约定俗成的礼仪、习惯、行为方式、标识等则属于弹性信用的范畴。

按照信用发展阶段的特征来分，企业信用可以分为品质信用和资本信用。信用发展具有阶段性，表现为初级阶段（品质信用）和高级阶段（资本信用）。如果信用识别、界定、定位、管理尚处于道德传统和价值评判的层面，企业信用则处于品质信用的阶段。信用向商品和服务生产、分配、交换、消费过程转移和渗透，并使这些复杂的循环过程增加效益、提高效率，使参与其中的信用主体按照客体的信用程度决定相应的生产、分配、交换、消费过程的内容、形式、效应和实现形式。品质信用是企业信用发展的基础和前提，资本信用是品质信用的延伸和升华。

企业信用按照信息性和边界性划分，可以被分为内信用和外信用。内信用和外信用构成了一个对立统一的信用系统，不断地运动变化，相互作用，既相互约束又相互促进。在企业人与环境构成的系统中，内信用是建立在道德内修的基础之上的，外信用则是建立在法律约束的基础之上的。对一个企业而言，内信用是企业在自身围绕生产、分配过程中涉及的各种信用关系，外信用是在交换、消费过程中形成的信用关系。

2. 信用的产生与扩张

企业信用是市场发展的产物。最早的商业信用是为克服实物交易一手交钱、一手交货的不便而出现的。随着经济的不断发展，商业信用超出了易货买卖的范围，货币本身也加入了信用交易的过程，借贷发生了。由于视角不同，对于信用的解释众说纷纭，但在本质上，信用是时间和空间的延展。

在非信用支撑的交易中，交易的完成必须遵循对价的原则，且对价必须在物理空间上完成相对的即时转移。但在信用支持下，交易的过程则可以突破时间和空间的限制，在某一个空间点上可以只存在买的行为或卖的行为。信用对于时间的扩展，源于买与卖、借与还等对应的对价行为，这些对价行为可以借助信用在不同的时间完成。支撑这种交易行为在时间和空间上扩展的本质因素是信用。如果没有这种信用的基础或者信用制度保障，交易的行为将严格局限在同一时间和同一空间内完成。

我们知道，如果将大量的交易行为通过信用的形式在时间和空间范围上予以扩展，并通过经济的持续往来连接成交易链，就可以大幅度地扩张整个社会的经济规模，并提高总体的经济发展总量。从这个意义上说，信用对于经济的多元化和经济增长有着决定性的作用。产业不断升级的过程，就是产业不断分化的过程，同时也必然是信用不断延展和扩张的过程，信用构成专业分工体系下连接分工主体、实现资源配置的关键因素。

从这个角度理解，我们可以充分认识到对处于经济转轨过程中的中国来讲，信用的重要性，由此也可以更深入地体会到中国目前面临信用危机的内在原因。由于信用无法在经济交往过程中沿着时间和空间自由扩张，致使人与人之间、企业与企业之间，以及经济个体与政府之间都充满了不信任感。这种不信任感，必然将社会的交易行为压缩在一个时间和空间都很小的范围内。其后果，既是经济活动循环流动空间意义上的链条随着信用的萎缩而缩短，也是交易行为随着信用的萎缩而在时间意义上趋于短期化。一个人、一个企业、一个民族，如果在经济理性的条件下不选择长远目标，而倾向于选择短期行为，那么这个人、企业甚至民族的进一步发展将可能陷于困境甚至停滞不前。从这个意义上讲，信用危机可以转化为经济危机，经济的持续发展则需要信用的持续扩张。

当前，处于转轨动荡中的中国经济深陷信用缺失的危机之中，与之相关的许多领域为此付出了巨大的代价。从整体意义上来说，信用危机已经成为经济发展和社会进步的障碍，制约着中华民族的崛起和振兴。一个在历史上崇尚"守信"的民族陷于目前的信用危机，这至少有两个方面的原因。

第一方面原因是历史上的非契约传统。造成当代中国社会信用体系不健全的原因是多方面的，首先我们必须从社会伦理结构上考察这个问题——中国在历史上基本上是依靠"人情"和强权来维系社会的。这种社会的特点就是社会成员重情讲义，不遵守这种"人情"标准的人将可能被剥夺在社会中的生存空间。所以在这种传统中，信用不是一种手段而是一种生存方式，信用也并不通过法律来规定和约束，而是通过社会道德评价来维持。在一个地域范围狭小、个人生存空间有限的农业文明条件下，这种社会伦理规范可以比较好地起到调节信用的作用。但在时间和空间都无限扩张的现代社会中，个人活动的范围已经远远突破了狭小道德舆论监督的范围，原有的信用维护体系也随之失效。因此，这种传统的信用约束机制十分脆弱。在原有信用保证体系有效性式微的情况下，我国在信用制度方面还没有完全法制化，还没有形成适合社会主义市场经济发展要求的社会信用体系。这为信用的恶化提供了历史性的背景。

第二方面原因是国家信用向市场信用的转化。考察中国信用状况的成因，不能忽视中国的转轨特征，也就是从计划经济向市场经济转化过程中的特殊现象。在计划经济体系中，当然也存在信用，但所有的信用归结为国家信用，也就是企业和银行最终的信用承担者都是政府。政府负责资源的调动和配置，银行或者企业并没有自主的生产或经营权，也不需要为经济的交往承担信用责任，个人在单位归属原则下，其信用责任往往由单位承担且间接由国家承担。对个人而言，正是这种单位归属原则，在劳动力流动性很小的情况下，保证了一个小环境中的对个人的舆论评判压力，以维持个人的信用状况。

从信用的角度讲，经济体制改革就是将国家信用分散到各个经济主体，从而实现信用市场化的过程。因为对于一个正常运转的市场经济，信用主体是多元化且分散的，也只有在多元分散的基础上，才能够形成市场交往的信用链条，才能够形成公平交易、自由竞争的基础。市场信用本质上就是均等的分散信用，转轨时期的特征，就是将信用的承担主体逐步分散到各个经济主体上，国家信用只在有限的范围内承担责任。在这个过程中，如果信用体系和相关的社会理念没有得到及时建立或者没有发挥足够的作用，信用市场将出现典型的转轨特征——混乱。

因此，当前所面临的信用危机正是在转轨的混乱时期，国家信用逐步分散为市场信用的必然结果。信用从无序归于有序的过程，必然要求市场经济主体通过市场化的信用实践，配合相应的制度建设和法制建设形成和完善市场化的信用原则，在国家信用从经济领域退出以后，尽快建立市场经济主体之间的信用规则。

四、信用保证的制度化

1. 信用制度的内涵与发展

信用社会的有效运转需要信用制度的约束，良好的信用制度是实现集体信用的有效保障。

人类的相互交往，包括经济生活中的相互交往，都依赖于某种信任。信任以秩序为基础，遵循各种规则，达到预防和避免不可预见行为和机会主义行为发生的效果。信任是现代社会信用的一种内涵形式，我们可以将信用概括为围绕信用活动展开的一种对信用关系的"制度安排"。信用制度通过对信用主体的信用行为进行规范来保障信用交易的有序进行，其中信用主体通常是个人、企业或政府。信用制度是社会有效运行不可或缺的制度安排，既是信用主客体间形成的一种对彼此产生约束的行为规则，也是社会系统对人与人之间利益关系的规制。信用制度通过调节守信收益和失信成本之间的动态均衡来维护信用的一般秩序。

信用制度是商品经济和市场经济发展的自然果实，是理性人共同活动作用的结果。商品交换产生信用行为，信用行为萌生信用意识，信用意识确立信用关系。信用关系广泛地渗透到社会生活的方方面面，由此产生了对信用行为和信用关系规范化的制度性要求，这也是市场经济发展的内生性需要。

我国的信用制度是在从传统的计划经济体制向市场经济体制转变过程中逐渐建立起来的，是由传统的人伦信用制度向现代契约信用制度的混合变迁。我国传统信用制度主要是建立在以血缘和亲情关系为基础的感情社会中的人伦信用制度，主要是一种"熟人社会"的道德约束，在以"情"为核心的血缘机制下，信用靠"修己正心"、"以心换心"、"将心比心"和"投之木瓜，报之桃李"等人伦关系维护。随着市场经济的兴起，交易范围日益扩大，单靠人伦信用不再能满足社会的需要，契约信用制度便应运而生。在契约社会中，随着陌生人之间经济交往的日益密切和复杂化，传统的人情交易逐渐被契约交易取代，商品交换更多地依赖于契约关系，契约成为市场经济中连接社会关系的纽带，它依托强有力的制度和法律保障交易主客体间信用关系的稳定。

在由人伦信用制度向契约信用制度转变的过程中，我国社会的信用关系经历了信用要求由模糊到清晰，信用约束机制由弱到强，信用关系的作用范围由窄到宽，信用价值取向由义到利的变化，不断实现信用制度的有效创新与现代化完善。

2. 信用制度的分类与功能

信用制度可以分为显性信用制度和隐性信用制度，显性信用制度是指对不同市场主体的行为进行约束的法律和条例，隐性信用制度则主要是指无形的信用文化。显性信用制度根据信用主体的不同可以分为个人信用制度、企业信用制度和政府信用制度。个人信用制度主要包括个人信用登记、信用评估、信用风险预警、信用风险管理、信用风险转嫁以及失信惩戒等制度；企业信用制度主要包括企业信用法律制度、企业信用登记与评估制度、企业信用监管制度和企业内部信用管理制度等；政府信用制度主要包括权力制衡与监督制度、民主选举制度、行政法律制度、行政人事制度以及政务信息公开制度等。隐性信用制度是指在显性信用制度之外，人们依靠道德伦理、价值观念、风俗习惯和意识形态建立起的自律式的行为约束准则。信用文化作为一种调动起人们内在认同感的低成本调节方式，在现代经济社会中仍发挥着重要作用。完备的信用制度需要显性信用制度和隐性信用制度的共同作用，二者的和谐统一是市场经济发展的必备条件。

信用制度的主要功能就是减少经济活动中的不确定性，协调人们的交易行为并建立起信任关系，降低交易成本，帮助人们实现可靠、稳定的预期。信息不对称带来的逆向选择风险和道德风险是难以避免的，信用制度中的信用传播机制和失信惩戒机制可以通过增加交易成本来抑制机会主义，降低信用风险和节约交易费用。金融是现代经济发展的核心，信用制度是金融市场信用交易的基础和金融安全的保障，市场经济唯有建立起良好的信用制度，才能有效遏制金融机构的不良贷款，有效防范衍生交易的风险。信用交易逐渐成为交易的基本形式，信用制度在推动虚拟银行、电子货币、期货交易和网络交易等数字经济快速发展中的作用越来越重要。

3. 金融市场的信用制度

社会的专业化分工发展到了一定的阶段，交易链条的不断延展促使信用的维护成为社会正常运行的必要条件。因为这种链式结构的产业和信用的同步扩张趋势，社会经济产生了实体经济与虚拟经济的区别，形成二者相互制约又相互独立的发展规律。一般来说，信用支撑的虚拟经济的扩张速度和能力都要远强于实体经济的。

我们一般将实体经济看作围绕人类生产、服务、消费和流通而产生的具体活动，虚拟经济则是指依靠信用扩张所形成的以金融资产为标志的交易活动。金融市场的信用扩张源于货币的信用化和资本化。货币的初始形态是贵金属，它与实体经济存在着一一对应的关系。随着经济的发展，纸币和信用货币取代了金属货币，这就是货币的信用化过程；随着股票和债券的出现，货币成为一种金融投资工具，即所谓货币的资本化。货币的信用化和资本化是虚拟经济的初始形态，它不再与实体经济存在对应关系，而是信用扩张的结果，具有自身发展的客观规律和内在要求。这时就形成了实体经济与虚拟经济既相互联系又相互分离的二元结构。

由于依托信用而产生的金融资产更为同质，且不受资产专用性的限制，其流动性更好，也更符合信用扩张的同质性要求，金融资产所代表的虚拟经济有着远强于实体经济的内在扩张动力，从金融资产扩张速度来看，无论是发达国家还是发展中国家，金融资产增长速度都高于 GNP（国民生产总值）增长速度的 2~3 倍。

信用扩张是现代经济发展的必然要求，但我们必须清醒地认识到，信用扩张是一把双刃剑，它在促进经济发展的同时也蕴含着巨大的危险。这是因为，在信用扩张的过程中，信用市场上对信用的乱用和各种投机行为很容易引发信用膨胀。虚拟经济具有巨大的不稳定性和脆弱性，这是因为信用建立在人们对未来偿付能力的预期的基础上。在现代经济中，这种信用扩张一般是由信用链条连接起来的。一旦信用链条的某一个环节出了问题致使信用链条断裂，必然引发信用链条的连锁反应，造成整个信用体系的崩溃。

为了防止这种信用链条断裂所导致的经济冲击，围绕信用本身所建立的信用保证制度成为一种必然。这种信用保证体系的目的，就是要增强金融市场的透明度，控制金融市场偏离实体经济的程度，限制资金在非信用条件下的任意流动。作为信用支撑下的金融市场，其建立与发展必然需要完善的信用制度的同步建立。这种信用制度大致可以分为信用区别制度、授信制度和偿付保证制度。信用区别制度就是通过必要的信息采集和记录，区分不同的人在整个社会经济信用链条中的位置以及扩张信用的能力，具体表现为各种信用评估评级以及信用调查；授信制度就是在一个信用社会中，对不同信用状态的人和机构提供有效的信用，具体表现为各种机构的授信要求和资格审查制度；偿付保障制度是整个信用制度的核心，也就是通过一些手段来保证信用处于健康良好的水平，在信用状况恶化的情形下防止信用链条的崩溃，规定对于违反信用原则的行为应该如何惩罚，具体体现为风险监控制度以及相应的法律制度等。正是这三方面的共同制度化构成一个完整的信用制度体系，从而维系着社会经济中实体经济与虚拟经济之间相互矛盾统一的平衡。对于制度的重视，实际上就是寻求信用内在扩张的虚拟化趋势与现实实体经济的动态统一，这符合现代经济社会发展的内在扩张规律，但这种扩张需要制度化的完善提供保障。

五、企业的信用关系

《吕氏春秋》中的《贵信篇》说道："天地之大，四时之化，而犹不能以不信成物；又况乎人事？""君臣不信，则百姓诽谤，社稷不宁。处官不信，则少不畏长，贵贱相轻。赏罚不信，则民易犯法，不可使令。交友不信，则离散郁怨，不能相亲。百工不信，则器械苦伪，丹漆染色不贞。"上述语句论证了信用的5种关系：第一种是如果领导者与被领导者之间没有信用，老百姓中必然谣言四起，无中生有，谗言诽谤，人际关系紧张，江山社稷不宁；第二种是如果官对民没有信用，那么就会后生不怕长辈，尊卑相互轻视，为官无所作为，群众威信尽失；第三种是赏罚时如果不讲信用，则法不畅行，民不惧法且易犯法；第四种是如果交友时不讲信用，那么就会众叛亲离，互生怨恨；第五种是如果做工不讲信用，就会出现粗制滥造、假冒伪劣的制造物。

孔子说："言忠信，行笃敬，虽蛮之邦行矣，言不忠信，行不笃敬，虽州里行乎哉！"

孟子说："善人也，信人也……可欲之谓善，有诸己之谓信。"

法家思想家韩非主张"小信成则大信立，故明主积于信"。

曾子（孔子的学生）说："吾日三省吾身，为人谋而不忠乎，与朋友交而不信乎，传不习乎？"

企业信用是企业自身与所有利益相关者之间的一组关系，或者说是一种生存机制。它首先表现为企业内部人与人之间的信用关系，其次主要是企业与企业所有者（股东）之间的信用关系，企业与市场（消费者、资源供应商）之间的信用关系，企业与国家行政机关之间的信用关系，企业与自然之间的信用关系。

企业内部的信用围绕着人与人之间的关系，伴随着企业文化的进化同步展开，上下级之间的信任关系，同事之间的信任关系，不同工作单元之间的信任关系是企业运行过程中各要素载体有效作用的黏合剂，良好的信用关系可以减少人际摩擦带来的无形损耗，提高效率；可以减少不必要的增信条件带来的交易费用，降低成本；有利于将企业人的内在素质注入有形的商品和无形的服务中去。一个繁荣昌盛的文明企业依靠的是企业人的信用道德——这些属性只能通过有意识的集体行为间接地形成，并且在对文化的关注和尊重的过程中不断得到滋养。

事实上，人与人之间的联系能力是一种重要的社会资本，"人们互相联系的能力又取决于共享规范和价值观程度的高低，以及社团能否将个人利益融进群体利益。从这些共享的价值中产生了信任，信任。正如我们将要看到的，创造了巨大的经济价值"。

1. 企业与股东的信用关系

企业与股东的关系是以资本输入为纽带的，其信用关系充分显示了资本连接的特征，称作资本信用关系。资本信用有内外之分，资本外信用指的是法定资本制——以原始资本作为信用基础的信用制度，显而易见，资本信用的特征主要表现在偿债的能力上。资本内信用则是企业内部经营者和所有者之间的信用关系。在所有者和经营者合而为一的企业中，资本信用实际上成为自身的内心承诺，并不以契约的形式外显出来。这种资本所有权和经营权合一的形式往往导致对外人的不信任，从而阻碍了公司的制度化，也阻碍了信用关系的建立。在所有者和经营者分离的现代企业中，它们通过委托代理关系建立起企业与股东之间的资本信用关系，企业经理人通过自己的努力以经营业绩为股东负责。就信息的对称性而言，企业的所有者相对于企业经营者处于信息劣势，因此，需要建立一种机制来维系企业所有者与企业经营者之间的信用联系，从而有效地保护利益相关者的权益。

现代企业制度所强调的法人治理结构就是在解决企业所有者和企业经营者之间的信用关系方面所做的制度性安排。公司治理一般是指所有权和经营权分离后，为了对公司经营者滥用职权、玩忽职守、不负责任等失信行为进行制衡而设计的法律制度。股东在利益方面具有剩余索取权，是企业经营成果的当然受益人，也是经营风险的最终承担者。因此，法律为了保证所有者的合法权利不受侵害，保护投资者的利益，从许多方面规定了企业经营者对股东，尤其是对中小股东负有诚信的责任和义务。

2. 企业与市场的信用关系

企业与市场（消费者和资源供应商）之间的关系本质上是一种信用合作关系，表现为不同的类型：企业与有形物质供应商之间的买卖信用关系，企业与银行之间的借贷信用关系，企业与人力资源之间的人际信用关系，企业与信息服务和智能服务等虚拟服务商之间的信用关系，企业与消费者之间服务与被服务的信用关系。上述信用关系一般以契约的形式予以体现，企业的信用就表现为对契约规则的遵守——时间和空间全方位意义上的遵守。企业对上述契约规则的遵守，是企业信用关系链条中重要的组成部分，相对于企业对消费者的服务信用，这是一种信用输入，经过企业的重组内化，向消费市场输出良好的商品和服务信用。

信用在市场经济中不仅具有货币功能，还能促进企业生产和交易，信用良好的企业可以利用自身信用在无货币条件下完成交易。由于信用的存在，企业不必立即支付货币，这也就意味着企业可以用"明天的钱"来促成今天的交易，从而扩大市场的有效需求，促进消费生产。企业在市场中也会受到信用的监督与制约，企业的信用地位可以由市场对企业的信用评级确定，信用评级高的企业更具市场优势，信用评级低的企业则相反。

3. 企业与政府的信用关系

就企业的战略发展而言，没有什么因素比企业与国家政府（国家与政府是有差异的两个概念，但有相当的重合，在此，我们使用此混合概念意在同时强调它们所具有的强制性职能和服务性职能）之间的信用关系更重要了。

　　市场经济的发展历程表明，好的国家制度和政策能够培育和促进健康企业的生长与发展。好的国家制度与政策是好的市场经济的前提，也是造就优质企业群体的前提。而不好的国家制度与政策必然导致市场的失衡和企业综合经济效益的降低。国家政府对内具有无可争议的经济强制力，可以通过各种行政工具保证私人契约和公共契约的执行。同时，国家政府还可以通过立法以强制力要求企业无条件地服从国家的意志，保证企业对国家政府的社会信用，譬如交纳税赋、执行质量标准等。企业只有认可和遵守社会的道德规范和商业原则，才能得到市场的接受和认可，依法受到国家政府的支持和保护。

　　企业与国家政府之间的信用关系是对立统一的，当事各方互以遵守承诺为条件，如果政府的制度、法规、标准以及相关政策不能与时俱进，甚至朝令夕改，企业就会处于两难的尴尬境地，长此以往，政府也就无法取得企业发自内心的普遍信任。

4. 企业与自然的信用关系

　　"人法地，地法天，天法道，道法自然。"中华文明对自然秩序的力量的敬畏，可以追溯到 2 000 多年前甚至更远。自然法则为人类的理性树立了楷模。遵从同样的自然秩序，在不同的地理天文环境下却会生长出不同的社会形态和文明，大自然对于人类社会的文明和文化的塑造可谓奇妙无比。

　　赫伯特·西蒙有一句话很精辟："最成功的生物是对其环境最有益的生物。"同样，最成功的企业，是能为市场和公众带来最大理性利益，且在追求自身理性发展和进化的同时，自觉保持与自然界和谐关系的企业。从这一点上，企业建立起与大自然之间的信用关系并主动地遵守其精神实质是最自然不过的事情了。

《吕氏春秋·贵信》从天人合一的角度论述了这种关系："天行不信，不能成岁；地行不信，草木不大。春之德风，风不信，其华不盛，华不盛，则果实不生。夏之德暑，暑不信，其土不肥，土不肥，则长遂不精。秋之德雨，雨不信，其谷不坚，谷不坚，则五种不成。冬之德寒，寒不信，其地不刚，地不刚，则冻闭不开。天地之大，四时之化，而犹不能以不信成物，又况乎人事？"其大意是说，自然天行，倘不守信用之规，则难成岁时；大地运行，倘不守信用之规，则草木不生。春天之德为风，倘风不准时吹来，则百花不会盛开，花不盛开，焉有果实结成。夏日之德为暑热，倘暑热不准时到来，土地就不会肥沃，土地不肥沃，植物就难以结出硕果。秋天之德是雨，雨若不及时，谷物则生长不实，难以成熟。冬季之德为寒，倘寒冷不守信而至，土地则冻不坚固，何谈来年开化五谷新生。天地宏大，四季变化，尚且遵律守信以化生万物，更何况人事。

众所周知，18世纪以后的工业革命创造了极大的物质财富，人类在享受这些财富的同时，也付出了生存环境急剧恶化的代价。自然资源过度开发，能源消耗超限使用，废弃物充斥，人口膨胀，结果是资源严重短缺，环境污染造成生态失衡，企业的生存和发展受到威胁。企业要想持续健康地生存和发展，就必须在企业的目标体系、知识体系、道德体系、管理体系、信用体系等各个环节上与自然环境和社会环境相适应。我们应该充分意识到人类本身就是大自然的一部分，是自然秩序中最有能动活力的量子。因此，对自然法则的信仰和承诺，实际上就是对人类自身的信仰和承诺。无论是思维的起源、生物的进化、天体的演进，还是四季的更替、地壳的迁移、基因的变异，这些规律和由此衍生出的各种法则是人类赖以生存所必需的基本力量和约束，也是企业必须遵守并内化为自身行为的。

企业按照市场竞争的原则，应持续努力塑造自己的社会信用形象，并在为利益相关者创造价值的同时，完善自身的信用结构，树立与自然共存共荣的信用观。我们不能指望一个对人类共同的自然环境都不愿负起责任的失信者能够以良好的信用形象善待所有的利益相关者。事实上，在利益层面上，企业与自然之间保持良好的信用关系就是在维护最持久、最大的利益；在道德层面上，则为元德——企业最大的德。企业信用要指向可持续性发展——"既满足当代人的需求又不危及后代人满足其需求的发展"，是为"绿色信用"。

六、企业信用的功能和管理

《左传》曰："君子之言，信而有征，故怨远于其身，小人之言，僭而无征，故怨咎及之。"讲的就是社会人的个人信用之可贵。实际上，当今社会，企业人的共同信用——企业信用更为可贵。

1. 信用的市场功能

信用是现代市场交易的本质要素，信用关系一旦被破坏就可能导致人与人、人与集体、集体与集体、企业与市场、企业与消费者之间正常合作关系的缺失，甚至造成政府调控政策、手段和工具的失灵。

信用是生产关系在市场经济中的一种表现形式，是促进生产力发展的润滑剂。在实际工作中，企业信用有助于企业与客户间的良好互动，建立公平交易的市场秩序，提高经营活动的效率，减少合约执行过程中的非法律性摩擦，降低交易成本，从而推动生产力平稳、持续、高效高速的发展。

信用是配置资源的有效手段，它可以增加市场的有效需求，促进消费。信用在交易过程中，扩展了时间和空间的边界，借助信用的扩展和放大效应，商品畅其流，货币畅其流，信息畅其流，这必然促进生产服务的升级、经济规模的扩大和消费需求的增长。

信用具有货币功能，既是交换的重要媒介，又是交易标的本身。企业信用在商品交换中承担了一般货币的部分功能，体现着社会关系的深刻内涵。尽管它不能从商品中分离出来，但它依然在价值尺度、流通手段、储藏手段、支付手段、世界货币等方面发挥着独特的不可替代的作用。在信用的支持下，诸如证券的信用交易（融资买入或融券卖空）、期货的信用杠杆（信用保证金）都使得信用成为交易的标的。

2. 信用的道德功能

信用是市场经济的道德核心，它可以促进人类道德标准的提高，催生道德社会的发育、成长。道德作为人对自我完善和人际关系和谐规律及其行为规范的认识和把握，是交易相关者自觉遵循的社会伦理规范与准则。信用渗透于经济运行过程的每一个环节，构建对利益相关各方的有效的自律机制，直接与降低交易成本、提高资源配置效率和加速创造社会财富联系在一起，从而进一步规定了道德的标准，揭示了利己的目的和利他的动机之间的信用关系的统一。

信用在夯实道德发育、成长的基础上，满足了信用主体的道德结构完善的要求，同时内省、正向激励，推动经济社会迈向符合人道的社会。企业信用推动企业道德的完善和提升，渗透在对企业产品生产和服务创新的人性化追求之中——符合人本需要的价值内涵，满足与时俱新的社会需求和对真善美的追求，是为信用，是为道德；渗透在对企业产品生产和服务创新的合规性和安全性追求之中——符合人本需要的安全内涵和法规的约束，满足人们的安全需求和全球一体化的和谐的环境意识，是为信用，是为道德；渗透在对企业生产产品和服务创新的全方位的功能开发之中——符合人本需要的物质和精神欲望，满足人们需要的人文关怀和日益提高的审美追求，是为信用，是为道德。

3. 信用的资本功能

信用是企业综合生产力提升的不竭资源，它构成了企业重要的新型资本形态，蕴含着丰富的企业文化内涵。信用呈现新型的资本形态，是从广义资本观出发的。

资本除了物质资本、货币资本、人力资本这些公认的显性资本之外，还应涵盖诸如知识资本、信息资本、信用资本这些隐性资本，这些隐性资本不以人的意志为转移地存在于人类的全部生产活动之中，成为不可或缺的生产要素，隐性资本转化为与显性资本同样的创造社会物质财富的能力，表现出资本的一般属性。从生产、分配、交换与消费这个广义的生产过程分析，信用无处不在并起着独特的作用，信用尤其与人力资本如影相随。

更重要的是，信用的资本价值体现在人力资本的积累过程中，并通过人力资本的价值释放、彰显自身的价值，成为提高生产力活力的直接动力来源。企业信用产生于企业人个体信用的集体化和社会化的过程中，这个过程就是企业文化内涵形成和凝聚的过程。因此，企业信用与企业生产力的提升，与人力资本的积累、与企业文化内涵的形成是高度统一、密切相关、相连、相互促进的。

信用既可以建立，也可以被验证，既能定性，也可以定量。信用是用历史的确定性来代替未来的不确定性的一种简化复杂性的文化机制。信用建立的过程就是信用实践的历史过程，是社会经济发展的必然产物。信用的验证过程就是信用的评价过程，是维持和发展信用关系、确保社会发展经济秩序的前提。在信用定性指数和信用定量指数构成的坐标系中，人们依据"独立、公正、客观、科学"的原则，简洁、可比、公正、全面地昭示信用主体的信用地位。

4. 信用的社会功能

信用是社会稳定和发展的基础，是社会人际关系稳定和社会安定的保障。古人云："人而无信，不知其可也。"人际交往的本质就是在相互信任的基础上交换彼此需要的东西。信用缺失是罪恶产生的根源之一，良好的社会道德信用、法律信用和政治信用能够缩小社会各方面的不公平，降低犯罪率，进而促进社会的安定与和谐。

信用是获得信任最基本的、也是最重要的条件。信任是文明社会的黏合剂，是社会资本的重要组成元素，它是民主追求、企业进取、组织学习、知识创新和共同理想的先决条件。"任何建构社会秩序和互动的社会架构的连续性的长期努力都必须建立在社会行动者之间相互信任的稳定关系的发展之上。"当信用受到腐蚀或遭到损害，信任的预期就会中止，企业或者社会的整体性就会缺失，信用一旦被毁坏，信任的历史就会被颠覆，社会秩序就会错位，经济大厦就会崩塌。延滞性使得要恢复信用的原貌十分困难，而且要花费相当长的时间。因此，信用是一种价值巨大的社会利益，需要倍加珍惜和保护，我们要像对待其他资本要素那样储备和管理信用资源。

5. 信用的应用管理

建立良好的企业信用是一个长期而艰巨的过程，企业要想做到有效的信用管理既需要外部社会环境的支持，也需要企业自身的不断努力。企业外部信用环境的建设，取决于法制和信用服务体系的健全和完善。企业内部可以通过对企业信用链的改造、优化产权制度、加强企业信用文化的建设和建立信用管理制度等方式实现对信用的管理。

企业生产产品和生产服务的过程是相当严密、有秩序的逻辑过程，每一个逻辑环节都是质量、成本、安全、效率等管理的接点，也就是内信用管理的接点。信用管理的接点按照科学的路径连接起来，就构成了内信用链。同理，以交易为起点，构成外信用链。内信用链和外信用链组成了有机信用链条，通过一种链式传递，把企业对市场和消费者的承诺，转化为相关价值的实现。把传统的指向人和物的管理流程转向企业信用链的再造是企业内部加强信用管理的基础，只有优化信用的链接，才能从根本上实现企业的信用价值。

产权本质上是一种规范企业内部行为的工具，它明确规定了企业内部受益、受损的对象，产权是交易的起点，清晰的产权结构是企业信用体系建设的保障。企业若没有健全的产权结构、治理结构、管理结构，企业的信用行为就没有明确的责任承担者，就容易给失信行为留下空隙。明确产权归属和失信责权可以帮助企业明确行为主体的使用权与处置权，从而实现责任、权利和收益的统一。同时，在保证结构均衡的前提下优化产权的配置可以帮助企业构建良好的现代企业制度，促进企业信用的有效管理。

　　加强企业信用文化的建设主要是通过提升企业内部员工的信用意识，将信用观念嵌入企业文化，从而提高企业整体的信用水平。企业家是企业形象的重要组成部分，企业家拥有诚实守信的职业道德，这是企业信用文化建设的基础，因此企业家应当树立正确的信用观念，自觉构建信用文化机制，从信用管理制度入手，通过建立信用评估体系、提高风险防范能力等方式强化对企业信用的管理。

第 9 章 企业文化创新论

创新是人类运用存量知识，不断发现事物之间隐性联系、实现增量显性成果的过程，其本质是认知革命。

福特公司创始人、老牌资本家亨利·福特认为，企业不能创新，就只有灭亡。创新是发展的第一推动力，是企业进步的不二阶梯，是综合国力的决定性因素。从某种意义上来说，创新就是企业文化的另一种表述方式。

一、企业创新的概念、特征和动力

1. 创新的概念

何谓创新？

创新就是从无到有，前无古人，实现认知新突破。

"创新"（innovation），运用于经济学理论，最早见于约瑟夫·熊彼特于 1912 年出版的《经济发展理论》一书。他认为创新是一种生产函数的转移，或是生产要素和生产条件的重新组合，就是使生产体系和技术体系发生变革，是对已有产品、技术、市场、材料和生产组织方式或管理方式的全新结合，获得超额利润，实现新价值。这种全新组合具有强大的力量，成为经济增长的源泉和维持资本主义制度运转的原动力。熊彼特论述的创新实际上是狭义的企业技术的创新。

美国经济学家兰斯·戴维斯和道格拉斯·诺斯从制度创新入手，主张变革旧制度，建立新的组织形式或经营管理模式。他们认为尽管制度创新与技术创新有一定的相似性，但制度创新侧重于理论实践，技术创新受物质资本的局限。

美国管理学家德鲁克对创新的阐释则更为宽泛，他认为创新是使资源产生新的创造能力的行为。他在《创新与企业家精神》中提到，企业家都创新，创新是企业家精神的特有成分，是以新的能力利用资源创造财富的行为。虽然德鲁克所说的创新的指向仍为狭义的技术创新，但他已经开始涉及较为广义的社会创新，即创新是社会普遍的变革行为，开始将创新的内涵延伸到理论的层面。

作者从人的本质属性知识性出发进行论述：创新是人类运用存量知识，不断发现事物之间隐性联系，实现增量显性成果的过程，其本质是认知革命。

2. 创新的特征

创新的特点，可以归纳如下。

不确定性

创新具有随机性、偶然性和积累性，是对未知领域的知识性探索，不确定性就是某种意义上创新的同义语。创新的不确定性可以分为内部不确定性和外部不确定性，内部不确定性主要是指技术和创新活动自身风险的不确定性，而外部不确定性是指市场的、制度的以及政策环境的不确定性等。技术创新活动自身的不确定性表现为发现隐性联系在过程和结果上的不可预知。主要表现为技术创新通常对资本、人才、设备等要求较高，前期投入大，研发过程长，系统困难大，预期上存在各种失败的可能性，是内部不确定性。

外部不确定性是指创新结果是否能被社会和市场接受，应用端存在着很强的被选择不确定性、制度与政策环境的不确定性。制度的不确定性突出表现在知识产权与专利保护制度上，创新成果被无偿窃取或模仿，创新企业则面临很大的创新收益摊薄的风险；政策环境的不确定性是指政策执行缺乏稳定性和效力，创新企业面临着政策落实或政策突变等风险，导致企业的创新收益得不到有效释放。

不确定性的实质，是人的认知能力和信息获取双重不对称的共同作用。

累积性

创新是一个知识运用和知识积累的过程，必然遵循范式定义的路径并产生累积效应。技术创新建立在持续不断的学习投资之上，通过继承、否定、更新来完成。在对先导创新的后续创新中，组织内的知识通常是高度缄默的，而且难以表达和编码，通常具有显著的组织专用性。特定组织的技术嵌存于知识管理和行为协调的组织系统和惯性里，而且由于历史上技术成就的影响，特定组织的技术能力有可能会形成一种特定的文化约束，进而产生"锁定"效应。

创新累积性往往会导致两个方面的路径依赖。一方面，存在技术路径依赖，即技术往往以某种路径依赖的范式演进，从而建立技术问题的解决模式以及确定需要解决的问题和对这些问题进行研究的方法。另一方面，企业过去的创新模式、惯例等组织知识会对创新的未来决策产生影响。对某一特定的组织而言，新产品和新工艺的发展往往取决于以前技术研发的成功经验。创新的路径依赖是相对的，创新型企业承认创新的路径依赖，但更重视创新的路径突进、破茧新生。

创新的累积性还表现为技术的不可逆性。因为创新不仅需要专门投资，而且由于技术因循特定的轨迹演化，使得即使在价格相对变化很大的情况下，旧技术也不再具有竞争性。这就好比即使硅的价格变为钢的 1 000 倍，机械计算器也永远不可能代替电子计算器。

协同性

创新是一个知识活跃碰撞的动态过程，创新价值的实现贯穿于整个创新活动。创新的显著特色就是不同创新功能系统之间的技术相关性。如果要取得创新的成功，就要处理好它和其他技术、互补性资产以及使用者之间的关系。对存在不同分工——诸如研发、生产、营销等复杂职能部门的企业来说，商业上的成功贯穿于一系列生产过程之中，各部门的紧密配合、双向沟通和相互适应就显得至关重要。

此外，创新关涉知识，这些知识通常都是镶嵌在组织系统中的，难以被表达和编码，因为它并不存在于一些设想的蓝图中或是工程师的脑海里，而是隐藏在管理和协调任务的组织系统和习惯里。协同是支持组织知识流动共享的主要条件。

3. 创新的动力

技术推动创新

熊彼特将"创新"定义为一种新的生产函数，即把从来没有过的关于生产要素和生产条件的"新组合"引入生产体系。这一概念很快成为学术界的主流观点，历经百年意义不衰，成为西方经济学教科书中关于微观生产和宏观经济增长的基础理论。熊彼特将技术创新视为某一类生产函数，认为它反映了经济学家对人类创新的早期、经典认知，随后，技术推动创新论应运而生。

技术推动创新论认为，研究与开发或科学发现是人类创新的主要来源。创新以研究与开发为起始，经过生产环节、销售环节，最终被消费者接受。消费者是技术创新成果的被动接受者。例如，苹果公司创始人、苹果公司前 CEO 乔布斯就认为消费者并不知道自己想要什么，苹果公司的产品"创造"了消费需求。

熊彼特认为，资本主义源自企业，企业的壮大源自竞争，赢得竞争就需要创新。资本主义借助创新的力量不断弥补自身缺陷，缓解社会矛盾，周而复始地制造并克服资本主义的经济危机。熊彼特进一步提出"创造性破坏"就是资本主义的本质性事实，重要的是研究资本主义是如何创造和破坏经济结构的，这种结构的创造和破坏主要不是通过价格竞争，而是依靠创新竞争来实现的。实际上，创新竞争最终还是反映在价格竞争上。创新淘汰旧的技术和生产体系，促进新生产力的发展，进而改善了生产关系。

市场拉动创新

市场拉动创新是指创新是由市场的力量推动的。20 世纪 60 年代，经济学家认识到创新可以来自政府、高校、军队、企业等不同主体。这些不同主体的创新目标函数并非一致，例如，军队的创新来自国防的综合需求，企业创新则来自市场的利润导向。分类研究表明，发达国家的市场逐渐转变为买方市场，客户导向的竞争越来越激烈，哪怕处于行业领先地位的大型企业，稍有不慎就会面临快鱼吃慢鱼的风险。即便那些拥有技术领先优势，甚至处于行业垄断地位的科技巨擘，也不敢对消费者偏好的变化所引发的市场需求变动掉以轻心。

市场拉动创新的逻辑可以简要概括如下：企业推出产品创新或服务创新，只有在被市场接受的情况下才能支付成本、获得利润，完成资本增值。因此，企业的创新方向、强度和时机均是由市场需求决定的。企业关注消费者的行为偏好，并应因偏好的改变而调整其生产服务行为，不断满足新的消费者偏好，才能在市场上获得持续的成功。

明尼苏达大学经济系教授雅各布·斯穆勒进行了实证研究，他是经济史上第一个成功得出技术进步是经济增长源泉的结论的人，他指出如果没有潜在的市场需求，就难以出现新的技术革新——技术创新只是对潜在市场需求的理性反应。斯穆勒在其著作《发明与经济增长》中以美国经济发展为例揭示了这个规律。在19世纪末，美国的铁路设备需求出现大幅上升，随后出现大量的铁路专利发明；在20世纪初，美国的石油冶炼业、建筑业等行业也出现了类似现象。斯穆勒因此得出结论：创新方向的首要决定因素是市场需求，需求强弱影响市场规模，规模大小决定企业利润，利润高低决定创新的方向、强度、速度。

迈尔斯和马奎斯注意到技术推动和市场拉动均为客观存在的技

术创新过程，但他们发现市场需求诱发的企业创新是技术推动诱发的企业创新的数倍（Myers & Marquis，1969）。这是因为，技术推动的企业技术创新并没有市场拉动型创新那样明确的价值目标，从而导致技术推动的创新强度不如市场拉动的创新强度。

事实上，技术推动和市场拉动是很难机械分离的，二者相互作用，是企业创新的两种重要途径，但创新模式有所不同——市场拉动创新往往是渐进式的，表现为现有技术、工艺、流程的改进，依赖原有的消费者群体，顺从消费者习惯，风险较低；技术推动往往是颠覆式的，表现为革命式的新技术和新产品的出现，具有超前性，可以创造出新的消费者群体，风险较高。成功的企业往往能处理好两类创新的关系，企业要找到两类创新的最佳契合点，做到顺应市场的同时也可以引领市场。

市场拉动创新对于中国企业具有特殊而深远的意义。在中国特色的社会主义市场经济条件下，企业在进行以市场为导向的创新时，一定要兼顾社会主义的基本原则和市场经济机制的有机融合，体现创新、协调、绿色、开放、共享的发展理念。

创新扩散理论

根据罗杰斯的定义，企业技术创新扩散是创新源企业的技术创新经过一段时间，通过特定的渠道扩散到足够数量的企业当中，在一个社会系统的成员之间传播的过程（Rogers，1995）。技术创新的扩散是一个知识传播过程，更是一种新知识被广泛采用，新技术对生产效率的提升潜力得到充分发挥，社会生产力重构生产关系的过程。

企业创新扩散机制的研究，最早可追溯至 20 世纪 40 年代初。

瑞安和格罗斯研究了创新是如何被大众采用的，以及在这个过程中人际关系网络起到的作用（Ryan & Gross，1943）。企业技术创新扩散过程是一个隐性知识显性化的过程，是一个"刺激－反应"的学习机制。技术创新会对潜在学习者造成刺激，当这种刺激达到或者超过某个阈值时，企业就会做出反应——开始创新。在这个过程中，企业既需要原始模仿，也需要一定的主动性来促进其不断对技术创新做出调整。斯托曼认为，企业的学习过程不仅存在于采用创新成果之前，还应该存在于创新的后续扩散过程中。

另外，企业技术创新扩散的过程就是使用新技术替代老技术，增量知识替代存量知识的过程，这种替代可能是颠覆性替代，也可能仅是改进性替代。企业的产品或服务相互竞争的结果，其实就是创新技术扩散后新技术替代老技术的表现形式，其背后真正的力量是知识占有增量的较量。

创新生命周期理论

创新的生命周期理论论证了一个新产品从初诞走向衰亡的连续过程，包含探索、成熟、标准化和衰退阶段几个生命周期。

在探索阶段，企业竞争催生了初始创新，但创新产品尚不完善，市场存在较高的不确定性，产品处于不断试错的阶段。新产品一旦得到市场认可，市场规模随之增大，吸引后发企业参与进来。市场不断扩大，消费者认可度提高，利润增厚，产业进入成熟阶段。成熟阶段的特征是产出水平高，单纯的技术创新变为技术创新加流程创新，这一变化导致行业的技术壁垒变高，后进市场的企业减少，缺乏市场竞争力的企业陆续退出市场。随着时间的推移，进入衰退阶段，产品设计越来越稳定，市场规模也稳定下来，企业边际利润趋向零，增量竞争变成了零和博弈，市场变得缺乏吸引力，一项"新技术"逐渐变成了标准化的"旧技术"。

自主创新

自主创新是发端于自我认知的主动性创新，即企业通过调动主观能动性获得技术突破，完善创新的系统过程，完成技术成果转化而获取利益的创新活动。自主创新的高级表现形式是通过创新掌握相关的核心技术和自主知识产权。

早期，自主创新与模仿创新、合作创新合称技术创新，自主创新是技术创新的一部分。随着创新理念的丰富和扩展，自主创新获得了独立且更加崇高的地位，其内涵定义为原始创新能力、集成创新能力和借鉴消化吸收再创新能力三种不同层次的创新，这意味着自主创新是相互关联的三者创新力的耦合。原始创新是新知识的创生，是升华科技创新能力的根本力量和提升科技竞争力的重要基石。集成创新打破既有组合的边界，有效重组各种要素，主动寻求最佳匹配要素的优化结构，产生"1+1>2"的集成效应。集成创新强调灵动性，重视产品功能质量和产品多样化；知识无成本、无边界的高速流动，冲破了固有分化的疆域，创造了合作与交流的充分条件，完善了引进技术的消化吸收和再创新机制。其有效性在很大程度上取决于当事者的学习能力和态度，学习能力越强，吸收外部技术的能力就越强，同时也就能够更好地提升自主创新能力，从而避免陷入"引进—落后—再引进—再落后"的恶性循环。

自主创新是一个复杂、系统和持续的过程，关键要素是资源储备的丰富与认知能力的提高。资源是指企业已经拥有的或是未来可获取的有助于实现自主创新的有形资源与无形资源，它是企业自主创新竞争力的原材料。推动企业的自主创新不仅需要优质的资源，还需要实现资源的科学配置，提高资源的有效使用率，还需要强有力的决策与管理等认知能力做支撑，其中决策的分散集成能力至关重要，起着优化、选择和配置各种资源的决定性作用。由于认知能力是在不断的系统学习和实践过程中获得的，通常具有较高的获得难度和极强的内生性，因此自主创新能力无论对国家还是对企业来说，都是不可或缺的核心竞争力。

二、创新历史的启示

社会经济变革的主要标志，是创新型企业的诞生。创新型企业的内生变量与企业外部的约束条件构成了推动企业进步的矛盾运动，二者相互作用，对立统一。外部社会制度环境决定着创新型企业的发展方向，企业通过创新活动对外部社会环境的变化做出反应。

Lazonick(2005) 将创新型企业的历史分为 4 个阶段，第一阶段为英国工业革命时期，第二阶段为美国 19 世纪中后期至"二战"结束之后的大发展时期，第三阶段为日本"二战"后经济发展时期，第四阶段为新经济时期。沿着其整合的发展轨迹，创新的奥秘历史地呈现在我们面前。

1. 英国工业革命时期的企业创新

英国工业革命技术创新的特征

工业革命最基本的特征是用高效的机器代替体力劳动。马克思对于英国工业革命中企业创新的总结可归纳为一句话："一切节约归根到底都是时间的节约。"节约什么时间？为什么要节约这种时间？马克思在《资本论》中已经将答案告诉了我们。第一，节约的是个别劳动时间；第二，降低商品生产上的个别劳动时间，可以得到额外收入补偿，让企业赢利能力在行业中处于领先水平。当所有企业采用新技术，生产率都得到提升，产品里的个别劳动时间都能够减少时，社会必要劳动时间也会随之下降，生产力就得到发展，这就是马克思节约时间的基本内涵。

英国工业革命时期，大量涌现和被广泛采用的蒸汽机、珍妮机、火车、轮船、汽锤、钻床、车床等前所未有的生产工具，空前地挣脱了传统生产方式的束缚，促进了生产力的发展。因为新机器表现出惊人的效率，当时一台珍妮机的工作效率相当于十几个熟练纺织工人的劳动效率，促使企业主决定使用机器替代手工生产。

创新节约系统劳动的总耗费，但也可能造成局部劳动耗费的增加。例如，18 世纪末约翰·马卡丹找到了一种全新的筑路方法，即用碎石铺路，路面平坦宽阔，路中偏高，便于排水。新方法使英国的交通条件大为改善，为工业革命必需的商业贸易往来提供了极为便利的条件。人们以马卡丹的名字命名该路，即马卡丹路，简称"马路"。但是"马路"所需的碎石子，增加了劳动力投入，日常维护也更费工。在筑路环节，技术创新确实耗费了更多的劳动，但新"马路"直接提升了路面运输效能，总的劳动时间投入少了。因此，哪怕创新导致了局部环节的劳动耗费增加，但整体社会生产效率提升了。创新一定节约了社会必要劳动时间，否则创新便没有实际意义。

知识基础与技能基础融合

英国工业革命时期的企业创新源自何处？基础知识的创新并不是唯一的原因。英国作为最早爆发工业革命和引领资本主义兴起的国家，当时的基础知识储备明显落后于法国、意大利等国。18 世纪前后，由于某种历史嬗变的偶然性或者社会文化进化的原因，英国存在一个其他欧洲国家并不存在的"中间群体"，在科学家的基础知识和企业的创新技术之间起到了承上启下的有效连接，成为重要的社会推动力量。"中间群体"包括蒸汽机的发明者詹姆斯·瓦特、"铁路机车之父"乔治·斯蒂芬森、"近代工厂之父"理查德·阿克莱特等工厂主（资本家）、工匠（熟练技术工人），也包括广大对科学技术应用充满兴趣的业余爱好者。

这个"中间群体"凭借他们各自的成就，享有包括皇家科学学会会员等各种荣誉并位居较高的社会地位，成为上流社会的佼佼者。受到实证主义和世俗思潮影响，他们建立了劳动阶层和贵族阶层之间联系的桥梁，从指导思想上破除了科学知识仅服务于宗教和贵族的传统，使特定地域内（工厂周边的城镇）形成了某种固定的创新群体。该群体热衷于学习和掌握科学基础知识，身处工业革命最前沿，拥有丰富的智力储备、物质条件和实践机会来进行生产工艺的创新。例如，从托马斯·纽科门的大气式蒸汽机到瓦特的低压蒸汽机，再到理查德·特里维西克的高压蒸汽机，这些发明家和工程师对蒸汽机性能的改良改造，都需要他们掌握托里切利的流体力学公式、帕斯卡的大气压力概念、波义耳对气体体积和气体压力关系的研究，以及伽利略的机械理论和笛卡儿的动量守恒定律这些知识，这些都说明科学知识与企业创新有内在紧密的逻辑效应。

然而，这些"中间群体"并没有在英国大学学习或任教的经历，他们获得专业知识和进行内生创新主要靠的是学徒传授和各种科学协会的交流。企业内部的知识技能传承往往受到本行业属性的局限，学徒制是传承本行业生产技能的好方式，但缺乏传播基础科学理论的功能。所幸当时的英国广泛存在的各类民间科学协会弥补了上述缺陷。

至此可以得出结论：在其他欧洲国家处于基础科学等智力储备落后的情况下，英国成为第一个爆发工业革命的国家，原因在于其革命性地将科学知识与工匠技能成功地融合在一起。

2. 美国崛起时期的企业创新

与英国在第一次工业革命初期基础知识落后于法国、意大利的情况相似，在第二次工业革命开始时，美国并不是新技术的原创者，美国电力电气工业开始走在世界前列，但在技术进步上并不占先，基础科学研究更是落后于英、法、德。例如，第二次工业革命的标志是电气化，推动相关基础理论层面的电磁学，应用层面的发电机发展的是以法拉第为代表的英国科学家和工程师。美国是如何实现创新突围的呢？大致在于如下两个方面。

政府基础设施投入与国内市场保护

应世界经济格局的变化，美国政府适时且正确地做出了历史性决策。最重要的决策就是修建美国铁路，促使美国国内统一大市场形成，促使农村劳动力转移到非农业领域，完成第二次工业革命。1862 年，时任美国总统的林肯签署了《太平洋铁路法案》，联邦政府拨款批地，兴建铁路网，政府的积极态度掀起了全美兴建铁路的热潮。到 1884 年，美国铁路总里程猛增到 20 万公里，是 1860 年的

日本政府主导的日本企业创新体系

日本创新型企业的核心竞争力是高度重视对技术和组织协同能力的培育。以企业间协同创新机制为例，日本企业之间技术竞争激烈，也崇尚协同创新机制，除了官方发起的大型协同创新项目，日本企业间还有很多自发形成的协同创新松散联盟。例如，索尼公司的光学产品就是一个例子。在收购美能达之前，索尼相机的镜头是尼康制造，感光元件CMOS（互补金属氧化物半导体）则是佳能制造，镜头和感光元件的质量和水准共同决定索尼相机的整体性能，索尼发明的机身稳定技术最终使索尼生产出了高水准的相机。

日本企业独特的创新体系有三个鲜明特点。首先，日本政府实施积极的产业政策，直接或间接介入具有重大意义的企业技术创新，对日本企业创新的方向和速度影响显著。其次，在公司治理上，企业与企业之间互相持股，这是日本的企业为了抵制资本市场上的投机者干涉企业既定发展战略和经营活动而采取的做法，这也就增加了企业之间信息共享、协同创新、风险共担的可能性。日本"主银行"金融体制使得日本企业能从金融体系中获得稳定、长期的商业贷款，保证商业银行和企业之间形成稳定的投资与战略合作关系，优化了企业管理层依据本行业特有的产品周期设计创新计划的空间，催生新技术、新产品在市场上获得成功。

4. 新经济时代的企业创新

新经济时代的企业创新源于知识融合、集成与分享，总结一下，就是增量知识的创生。从以计算机和互联网为代表的信息技术到后来的新能源、新材料、生物制药以及人工智能等领域，正是这些领域的创新成果，表明了一个新时代的到来。创新型企业如鱼得水，它们将传统机械性、重复性劳动外包，集中力量与知识密集型组织和风险投资资本保持共生共荣的关系，为实现技术的创新和成果的商业化，有效配置资源，捕捉市场机会。因此，尊重人力资本，激励知识创造，保护知识产权，就成了新知识经济时代价值实现的源泉。

美国企业的创新具有典型意义。企业的创新模式存在显著差异——大公司资金雄厚，人才结构优良，擅长长周期项目的研发；小企业资金相对匮乏，人才梯队精悍，善于对改进型、应用型产品进行创新。大公司将重点放在某些提高公司技术优势的项目上，会根据市场布局的需要，对一些基础性技术进行研发、投入，并跟大学或其他科研机构展开创新合作。为提高决策和运营效率，大公司纷纷采取更加灵活的组织与管理模式以破除冗长的指挥链条对创新的束缚。于是，大公司通常会在经费、人员等资源上进行放权，大公司内部出现一批决策和财务核算相对独立的项目团队，相当于公司内部出现多个独立的利润与创新主体。

美国拥有为数众多的（占美国企业总数99%）创新能力极强的小公司，它们创造了美国一半以上的创新发明，其人均发明创造是大企业的两倍，研发回报率比大企业高出14%，让美国制造引以为豪的许多技术均由小公司发明。这些小公司大部分位于硅谷，它们之间竞争激烈，交流合作频繁，科技人员的频繁跳槽有利于新想法和新技术在企业之间的快速碰撞和扩散。科创型小公司还是大公司的重要技术来源，发展到一定阶段，大公司的资本和小公司的科创就会发生共赢式的合作，从而催化新型创新公司的诞生。美国这种科创公司先导的群体创新模式充分发挥了知识决策分散与集中统一实施的灵活性和时效性，成为引领企业创新的示范性模式。

鼓励创新的社会体制

信息技术革命是第三次工业革命的同义语，创新型企业由小到大、由弱到强的背后，有着深刻的社会系统变革的宏观背景和生产力发展的微观要求。美国鼓励创新的风险投资制度、财政刺激政策、重点扶持政策和政府采购机制都发挥了重要的推动作用。

美国的风险投资是以私人风险投资为主，辅以各种小投资公司、银行和大公司的风险投资，充分利用社会资本，以纳斯达克二板股票市场为信用工具，以银行为后盾，通过对高利润的追求构建了一个多层次的风险投资体系。其中，私人风险投资公司作为美国风投业的主体，投资额占总额的 70% 左右，资金来源主要有保险公司、年金、抚恤专款、捐赠款、富人、州政府、外资等；政府很少直接参与风险投资，而是通过调节风险收益比诱导资金流向，改善外部生存环境，降低风险因素等间接宏观调控参与风险投资。

美国的私人风险投资有着较为健全的管理体系，他们既是公司的融资者，还是管理顾问与监督者。风险投资家会利用各种金融、信用技术和管理工具，对创新项目进行分析、评估，并利用知识补充优势，进行激励、协同和风控制度安排，以促进目标企业的可持续经营。

财政刺激政策主要体现在对研究开发支出的税收减免上，即对企业研发活动带来的投资支出增加给予一定比例的税收减免优惠。除此之外，美国还对跨国公司在国内外面临不同的税率做出了相应处理，也对资本设备的投资制定了相应的税收优惠政策。可以说，正是联邦政府在税收优惠政策上实行的方向性的激励制度，才如此有效地调动起创新企业加大研发投入的积极性，吸引有志、有才、有担当的人加入其中。

美国是最早认识到政府采购是一种强有力的刺激技术创新的国

家，政府采购为美国军工领域保持技术领先打下了坚实的基础。新产品刚进入市场时，政府的大额订单会推动企业接下来的市场开拓，政府采购及相关研发合同对于企业技术创新的方向、速度和规模往往发挥着决定性作用。有为政府通过商业行为起到了配置资源的作用。认识到政府采购在推动技术创新方面的重要作用之后，美国便于 20 世纪 70 年代加大对航空、半导体、计算机等高精尖技术领域的投入。尽管 80 年代军事技术开始向民用技术转移，政府采购规模也大幅缩减，但仍无法否认政府采购对于推动美国技术创新的战略先决意义。

三、创新型企业

创新型企业不同于传统意义上的企业。对于传统意义上的企业，创新活动只是企业获取竞争优势的可选手段之一，研发等创新部门只是生产流程上众多环节中的一环；而对于创新型企业，创新是企业生存与发展的方式，创新是企业的使命，企业的每个部门都是为创新而存在的。

1. 创新型企业的理念

概念

经济发展的历史轨迹昭示着这样一个规律，即人类的创新成果逐渐摆脱了对实物载体的依赖，以知识形态存在的新产品越来越多。人类正从一个以物质排他性占有为主的时代向知识分享与物质排他性占有均衡的时代转变。例如，20 世纪 50 年代，美国向全世界出口的最多的是钢材，到 20 世纪 80 年代，美国向全世界出口的最多的是个人电脑，进入 21 世纪，美国向全世界出口的最多的是好莱坞电影胶片。这种产品质量越来越轻，体积越来越小，知识含量越来越高的趋势，导致企业的创新价值链发生了根本性变化，这种根本变化无疑是创新型企业发展带来的。

创新型企业不同于在现有技术和市场的条件下寻求利润最大化的最优化企业，它更强调企业拥有改进现有的技术和市场条件的能力，通过更低的生产成本生产出更高质量的产品。

创新型企业核心要素其实就是"发现"的要素，这是不可变更的内在能力；重要组成要素是"创造"的要素，这是可以随环境的变化而变化的附加能力。创新型企业就是在"发现－创造"机制下不断学习，释放本质力量，自发整合企业内外资源，突破旧有框架，构建以创新为价值导向、实现新利润点开拓和持续成为市场领先者的那一类企业。

创新型企业具有适应因果模糊，克服预期不明，自我革新的能力，是为了更高的生产效率、更高境界的自由而存在的企业，这也是它与传统企业在进行创新时的根本区别。

自我革新能力

环境无时不变，企业无时不受到调整自身旧惯例、适应新挑战的压力。创新就意味着对旧惯例的重构和对新惯例的创生。破除旧惯例，创生新惯例，循环往复，波浪式前进，螺旋式上升，在供需此起彼伏的动态运化中，促进企业生态的进化。

传统企业很少主动地在企业战略路径和组织结构方面进行重大调整，创新型企业会主动审视自身已有的战略和架构，即创新型企业不会像传统企业那样，在处于困境之后才进行调整，它们会在赢利能力稳健、市场前景广阔的时候进行自我突破。

2. 创新型企业的特征

创新型企业的特征是由创新的三大特征——不确定性、累积性、协同性决定的，创新的这三大特征决定了创新型企业的三大特征——无边界性、无障碍性、不间断性。

无边界性

知识无边界。创新型企业没有边界——知识资本创造没有穷尽，潜在市场需求也没有穷尽，因此，创新型企业的追求是无边界的。

创新型企业在现实中受到不确定性、累积性、协同性——创新的三大核心特征的刚性约束，创新型企业在特定的时间、空间范畴内，存在相对稳定的弹性边界。只要有利于创新型企业的产品、服务产出效率和市场竞争力的提升，这种弹性边界随时可以被打破，形成新的企业边界。因此，现实意义下的无边界性是指企业边界的阶段性、暂时性，企业边界的打破可以指向外扩张，也可以指向内收缩，边界点取决于创新力度的强弱。这就与企业边界由交易成本高低决定的传统经济学划清了界限。

企业的愿景是无边界的，创新型企业的长远发展内在地指向无边界策略。这是因为无边界的策略必然要求以无边界的创新实现企业目标。这种无边界战略要求企业能够及时认清市场的变化（危机意识），识别创新的发展方向（超前意识），时刻组织人才资源和物质资源投入新的竞争当中（应变能力）。这是一个动态地不断打破现存边界，实现新价值的过程，创新就是企业不断打破边界的过程。

无障碍性

创新型企业的无障碍性体现在企业运行上——第一时间利用企业内部、外部的有利因素，及时组织人力物力抵御企业内外部的不利因素，持续为员工、客户、股东、社会创造价值，员工、客户、股东、社会就会不断为企业反馈机会和收益，这就是创新型企业的无障碍性。

创新型企业的无障碍性包括了三个层次，战略层面的无障碍，组织层面的无障碍，生产经营层面的无障碍。企业的长远发展要求企业采取无障碍战略，即应对环境变化反应灵敏，这里强调的是战略的博弈性而不是战略的计划性；无障碍战略需要无障碍的组织运行来实现，即随时完善企业内部信息传递链条、企业内部知识扩散方式和组织结构，以创造新的市场竞争力；无障碍运行的组织必然要求企业的生产经营活动也是无障碍的，即在企业创新模式的形成中保持切换效率最高和成本最低。

不间断性

面对不断出现的新的市场需求、竞争对手的新技术、政策鼓励等因素，一个企业若想生存，就不得不进行创新，这是传统企业的创新基因，但这种迫于外部压力的创新并不天然具有持续性。创新型企业的创新基因来自企业内部，而不是企业外部，且具有天然的不间断性。

来自企业内部的创新基因具有持续性的原因基于如下 5 个要素：企业家的持续创新意识，企业家的冒险精神，企业家和员工的持续创新物质激励，企业持续创新的文化，企业团队的强大向心力。当企业拥有了上述 5 个内在要素，就可以结合技术、市场、政策等外部因素互相作用、耦合，形成强大的、持续的创新动力，成为创新型企业。

需要指出的是，企业家的持续创新意识是最重要的内核。我会在下文专门讨论企业家精神，这里先谈企业家的持续创新意识。它并非简单的利润驱动，而是"要么持续创新，要么落后被淘汰"的存亡意识，追求的是员工认同感、客户满意、股东信任、环境友好的绿色创新，这么说基于以下几点理由。

第一，刚刚发明的创新产品或服务不一定能在短时间内获取利润，因此持续创新不能简单以利润为驱动。

第二，持续创新是一项系统工程，包括组织结构的持续调整，要打破员工对当前过于"舒服"的工作的惰性，需要得到员工的理解和支持。

第三，持续创新需要得到市场认可，因为客户的满意是企业持续赢利、获取超额回报的根本动力。

第四，持续创新不是一帆风顺的，一旦遇挫并不意味着长期的创新无赢利可能，这就需要企业家对创新的长周期性有充分认识，说服股东对企业持续创新保持信任。

第五，历史告诉我们，人类的技术创新总体上推动了生产力解放，但也有一些技术创新因对大自然和人类自身造成持久伤害而被淘汰，因此，持续创新必然是环境友好的。

3. 创新企业的模块

技术创新

技术创新是创新型企业的核心和最主要的内容，在知识经济时代，技术创新不仅是企业获利的手段，更是生存和发展的基础和动力。

技术创新不是单纯的技术发明，它还包括价值实现的过程，技术创新本质上是一个科技经济一体化的过程。企业的技术创新强调的是以获取潜在的商业利益为目的，对生产条件和要素进行重新组合，形成效率更高和成本更低的生产经营系统，从而推出新的产品、新的生产工艺和方法，开辟新的市场，获得新的原材料或半成品的过程。正是由于企业不断将技术发明引入生产过程，增强了企业的技术和生产能力，实现了财富的积累，才能以新的资金投入来促进技术创新，从而促进技术与经济的协同发展。

技术创新通常是知识进步的内在化生、经济发展的外在拉动和军事竞争的刺激的共同作用实现的。然而单纯的科技进步并不能使生产力转化效率提高，因此需要通过推动技术创新来实现科技进步的商业化价值；经济发展拉动技术创新主要源于经济发展过程中人们对生产生活资料的需求的不断扩大，企业作为技术创新的主体，在捕捉到市场需求的信号后，针对消费者的需求进行研究与开发，创造出新的产品，进而实现技术创新的市场价值；技术创新除了受科技进步推动与经济发展需求影响之外，还会在军事竞争的刺激下加快发展的脚步，军事竞争的紧迫性通常使军事领域的科学技术走在技术创新的最前沿，这种刚性的紧迫需求推动了技术的革新，同时，军事领域的技术进步可以进一步转化为提高民用技术的生产力，进而提高技术创新的辐射效应。

制度创新

企业制度是企业为资源、权力、价值和利益分配等形成的各种正式和非正式规则的总和，是企业建构的规范，是影响企业行为的规程。其目的是获取更大的利润，实现企业的愿景，承担社会责任。

企业的制度创新就是能动地改变旧制度阻碍生产力和生产关系协调发展的因素，赢得市场竞争的优势。

企业通过内部和外部两方面的制度创新，将技术创新资源整合为企业的核心竞争力。企业内部的制度创新主要是指对文化制度、产权制度和组织管理制度进行创新，以实现对知识、技术、品牌、渠道、人力和信息网络平台等企业核心资源的整合。其中，企业文化制度的创新尤为重要，其他制度都是在文化制度理念的影响下被建立起来的，它在企业制度中发挥着统领的作用，积极的文化制度创新是企业制度创新的原动力。对创新型企业而言，企业内部促进资源整合的制度创新并不能满足市场的综合需求，企业还需要合纵连横，通过扩大与外部组织的合作来提高竞争力，企业外部的制度创新在很大程度上决定了企业与外部环境关系处理的成功与否。企业外部的制度创新主要是指知识产权制度、国家的科技创新政策、契约法规等外部环境的制度创新。

新制度经济学家道格拉斯·诺斯和罗伯斯·托马斯认为，制度创新决定了技术创新，制度进步会刺激技术的进步，腐朽制度的停滞不前会遏制技术的发展，正如他们在《西方世界的兴起》中所说的："付给数学家报酬和提供奖金是刺激努力出成果的人为办法，而一项专为包括新思想、发明和创新在内的知识所有权而制定的法律可以提供更为经常的刺激。没有这种所有权，便没有人会为社会利益而拿私人财产冒险。"

战略创新

企业的战略创新是指企业管理者对商业模式持续思考的过程，是企业为实现内部的持续增长与应对外部环境的变化在发展方向和发展路径上的转变。

企业的战略创新通常包括内部调整的战略创新和外部推动的战略创新，前者是由企业内部的资源配置、竞争优势和协调性变化等带来的，而后者多是由外部环境的变化和组织变革引起的。现代企业的内部战略创新由企业发展战略创新、技术开发战略创新、经营管理战略创新和人才开发战略创新组成，外部创新则是指市场竞争的战略创新。企业管理者根据内外部环境的变化不断调整企业战略，实现战略创新目标先导的作用。

企业的战略创新是在内外部环境的变化中不断展开的，成功的战略创新对企业未来的发展发挥着决定性的作用。战略创新对企业内部发展而言，不仅可以优化企业内部的生产组织形式，提高资源配置效率，进而降低运营成本和提升企业的综合效益，还能促进企业形成和发展自己的核心能力与核心优势，为企业的发展和转型创造条件；战略创新对企业外部发展而言，可以提升企业在行业中的竞争力，为企业的创新式超越发展创造机会，从而为获得竞争的主动权抢占市场先机。

营商创新

营商创新是对市场变化所做的全要素整合，不断对营商观念、营商逻辑、营商制度、营商策略和方法予以调整、改进和更新。相对于营销，其出发点更基本，视角更主动，内涵更丰富。

这是一个"不确定"的时代，大概率事件和小概率事件互为颠倒，几乎所有事物已经或正在脱离原本确定的轨迹，社会失去了稳定的"参照系"，之前天经地义的"商业逻辑"陷入混乱，持续地更新"商业观念"成为无奈的选择。

技术创新能否实现，在于技术进步和营商创新的相互作用。市场上的成功需要辅以营商创新。随着社会平均知识占有量的提高和信息传递速度的加快，选择权正在向消费者手中转移。没有营商观念的突破，营商逻辑的重构，营商制度的改进，以及营商策略和方法的普惠，企业创新便没有未来。

企业的营商创新是企业市场活动的核心部分，营商创新不仅有利于企业优化企业形象，也是企业提高市场竞争力的有效途径。营商文化是企业文化的集中体现，是接受市场检验时最直接、最敏感的部分。营商创新涉及知识要素、组织要素、市场因素、社会要素和政治因素。不仅具有经济效应，而且是企业核心竞争力的重要组成部分，甚或就是竞争力本身。

4. 创新型企业文化的依赖

创新活力和创新能力是企业创新文化的两个重要特征，二者是企业组织学习和知识积累共同作用的结果。组织学习会产生惯性依赖，知识积累也会形成认知陷阱。它们既是创新文化的正向动力，也是持续创新的负面约束。企业创新文化一旦形成惯性依赖，就会在战略、认知、结构和执行等方面表现出对外界环境的改变缺乏感知、理解上的敏锐性不够和进取心不足；会固化知识存量和结构以及兴趣偏好，因囿于标准化、程序化而有失灵活性和及时性；企业在执行过程中会规范有余，应变不足等。

创新惯性依赖在一定程度上由创新自身而来，打破惯性依赖还需更新创新观念。正确处理二者的辩证关系，就要准确地把握惯性文化产生的机制，择利而行，择善而施。

惯性文化机制

惯性文化是伴随创新自然形成的，惯性文化会对创新产生障碍是由文化的客观存在性决定的。企业的成立、发展、壮大、衰落与生物从诞生到死亡的过程存在某种相似性——企业在初生和成长期充满了灵动性，但企业组织结构、生产流程等方面的可控性不足；当企业走向正轨时，决策流程、组织结构均趋于程序化、规范化，可控性大大提升，但灵动性相应减弱；当一个企业失去灵动性到一定程度时，无法及时对市场变化做出响应，企业肌体就走向衰亡。

惯性文化在诸多方面阻碍企业的创新。例如，技术创新受到企业科技人员知识存量和知识结构的惯性影响，柯达在 1991 年就发明了全球首个数码相机系统，按理说走在行业的最前端，掌握着最有增长力的市场中的先进科技，但其研发部门的科技人员九成是做传统胶片的，导致数码技术的创新在柯达内部十分薄弱；营商创新受到企业现有市场占有率的惯性影响，企业若是在某市场具有很高的占有率，往往不会顾及这个市场本身是否会消亡，会持续将资源投放到该优势市场，而不是投向潜在的新市场；战略创新受到企业家的理念和逻辑惯性影响，因为企业家往往从先前成功经验中提取、复制企业的战略选择。

当企业处于稳定发展阶段时，往往犯同样的毛病：沉溺于昔日的辉煌，对成长的期望值不高；对占领新市场、获取新技术的渴望也越来越少；对构筑新发展愿景失去兴趣，对变革产生了疑虑；工作中往往听话的人获得更多的表扬，员工对人际关系的兴趣超过了对冒险和创新的兴趣等。很多企业无法有效和正确地处理和应对上述的管理问题，使得企业在不知不觉中慢慢滑向"贵族化"、官僚化甚至衰亡。

惯性文化一旦形成负面刚性就会抑制创新的活性。一方面，企业将这种创新惯性作为企业成功的模式保护起来，不愿意改变和不愿意对外部环境的变化做出积极调整限制了企业惯性的更新。另一方面，企业意识到已有的创新惯性无法对企业的创新行为做出指导，需要打破惯性，但是由于受到企业的知识学习认知陷阱和知识吸收能力的限制，企业无法从已有的创新管理中走出来。

创新型企业的路径突破

创新成就了企业，但是创新也可能带来创新惯性及创新惯性的刚性约束，阻碍企业创新的进步。因此，企业需要打破这种刚性束缚，形成动态创新能力，来推动产品、技术、服务甚至是营商模式的重大变迁。实现路径突破的办法仍然在创新，这绝不是单一的技术创新，而是要依靠各种创新要素、模块和职能的协同和匹配，甚至依靠一种创新来促进另一种创新。创新型企业的路径突破主要有以下三种方式。

第一，外部激进式创新。企业由于受到外部科学技术的重大创新、经济制度的突然变化或者其他重大社会事件的冲击，将有可能进行外部知识激进式的创新。对处在变化环境中的企业来说，外部冲击是偶然的、不可预料的，企业原有的创新能力体系中缺乏有效的框架和可行对策。对企业而言，这种巨变带来的挑战是现实的，蕴含的机会是潜在的。外部环境不可预测、无法控制、难以逃避的变化意味着企业的路径突破是强制的，企业不在冲击中进步就会在冲击中死亡。因此，企业必须吸收外部知识、新技能、新的管理理念，突破惯性，对原有知识结构进行重大变革，实施企业的重大转型，推动创新型企业进入一个新的创新轨道空间。

第二，内部激进式创新。由于企业内部知识开发的累计性和路径依赖特征，企业对外部环境的稳定性变化的适应往往是渐进的。然而，这并不表示企业因为内部知识的积累而不能产生突变。因此，路径突破的第二种方式就来自企业内部知识、能力积累引发的激进式创新，这是企业知识学习从量变到质变的过程。另外，内部激进式创新还可能是向竞争对手学习模仿的结果。企业仿效优势企业的组织形式、决策程序、管理模式等知识，甚至从外部引进关键性的人力资源，借助外源性全新知识改造企业的知识结构和能力体系，实现路径突破。

第三，战略性创新。企业意会知识的难以表达性和社会性，学习过程的累计性以及路径依赖的特征，使得建立在意会知识和组织学习基础上的企业能力体系具有背景依赖性，脱离原来企业组织就无法发挥作用。因此，如果一个企业想通过模仿、学习获得另一企业的创新能力，对企业原有知识结构和能力体系进行彻底改革，从而实现创新型企业的路径突破是不可能的。企业唯有通过战略创新，通过对异质企业的收购、联盟、战略合作，进行资源整合和组织再造，实现组织惯性、文化、价值观的突破和创新资源的共享，才有可能突破惯性路径。

因此，创新型企业虽然是一类不断创新、打破路径依赖的新型企业，但是创新也可能是一个制度化、内部化、具有惯性的过程。坚持不断创新本身也构成了创新型企业的一个重要惯性，因此，对创新型企业来说，不要排斥惯性，而要促进企业坚持不断创新的惯性，这才是企业成功的保障。

四、企业家与创新

1. 经济增长理论与企业家

经济增长一般受到资源（自然条件、劳动力素质资本）、技术（知识）和体制（劳动方式、组织、所有制形式和收入分配）的系统约束。企业家的创新精神对于经济增长的重要意义却长期被忽视。无论是罗伯特·默顿·索洛的新古典增长模型，还是保罗·罗默的知识驱动内生增长模型，抑或是罗伯特·卢卡斯人力资本的内在效应与外在效应模式，都没有给予企业家在经济增长贡献中应有的地位。上述模型的缺陷导致了企业实践的"欧洲悖论"和"中国悖论"。

人们逐渐认识到，资本不会自动均衡，知识也不会自动均衡，企业家才是将创新转化为产出的重要因素，少了企业家和企业家精神，经济增长就不能自圆其说。企业家与创新的内在关联逻辑如下。由于创新具有价值高度不确定性、信息高度不对称性和高转化交易成本等特征，要将创新知识转变为新产品，需要能解决这三个问题的载体。企业家的本质属性使其成为恰好，也是唯一满足这些条件并能发挥作用的主体，其主要的实现路径表现为：企业家→知识溢出→经济增长。因此，创新的知识投资仅仅是硬币的一面，新知识要实现潜在的经济价值，需要决策这关键的一环，这需要由企业家承担。

2. 经典企业家理论

古典理论

企业家理论最早萌芽于 16 世纪的重商主义。18 世纪理查德·坎蒂隆将企业家定义为：利用竞争市场进行套利活动的人。坎蒂隆的贡献在于首次将企业家这个概念引入经济理论分析。之后，让·巴蒂斯特·萨伊认为，企业家是运用科学组织工厂进行生产的人。萨伊的贡献在于在企业家尚未形成独立社会阶层的年代，他率先对资本家和企业家做出界定。阿尔弗雷德·马歇尔是新古典学派的创始人，他对企业家的定义成为后来经济增长理论的重要思想来源：企业家是以自己的创造力、洞察力和统帅力，发现和消除市场的不均衡，创造出更多的交易机会和社会效用，给企业的生产过程指明方向，使生产要素组织化。

近现代理论

熊彼特首次揭示了企业家的创新职能，创新意味着破坏。企业家担当着破坏旧组合，构建新组合，以创新推动经济增长的关键职能。实际上，企业家是企业和市场的平衡力量，企业家发现并抓住潜在的获利机会，推动企业创新赢利。企业家推动创新获取的超额利润产生了示范效应，吸引其他企业的管理者竞相参与，企业相互竞争的结果使得获取超额利润的机会逐渐消失，从而达到经济均衡。受利润目标驱动，企业家又会推进新的创新去创造利润，打破市场均衡。因此，从长期来看，企业家的创新精神不断打破短期市场均衡，不断生产知识，不断推动企业将知识转化为产品、利润，客观上释放出先进的生产力，达到市场的长期均衡。

基于上述逻辑，企业家的角色应该可以被描述为支持、创造人类市场经济发展的主体，这种不断打破短期均衡、促进长期增长的模式就是著名的"毁灭性创造"的另一种表述。这就意味着，创新意识与创新能力是企业家精神的核心内涵，这里的创新主要是指管理和技术两方面的创新。管理创新可以让企业更加高效的运作，技术创新则可以促进企业产品的推陈出新，进而提高企业的竞争力。随着知识成为战略性资源，企业家把握机会的能力、创新的速度和变革的力度将决定企业在行业中的地位，这些都需要企业家以企业家精神识别机会、把握机会并利用机会创造价值，为稀缺资源的配置做出判断性决策，这与创新具有同样的本质特征。

美国经济学家莱斯特·瑟罗在其著作《21世纪的角逐》中指出：21世纪的经济赛局将在一定程度上取决于文化力的较量。企业的创新力已经成为企业文化力的核心内容，是企业赢得市场竞争的根本力量。文化力是一只"看不见的手"，在企业家成长、企业精神形成、企业创新拓展和企业决策经营的全流程中发挥着导向、优化、凝聚、激励、约束和协调作用。如果要问企业创新带给我们什么启示，那就是创新乃企业文化举足轻重的因素。正如通用电气的第八任董事长兼CEO杰克·韦尔奇所说："如果你想让列车时速再快10公里，只需要加1马力；而若想使车速增加一倍，你就必须更换铁轨了。"

资产重组可以提高公司一时的生产力，但若没有文化上的创新，就无法维持高生产力发展。企业文化本身包含着创新文化的价值追求，创新文化的精神是企业文化不可替代的旗帜。

3. 社会主义企业家的创新精神

西方理论中的企业家精神的核心是各种创新，其本质受资本逐利性的驱动。表面上，资本主义的企业家为了创新忍受各种风险和阻力，创造了利润，解放了生产力，但实际上，资本主义企业家推动创新是为了获取更高和更长久的利润，这仍然改变不了资本主义企业家是利润中心和不平等中心的代理人的事实。巴菲特就曾经表示，他面临的税率低于伯克希尔·哈撒韦普通员工的税率，因为资本主义对劳动课税远重于对资本课税。

我国市场经济发展过程中，企业家被赋予尤为重要的责任，他们要制定和执行创新决策，创新决策的制定与执行会为企业带来利润，打破企业原来的均衡状态，这一切不仅仅是为了利润，根本目的是推动生产力解放，协调生产关系，为中华民族伟大复兴提供物质保障。具有社会主义企业家精神的企业家肩负社会使命，创造和维护社会价值，识别和不断追求能够服务于自身社会使命的机会，进行持续创新，不断适应和学习、行动并不受当前所掌握资源的限制，体现为对所服务人群或社区以及资源提供者高度负责的态度。

企业家管理理念的创新

企业的前进与发展离不开先进的管理理念，从"世界500强"的演变历程来看，一个企业要想长时间地生存下去，其管理理念就必须随社会的变化不断创新以适应环境的需求。现代企业家唯有认识到企业管理文化的重要性，不断在管理理念上有所创新，才能让企业时刻充满活力，处于不败之地。社会主义企业家管理理念的创新主要是指在人本理念和经营理念上的创新。

在21世纪，"以利益为中心"的价值理念已经不能满足现代企业的需要，取而代之的是"以人为本，高度满意"的双重管理目标。"经营之圣"稻盛和夫曾说："企业是片小森林。居住在企业这片小森林中的员工生活如何，经营者必须要想到。倘若在企业这片小森林中的员工不兴旺，自己也不会繁荣。具有使包括员工在内所有一道工作的人都幸福，让企业这片小森林成为出色之林的志向，极为重要。"现代企业要想获得真正的成功，就必须重视员工在企业管理中的作用，将传统的"主－客"式管理关系转变为新的"主－主"式关系，注重挖掘员工的个人意志和内在需求，从多方面开发员工的潜力和培养员工的创造力，提高企业的人性化管理水平。企业只有做到切实重视员工的利益，充分调动起员工的积极性，统一员工与企业的发展目标，真正做到人本主义管理理念上的创新，才能实现企业内部的长期稳定发展，为社会主义构建和谐的劳动关系打下坚实的基础。

企业家经营理念的创新需要及时摒弃不适合时代发展的经营理念，并制订出新的具有企业文化内涵特色的经营发展计划，在以市场为导向的基础上，对企业内部资源进行重新整合的同时，不断与外部环境进行物质、信息和能量交换，保持企业的内外部竞争优势。现代经营理念的创新主要包括高效率的科技创新、高利润的资本运作、高品质的产品研发和高效率的竞争协作等理念上的创新。另外，企业家还需要注重企业制度、成本效益和技术构成等硬实力与企业精神、企业文化、企业价值观等软实力的结合，从而全面地提高企业的经营管理水平。

企业家发展观念的创新

企业想要做好、做强、做大、长久，离不开与时俱进的发展观念。随着全球化进程的加快，企业与市场联系的广度和深度不断增强，企业单纯谋求自身的发展已经不能适应当今世界的发展需要，面对世界各国你中有我、我中有你的新形势和对资源与环境重视度的提高，现代社会主义企业家尤其应注重社会综合利益以及对可持续发展观念的培养。

企业可持续性的发展观念是从企业生产经营的角度出发，对企业发展与外部环境的关系做出调整，以实现企业的持久永续发展。美国学者保罗·霍肯认为，任何企业的发展都必须解决索取什么、生产什么和废弃什么这三个与生态环境密不可分的问题。面对资源的过度开发和环境的日益恶化，企业应在保证产品质量的前提下，从产品的生产、使用和最终处置等环节考虑企业活动对环境的影响，努力减少对环境的破坏和对资源的浪费。企业对环境的保护可以从在生产过程中减少污染物的排放，降低最终报废处置过程对环境的负面影响做起；企业资源的节约可以通过提高生产资源的利用率、延长产品的使用寿命、增加产品的可维护性和提高产品的回收利用率等实现。企业家应当将可持续发展的理念全方位地渗透到企业的各个经济活动中，进而使其深入企业文化里，为企业从根本上树立起可持续发展的理念，实现企业与外部资源环境的和谐发展。

企业家伦理精神的创新

企业是经济运行的主体，其发展理念与发展方向对经济的发展至关重要，企业家作为企业的核心与灵魂，其伦理精神对企业的发展有决定性的指导作用。德国著名思想家马克斯·韦伯曾在《新教伦理与资本主义精神》中提到，新教的伦理精神是促进早期西方企业家创业和发展的内在精神动力，是推动资本主义经济发展的根本动因。社会主义的经济发展同样需要企业家伦理精神的升华与创新，企业只有在拥有健全的价值观念、道德规范和道德精神的企业家的领导下，才有可能发展为推动社会进步的一流企业。

企业家的伦理精神不仅是企业家行为的内在动力、价值导向和规范约束，它还对企业的健康发展和市场经济的平稳运行有重要意义。实现利润的最大化是企业的发展目标，但追求物质利益绝不是企业家经营企业的唯一目的。正如马克斯·韦伯认为的，激发企业家持久努力的，不是有限的物质功利，而是一种超越性的信念或伦理精神。企业家心中推动社会进步、解决世界问题和造福人类的伦理精神和价值理想，才是他带领企业奋斗的不竭动力，也正是这样的宏伟目标促使他对企业和社会的发展发挥更大的个人价值。企业家的伦理精神是其行为的价值导向，它会直接影响企业家在经营企业的过程中与股东、管理者、员工、其他企业以及社会国家等利益主体的关系处理。如果企业家有共同利益至上的伦理精神，他便会在追求企业自身利益的同时，维护国家与社会的利益，避免做出对社会环境产生负面效应的行为。企业家通过伦理精神对自身进行内在约束，进而可以对企业的经营活动起到规范引导作用。尽管在社会主义发展的过程中，法律制度在不断健全，但存在信息不对称情况的市场环境仍有许多缺陷和漏洞，如果企业家有正确的伦理道德观念，他便会自觉地约束和规范自己的行为，进而带领整个企业走向遵纪守法和规范经营的发展道路，因此企业家健全的伦理精神是企业健康发展与市场平稳运行的保障。

　　企业家在利益主导的商业环境中，很容易在利益竞争中变得物质化，正如马克思所揭示的，在资本主义市场经济中，资本家是资本的人格化，资本是资本家本质的异化表象。在社会主义市场经济环境中，企业家的伦理精神在很大程度上决定着企业的价值取向，如果企业家没有社会责任感和正确的伦理价值观念，企业就容易落入利己逐利的陷阱。因此社会主义的发展需要企业家伦理精神的创新，只有企业家的伦理精神变得丰富、健全和崇高起来，才能带领企业为社会的前进与发展做出更大的贡献。

我国的企业家精神注定与西方理论的企业家精神存在本质不同。资本主义企业家持续创新的目的是以资本为本；社会主义企业家精神的内涵是以人为本，是以社会福祉为己任的献身精神，是站着是旗帜、倒下是山川的利他精神。

第 10 章　企业文化知识论

知识是一种能动的、独立于物质资本的力量。

知识不是稀缺资源，但它是最重要的原材料，知识因其自身的重要性而成为附加价值的源泉。如何把现有知识最大限度地转化为生产力是一种新的文化范式。

一、作为非物质资本存在的知识

知识是人通过主观的认知能力，对主观和客观组成的诸多矛盾对立统一体运化与发展过程的真实的表述。对现代企业来讲，知识是一种活化的能量，二者之间存在着十分紧密的动力学关系，它既是一定行为的产品，又是重要的进化过程。人不仅是知识传承的载体和拥有者，更重要的是，人是知识的生产者和创造者，其在企业管理和经营中的地位，从来没有像现在这样显著和重要过。正是在这一广阔的背景下，知识需求成为现代社会实现其他一切文明预期的前提，知识体系既是价值的源泉也是价值本身。

　　知识正在造就一个时代——知识自由的时代。它显示了知识正在成为独立的力量，而不再是一部分人的专利，是解放知识生产力的革命的时代。知识文化是一个新时代企业的文明模型，正在给企业生产力的发展注入不竭的动能和全新的内容，同时，也为调整生产关系和上层建筑提供了强劲的历史动力。它对企业全方位的挑战，不仅是真实的，而且是紧迫的。知识正在成为一种普遍的文化现象，它对企业的冲击，不仅表现在企业文化的显性特征上，而且深刻地引起了企业文化内在结构的潜变。

　　比较优势理论认为生产的分布取决于两大因素：天赋的自然资源和要素比率（相对较丰富的资金和劳动力）。19 世纪以后的工业社会，大部分产业的兴起和发展都是大自然赐予的高度分化占有的自然地理环境的产物。这些产业的兴起和发展源于何处有赖于自然资源的占有和资本的拥有。油田只能建在有油储量的地方，沙漠难以成为稻米的产地。劳动密集型的产品由劳动力便宜的国家生产，资本密集型的产品则由金融发达的国家生产。以知识为基础的人工智能产业并没有天然恩赐的属地，它不受高度分化占有的自然地域的限制，可以在地球上的任何地方萌芽和生长。谁有创造、动员和组织知识与智能的综合主导力量，谁就有资格确定以生产知识为目的的产业地点。天赋的自然资源已不再是竞争的关键要素，知识和技能才是比较优势的不竭之源。有一点必须明确地指出来，创造、动员和组织知识与智能并不意味着仅仅构建一个科研开发体系或者是开启某一个科研攻关课题，而是意味着要自上而下地整合所有必需的专业知识，掌握新的设计、制造、营销和服务等先进生产力的人力资源，使他们成为所在领域的低成本的生产者，从而成为知识的真正主人。

知识作为商品和服务正活跃在市场的广泛交易中，知识的价值含量越高，其释放的文化价值就越大，体现在最终产品和服务上的市场交易价值就越大。一个企业的综合价值创造，有多少来自新设备（投资），有多少来自新思想（知识和思考），已经成了社会判断一个企业可持续健康发展的最新标准，从而规定了企业文化发展的路径和方向。今天的知识公司是有机体，共享知识是它生命的源泉。正是自由流动的知识在为知识公司创造财富。面对生机勃勃的知识公司，面对充满诱惑的知识管理，我们需要学会用生物学观点来思考，我们需要学习新思想。不要忘记，智力资本的力量就在于可以产出思想的能力。

企业的知识文化的本质是其创造、转化、凝聚、整合、集成、保护和开发知识资本的能力。因此，许多凭借其睿智和历史敏感性洞察到知识经济曙光的领先型公司，已经或正在寻找途径以减少对有形资产的依赖，更多地将源源不断的、鲜活的知识注入生产经营的每个环节中，也因此为企业健康的、持续性的领先找到了永恒的力量。

一个公司的核心竞争力建立在充分的知识（显性知识和隐性知识）积累和创造之上。显性知识和隐性知识互为存在，互相推动，构成了企业强劲的动力源。显性知识可以进行复制，可以保存在任何地方。譬如保存在博物馆和图书馆里，刻在 VCD（影音光碟）上和互联网的储存器里，放在公共的书架上，记录在私人的笔记本中等，甚至可以交换、传递、遗传。隐性知识则潜藏在人的头脑中、主体与客体的关系中、文化的内涵中。它需要不断更新、扬弃、补充和创造。詹姆斯·布赖恩·奎因在《智能型企业》中认为，它超越了纯粹的生产线而围绕核心人才或服务竞争力做战略构想，既明确了真正可维持的战略重点，又保持了长期的灵活性。换句话说，唯一能给一个组织带来竞争优势，唯一持续不变的就是：你知道多少，你对变化的世界理解多少，你如何利用所拥有的知识和以多快的速度获取新的知识，将其转变为现实的生产力，从而实现市场价值。

知识是一种能动的、独立于物质资本的力量。传统的知识概念往往只是一种对客观世界的适应性反映，是对既成事物规律的被动性捕捉，并不总是与主体的能动性联系在一起的，因此，知识在相当长的历史时期只能处于企业活动的附属地位，是价值实现的简单添加物。人的本质属性是人的知识性，知识的本质是创新。创新是主体对未知世界的思维塑造，是主体的本质属性对物质性资本的超越，用生命的原则整合商务规则，用知识的力量提升企业文化的境界，在充满不确定性的一系列不连续的市场事件中寻找确定性。

二、相关概念的再认识

现代企业文化可以视为企业知识化和知识企业化之间相互化生、对立统一的动态过程。知识不应是静止的、毫无生气的概念，而应是动态的、充满鲜活的创生。我们必须对人的本质、科学、技术、劳动、占有、服务、交换等概念进行与时俱进的诠释。因为如果不能现实地、全面地、准确地诠释这些概念，不能回答与此相关的新事物、新现象、新问题，我们就不能对企业知识化和知识企业化的辩证过程有一个清醒的认识，也无法透过企业文化的虚像直达企业文化研究的核心，不能与这个变动不居的知识经济时代和谐相处，也就谈不上领市场风骚于全球经济一体化的汹涌浪潮之中。

人有三个不证自明的基本属性，即物质性、社会性和知识性。

物质性是人的肉体生存的物质性需求，社会性是人的性需求以及后代的繁衍中所形成的多重关系，知识性则是人认识大千世界包括自然界、社会以及人类自身的能力。前两者是人与动物共有的自然属性，只有知识性是人类天生独有的，人因此从本质上与动物划清了界限。人的本质特征是知识性的创造力，"在其现实性上，它是一切社会关系的总和"。知识性使人的自由个性在一切社会关系中彰显出与时俱进的伟力。"人的存在是有机生命所经历的前一个过程的结果。只是在这个过程的一定阶段上，人才成为人。"

因此，不仅要研究人的"一般本性"，而且要"研究在每个时代历史地发生了变化的人的本性"。人的具体本性和社会性质本身要从人所处的具体社会制度、社会结构和社会关系中动态地揭示出来。社会发展与时俱进，知识创造与时俱新，知识性使人成为理性的存在，自由的存在，文明的存在。生产力的各要素体现着人类的知识性，体现着人类现实的科学技术发展的水平。因此，知识性是生产力发展背后最本质的驱动力，是"科学是第一生产力"这一划时代论断背后的"奥秘"，是"劳动价值论"向"科技价值论"升华的阶梯。

劳动，是人类的本质属性，是知识性外化为精神产品和物质产品，从而满足人们需求的过程。劳动是思维实践和行为实践的完美结合。不管是以何种具体形式表现的劳动——常规性劳动和创造性劳动，体力劳动和脑力劳动，简单劳动和复杂劳动，我们能够从其中抽象出共同的、巩固的、同一的东西都是人的知识性。

对于任何一个具体的劳动，都是思维劳动在前，体力劳动在后。也就是"想好了"在前，"动手干"在后。因此，就为"科学技术是第一生产力"的创造性的理论突破预设了"第一"的前提，也为认识劳动的现实意义和劳动性质的划分奠定了坚实的理论基础。常规性劳动是经验型的，是总结过去、重复过去的劳动，是最终模式化的劳动，是满足基本生存的劳动；而创造性劳动是前瞻性、能动型的，是感知未来、创造未来的劳动，是实现人类终极价值的劳动。

常规性劳动和创造性劳动是不同质的，创造性劳动不是 n 个常规性劳动的数学叠加，无论多少个卖茶叶蛋的人聚集在一起，也制造不出原子弹来，这就是劳动的异质性。异质性的劳动否认了常规性劳动相加可以复制出创造性劳动的天真想法。创造性劳动建立在常规性劳动的基础上，但又高于常规性劳动，它是在人类大脑内信息的加工下，获得质的飞跃的一种劳动。所以，创造性劳动常常包含一定的常规性劳动，但常规性劳动并不必然包含创造性劳动。创造性劳动以智能（知识是智能的基础）为基础，它与学历、权力、地位无关，在于智与能的有机结合。智，是大脑智慧高度抽象、总结、演绎的结果，是有别于简单、重复、模式化的劳动方式；能，就是具有改变现状、创造未来的现实能力，是人类智慧投射到客观世界中，主观能动性的充分体现。智能是主体大脑处理信息并有效地作用于外部世界的结果，二者密不可分。

在知识经济中，创造性劳动并不完全体现在收入的多寡上，而更多地体现在未来商业模式、价值体系乃至对人的情感特征的前瞻性的把握和探索上。实际上，知识经济创造未来，是因为知识经济在构建未来的生活，从而引导传统经济向着这个必然的轨迹发展。从这个意义上讲，知识创造未来，就是因为知识对技术、工具、组织、价值四个方面的前瞻性构造，为我们设定了未来生活的基本状态。尤其是知识信息的高速膨胀，催化了人的主观理性要求，与精神劳动密不可分的创造性劳动也将逐渐摆脱对常规性劳动的相对依附地位，逐渐成为社会发展进步的主导力量，并获得自身在社会发展中的相对独立的地位。同时，也就为新型企业文化的诞生注入了鲜活的催化剂。以智能为基础的创造性劳动，由于实现了对传统、简单、重复模式的突破，从而必然形成社会剩余的转移，使创造性劳动具有了超越常规的使用价值和交换价值，因而具有了分配上的意义。

科学，是完备的、逻辑一贯的知识体系的综合，是人的知识性在完善社会发展机制和改造自然过程中的现实反映。人类对自然、社会和思维领域中运动、变化与发展规律的认知，构成了三大科学体系：自然科学、社会科学、思维科学。自然科学是对物质变化规律的系统认知，社会科学是对行为变换规律的系统认知，思维科学是对精神（信息）变换规律的系统认知。

技术，是科学质化为"服务"过程中所使用的方法和手段的总称。"服务"是满足人们需求的精神产品和物质产品的总称。自然科学质化产生物质产品，如建筑物、机动车、生产工具、神舟飞船等；社会和思维科学质化产生精神产品，如制度、方法、程序、设计图纸、电脑软件等。能否看到物质的生产和生产的物质，是否忽视知识的生产和生产的知识，是传统经济和知识经济的分水岭，也是现代企业文化发展的分水岭。未来的企业文明将首先建筑在高度发展的知识积累和创新的条件之上。

知识，它是人们思维实践的结果，它的天性使它比其他任何事物都难以私有财产化。它的两大典型特征是：第一，一旦知识被个体占有，在（个体的）肉体没有消失以前任何人都无法剥夺这种占有；第二，没有人会因为他人占有全部的知识和思想而损失自己的占有。它一旦从隐性状态转化为显性状态，就不可能被个体独自占有，而是成为大家共享的"公共品"。正如马克思在《资本论》第三卷发出的伟大预言："事实上，自由王国只是在由必需和外在目的规定要做的劳动终止的地方才开始；因而按照事物的本性来说，它存在于真正物质生产领域的彼岸。"自由的王国就是知识和思想的王国。农业经济时代，人们梦想占有土地；工业经济时代，人们梦想占有资本；在知识经济时代，最富有的人是占有现代知识的人。随着现代科学技术的进步，高度分化占有的物质生产资料不再规定着人们的意志，全球共享的精神生产资料越来越在现代企业经营中上升为决定性的力量，知识成为企业存在的抑或是唯一的理由，认知能力（智能结构）成为现代企业运筹帷幄，决胜于千里之外的利器。谁占有了认知能力（智能结构），谁就占有了核心竞争力。知识的控制权一旦发生转移就会引起包括竞争力在内的经济力量、军事力量和文化力量的转移。知识已经或正在成为一种不可或缺的公共生产资料，其独特的存在性和占有方式使得所有权的性质、内涵以及表现形式都发生转移——由资本转向个人，即转向知识性的人。由于这种转移，企业中各种利益关系、力量对比、治理结构和运行规则正在发生深刻的变化，占有观念的嬗变将对企业经营管理、企业文化的认知和建设带来革命性的冲击。

在传统经济中，由于交换的标的往往是有形的商品，其物质化的存在形态往往决定了交换是一个强烈依附于时间和空间条件的过程。从空间限制来看，有形物品的交换往往依赖于具体且特定的场所，交换的终止往往与物品的物理空间转移结合在一起。从时间限制来看，交换始终与对价结合在一起，"对价"往往意味着交换是一个时间点概念，整个过程在成交的一瞬间完成，空间的转移同时意味着时间的中止。也就是说，传统经济下的交换，是一个"即时"

的过程。而在知识经济中，交换的概念本身已经发生了很大的变化。由于知识经济根植于人类渴望沟通和了解的内在精神需要，"服务"已经取代完全物质化的产品转移，成为交换的核心内容。这种服务以信息的流动为基本载体，但不仅仅止于信息本身，正是人性的肉体向精神的转化，促成交换内容从物质化商品向精神化服务的必然转变。知识经济以交换"服务"为基本特征，使交换本身在时间和空间上，都逐渐摆脱了交换的即时性特点，从而使交换在更长时间和更广阔的空间范围内进行。有形产品和无形产品本身的空间转移，并不意味着交换的结束，它不但包含着产品的物理转移，还包括消费者的精神反映和感受，以及相应的持续交换的动力和信心。交换成为一个过程，它不再是"一手交钱，一手交货"的"对价"概念，而是一个持续不断的服务和享受服务的过程，同时也是信息不断产生和对流的过程。这种交换核心内容的转变，是知识经济背景下，人类精神与肉体的对立中，精神特征得到充分肯定和弘扬的必然结果。需要强调的是，知识经济条件下，交换的内容已经发生了内涵与外延的变化，但以信息为基本载体的服务交换，并不是取代原有的商品交换，而是在更高的层面上包含了商品交换，二者在满足人类的效用这一更为本质的需求上获得完全的统一。

三、企业文化的知识生态

现代企业文化可以被描述为一个知识性的、有机的生态系统。通过知识企业化和企业知识化的相互作用，智慧地运用知识，突破传统价值观，创造企业整体的价值成果，是一个企业能在知识经济时代独善其身，在广度和深度上逼近知识经济变革所涉及内涵的标志。

企业文化知识性的一个直接和显著的特征就是知识作为企业生产要素的地位和占比结构得到不可逆转地空前提高。曾经被低信息传输成本效率比和市场信息高度不对称掩盖的知识本身的关键作用和知识生产力，挣脱了资本生产附庸的束缚，成为企业赢得市场、赢得竞争、赢得发展、赢得其他一切预期的前提。无论是企业的组织文化、经营文化、行政文化，还是人的价值原则，甚至仅仅是适应现代文明的生存观和知识观本身，都应在对知识生产力和人的创造力的深刻挖掘的前提下被全面诠释。必须透过知识掌握真实企业的多面性和多变性，从而对知识与决策、知识与技术、知识与网络等做出前瞻性的理解和定位，在历时性和共时性的双重层面上完成企业的自我转换，自我更新。

1. 知识的决策化

现代成功的企业以成功的决策为核心，成功的决策则有赖于用知识和创新应变的思想透视力把握现在，开拓未来。这种把握的过程，我们称之为"知识的决策化"。

理解知识的决策化，关键在于理解知识的性质与思维实践的结果之间的关系。知识的决策化乃是智慧且恰当地将知识用到妙处，灵光闪现般地将洞察力和思想穿透力与知识适时、准确地融合在一起，在目标、手段、方向之间找到独特的路径。要在时间、空间、信息场的多维坐标系中做出正确的决策，不同的决策目的需要决策者掌握不同的知识，贯穿其中的价值观、文化观、判断力的差异会使掌握同样知识的决策者做出截然不同的决策。知识和决策二者并重，二者先后为用，即知识决策化和决策知识化，二者不离不弃。有知识无决策则空洞无物，流于纸上谈兵，一事无成；有决策无知识，则盲目片面，陷于冲动蛮干，风险四伏。知识是基于有目的决策的知，决策是基于有目的的知识的行。行有得于知，方是真行，知有得于行，方是真知。此乃知行合一在全球经济一体化背景下分享知识、理性决策的新义。

知识在组织中不同的分布状态，知识掌握的不同类型和不同结构，将导致相应决策权分布的差异。企业内部组织架构的边界和运行的秩序以及决策授权的方式，往往按照知识的分布决定，因此也就决定了企业经营管理的模式。知识的不对称，在很大程度上将决定不同企业是否可以把握自己命运的机会以及是否被科学知识创造的利益排除在外，还从开端意义上决定了发展的优劣和地位的不平等。由于组织的效率取决于知识与决策的匹配程度，当决策需要知识的匹配或者知识表现出对决策的价值时，决策的主动权就自然地向知识集中的人和组织转移，知识本身并不具有决定意义，真正起决定作用的是拥有决策权的人和组织如何理解和运用知识。

知识憎恨框框和约束，知识渴望自由。只有通过自由这一宝贵的成分，理性做出的实质性决策才能在个人身上成为道德信念；只有架设知识的桥梁才能从必然的王国到自由的王国。研究表明，人的大脑分为两个特殊的半球，其中，左半球主管分析性的、逻辑性的思考，右半球主管对输入的信息进行综合整理。就决策形成的机理来看，这是两个半球相互交流、相互作用的结果。知识正是在促进相互交流、相互作用的有效性方面发挥催化剂作用的，是精神劳动资料"占有"的内实践过程。

决策要把握真实的世界，仅有简单的专业知识是不够的，必须在更高的层面上依靠整体的思想过程最大限度地向真实的世界靠拢。真实世界具有错综复杂的结构，其唯一不变的特征就是变动不居。决策本质上是意志活动，是对未来的透视，是现有的资源对不确定性的匹配，既有"凡事予则立"的把握，也显然带着冒险的成分。因此，我们需要远见，更需要睿智，在整体思考的基础上达到知识决策化的理想境界——界定正确判断事物规律的立体标准，不局限于单个专门知识的平面；要洞悉知识应用的边界条件与逻辑内涵，做出恰当的评估与抉择；要通过对经验的总结和抽象，对知识做方法论上的反省，促进知识有效的增长；要整合各种不同范畴的知识，拓展思想的新方向与新境界；要认识造成不同发展途径和不同发展模型的因果关系，确立适合自身发展的有效方向；要理解人的本质，配合多维时空因素的变换，确定相应的价值目标，择善以赴；要把握常则与变例，具体事物与抽象理念，近期目标与长远战略，不但可以持经守常，也能行权达变；要提高理念层次，创造有效环境，察微知著，融化冲突，平衡协调，突破现状。

知识化决策行动的要点是要将知识的位能化为动能，在现实企业的生产经营中找到最符合经济规律、最具差异化和最具有价值的路径，把已知的现在推向期望的未来。在具体的实践过程中就是要对传统的企业经营结构和运营功能进行调整和分工，将决策的逻辑逐级下放到基层。对一个企业来说，拥有相对决策权的这样一批人，是一批智性的人，他们有知识、有悟性，能够在既定的授权范围内做出正确的决策。当然，经营者和领导者同样要智商出众，情商和灵商要配合有余，能够很好地把企业的策略和意图传递下去，使逐级授权做出的决策无异于领导者获得同样的信息时所能做出的决策。因此，知识具体化，也就是知识的技术化就成为必然的选择。

2. 知识的技术化

知识的技术化与知识的决策化在形式上构成了一个对立统一的动态系统，决策过程和技术过程是一个新的知行过程。互联网的诞生和信息传输技术的发展，使得知识转变为技术的过程呈现出眼花缭乱的景象。那些在市场上占据统治地位的企业的管理者，面对着对生活方式、商业模式和市场前景构成威胁的替代性技术的不断涌现，要恢复原先的从容和控制力，唯有一种选择：选择知识，选择技术，选择在知识与技术共享中成长。

知识的技术化是企业文化研究中重要的命题，没有知识技术化的诠释，就无法撑起企业文化的宏观大厦。今天，令人惊心动魄的变化步伐和信息经济的无穷魅力是由信息技术和基础设施建设的进步驱动的，而不受自然的任何根本变化驱使，甚至和信息本身的数量也没有太大的关系。确实，人们在每一个产业领域都可以发现，新知识更新旧知识，新技术代替旧技术。技术上的日新月异，使我们无论身处任何时空，都可以方便地应用同一种知识和信息。

在企业实践中，知识的技术化过程有两个重要步骤：一是在充分考虑自身约束的条件下找出知识应用的边际条件；二是在清晰的边际条件下把知识的内涵、原理、分析的思路分解为具体的程序和运行步骤。按照对知识逻辑分解得到的具体程序和步骤所进行的行为实践就是"知识的技术化"。知识的技术化以达到生产"服务"——精神产品和物质产品为目的。

每一次深远影响人类发展历程的技术革命，其背后的驱动力都是知识进化，其表现形式就是人的物理器官的延伸。工具的出现延伸了人的手，铁路的出现延伸了人的腿，电报电话的出现延伸了人的耳，雷达的出现延伸了人的眼，等等。人类生存的坐标系中最基本的客观要素是时间和空间，在延伸人的器官的同时，这些技术革命实际上又是对时间和空间约束的不断突破。互联网的出现，拓展了人的大脑，提升了人的生存价值，人类生存思维方式不可避免地出现了变化，也必然伴随着与传统文化和文明的碰撞。回顾瓦特发明蒸汽机的历史，当时，人们对蒸汽机的热情和兴趣都源于一件事，那就是神奇的蒸汽机竟成为一种高效率的生产方式。然而，满足于自身生产力得到空前解放的人只注意到这个关于效率提高、成本降低的技术环节。当我们把这个似乎是偶然，但又透着必然的事件放到数百年的知识进化和技术进步的历史长河中考察时，就可以看到，蒸汽机直接带来了传统生产方式无法比拟的高效率。但更为重要的是，这种高效率促使机器化、社会化大生产的现代工业生产模式取得了统治地位。围绕这种社会化大生产绝对优势的形成，社会组织体系、企业管理体系和人类的价值观念都发生了翻天覆地的变化，最终奠定了自由资本主义生产关系的形成，也最终将人类从农业文明带入工业文明。同理，我们不能仅仅从交易成本上判断互联网革命，就如同我们只看到蒸汽机带来机器生产的高效率一样。实际上，互联网之所以激励人心，就在于它以交易成本的降低为基本手段，将重新组织企业的生产模式，将重新构建社会的文明范式，将重新塑造人类的文化内涵。

在可以预见的未来 10 年里，知识的技术化模式将会突飞猛进地发展，知识将变得越来越有价值，优秀的企业会集中力量寻找新的途径将它们拥有的知识技术化，并通过其提供的智能产品使成本更低廉并赢得利润，以及更容易获得社会的尊重。

3. 知识的信息化

20 世纪 90 年代初，信息化浪潮席卷全球。无论你身在何处，生活在现代的人，无不感受到空前的充实和自由。信息已成为当今世界经济发展的战略资源和独特的生产要素，成为社会与经济发展的强大动力。大量的纵横交错的知识流汇成高速流动的信息的海洋，所有商品包括货币在内，都沉浮在汹涌的波涛之中，甚至连商品的流向和定价的模式都会受信息波涛的左右。

知识的信息化使得市场的边界越来越难以被识别，市场自由度越来越大。以国家、民族为边界，高度分化的占有有形资源与全球共享知识信息化了的无形资源之间的矛盾，已经摆在全人类面前。超分工整合的发展，价值创造来源的转移，e 时代的数字革命，这些由知识信息化引发的产业革命，正在创造无穷无尽的商业机会，并在全球范围内树立一种群体和关联意识。事实上，我们正在拆除现在的世界，并在原地建筑新世界——一个全球性的、由互联网作为建筑材料构建的信息仓库，供人们存入和共享全世界的知识。一些迹象表明，我们正向这样一个现实靠近，将弘扬个人潜能的意识、现实的无限丰富性与知识的信息化相适应。

知识有别于信息，二者之间的差异在企业的管理实践上有着十分重要的意义。知识具有普遍完备的规律和准则，透过概念体系来描述和反映真实世界的结构；信息则是一套符号系统，在约定俗成的规例下，记录信息，传递资料。我们可以把规则性的知识经过技术性的过程转化为可触摸和可识别的信息，但信息化了的知识只是显性的资料，并无认知真实的意义。一本生物教科书并不等于无限的生物世界，唯有通过再认知的思维实践，信息才能被还原为知识。在互联网和数字化技术的支持下，我们可以把大量的知识信息化，并快速地传输到上下四方的各个角落，在最短的时间和最广阔的空间让尽可能多的人分享。信息因自身的知识含量成为重要的商品，作为企业核心竞争力的重要组成部分，它已经成为新的附加价值创造的源泉。所谓迎接知识信息化的挑战，是在跨国企业集团因知识经济而极大地扩张了自身的全球竞争优势的条件下，处于竞争弱势地位的企业如何通过战略性努力，避免国际竞争地位的进一步恶化或改变自己被动地位的问题。在这个意义上，知识的信息化对现代企业的挑战，不仅是真实的，而且极为紧迫。

知识的信息化不是目的，而是要通过信息化的过程使得知识更低成本地被储藏、更加快速广泛地被传输、更直接地参与共享互动。它不仅与科学技术高度相关，而且与人类精神实践的进化高度相关。在企业内部，只要是可以重复的知识都可以进行信息化改造，从而实现快速的自动化传播，任何有价值的知识都可以被其他人使用，一个有形的企业不可能瞬间被拆分到两个不同的地方，信息化了的知识却可以瞬间按需轻松做到。现代企业的经营活动比以往任何时候都要快速得多，其运行的速度由最有价值的要素决定。如果这种要素是知识和信息，那么它必然承载着巨大的潜能和内涵敏锐的前瞻性，领先一步以确保企业的经营者甚至企业的每一个人都能与瞬息万变的市场保持实时的联系，并在最短的时间内判断自己所拥有的科学与技术、知识与信息和顾客的需求之间可能存在的差距。知识移动的速度越快，企业为适应市场的变化做出调整的速度就越快。

4. 知识的共享化

知识的信息化是企业人共享知识最有效的方法。共享知识在此基础上整合知识的变量曲线，成功地找到解决顾客需求的坐标点，这样不断地集成资源、优化流程、精练思想，我们就可以将知识转化成非凡的创造力，把纷纭复杂的事物有机地联系起来，驱使潜藏在各种关系中的价值源源不断地喷涌出来。也许我们太接近历史的转折点因而难以客观合理地展望未来，但我们至少可以明确地说，如果我们不首先了解知识的信息化对现代企业有多么重要，不了解共享知识是一种别无选择的工作方式，不了解它是决定一个企业边界的文化尺度，我们将永远找不到挽救企业衰败的可能的方法和取得新成就的途径。

当前，在全球实现超大规模工业化的同时，社会个体的知识占有同全人类创造的知识总量相比，其占比相当低。从这个意义上讲，一个企业的文化质量等于企业占有知识的总量与全人类拥有的知识总量之比，这个比率同样决定了企业市场竞争力的强弱。企业的知识总量取决于企业个体知识拥有的集成。知识的信息化加快了集成的速度，拓宽了知识共享的范围和深度，它给人类带来的快乐是人们在无限的空间内更加自由地认识世界和未来。共享的知识让人们透过宽广的文化视野，去领略和借鉴不同的文明和文化，消解认知差异造成的跨国界、跨民族、跨文化的沟通障碍、理解障碍。只有人类知识的共享才会促成知识的繁荣，才会促成自由创造精神的永恒。

5. 知识的资本化

知识作为独立的、决定性的生产要素正在改变着传统经济发展的模式和方向，知识在创新、生长、传播和使用的循环过程中被不断地丰富、发展和充实，被不断地用于交易和价值化，越来越表现出资本的特征。知识在完善其载体——人的天赋属性的完整性以及资本化的同时表现出的巨大的正外部性，能增加社会财富积累，提升文明程度，优化发展结构，推动人类进步。

人力的资本化是无疑的，知识作为人力资本的核心组成部分，表现出更高境界的资本化内涵也是必然的。知识之所以成为重要的资本，是因为知识本身在生产、分配、交换和消费过程中能够创造价值。正如在循环增值过程中，以货币形式出现的资本形态叫作货币资本，以生产要素形式出现时被称为生产资本，以知识的创造为内容的是知识资本。

知识资本是内知识和外知识的能动统一。内知识是思维实践的成果，外知识是行为实践的成果。内知识是能动的、生长着的，未被编码的，是人脑的鲜活的产物。外知识是固化的、定了型的，已经显现的，是人脑创造思维的外化。内知识与外知识构成一个大系统，二者相互映射、相互异化，在不断的运动变化中推动创造性的劳动实现传统资本无法想象的价值增值。内知识与外知识互相异化的过程，就是人类知识的实践。知识的实践是能动的、辩证的、连续的，决定了知识资本的形态、内涵、作用方式，也因此与其他的资本形式划清了界限。

知识资本化意味着社会的生产方式和经济发展的内涵正在向非物质化转变，一直被传统的边际效益递减规律统治着的生产模式，逐渐被边际效益递增的知识经济代替。知识在社会生产过程的贡献比重大幅上升，产业结构日益表现出智能化的特征，知识型劳动者构成了社会经济活动的主体，知识资本正在成为新生产力的代表。

知识资本成为生产活动的主导性力量，改变着财富的积累方式和积累速度，使知识雇佣资本的生产关系成为可能，这与资本雇佣劳动的传统是格格不入的。只有知识成为资本——能动的资本，并在现实的实践活动中发挥出对生产力发展的巨大推动作用，才能使个人的才能得到全面发展，使个人的自由建立在自己决定行动的基础上，并能够迈向全面地占有他们的社会关系和社会财富，实现他们本质上的丰富性和完整性的崇高境界。

6. 知识的网络化

蜘蛛，也许是动物中最先感受到网带来的快乐的动物之一，借助于自然天赋的力量，它精巧地构筑着活动的世界，延伸着行动的触角，在自己编织的网里，体验着纵横交错带来的自由和生命的意义。人类真正认识到网络之于生命进化的本质魅力和社会发展的巨大价值，也仅仅是 20 世纪末的事情。网络如此激励人心，放大了人类生命的疆域，如此不容置疑地为社会增加了创造价值的机会。在其中，自然方面的约束消失了，不同居住地的人可以自由地飞翔，自由地相聚。网络让我们反思：自己的社会性在多大程度上出于与生俱来的天性，而非出于现实世界的自然约束。网络让我们意识到，我们可能的生活意义要比我们已经享受到的丰富得多。

网络是一个新世界。它给我们的文化带来了前所未有的冲击，它改变了跨国界的交往方式，改变了我们关于创造性工作的观念，改变了经济增长的模式和内涵，甚至还可能改变了我们固有的哲学理念、管理方式、制度和规则。

网络是一个充满创造的世界。不同的文化在这里汇集，不同的思维在这里碰撞，不同的智慧在这里融合。数亿人都是创造者，他们整备思想，咀嚼知识，这意味着以往孤立的、零散的分子不再游离分散于世界的各个角落，它们有机会在连续性的新时空中自由随机地发生奇妙的组合——要素发生组合，技术发生组合，思想发生组合，甚至爱情也发生组合。组合是高度交互性的，一些从表面上看起来毫不相关的元素在知识这个强大的催化剂作用下，相互交合，相互渗透，相互化生。

现代经济的显著特征可用三个字描述——联起来。将一种价值与另外一种价值联起来，其价值就会数倍地增加。联起来就是创造性地在我们看似毫不相关的事物之间建立起一种新的逻辑关系，在逻辑关系中潜藏着我们无法想象的商业的、经济的、文化的价值。因此，企业的边界越来越模糊，所有员工在多大程度上分享知识，在多大程度上分享共识的思想理念就构成了企业的边界。产业的边界越来越模糊，传统的单向度的价值链被多维的价值网络取代；专业知识的边界越来越难以辨识，以至你要完成任何一项小小的创造，就不得不借助于许多交叉的知识。

人类从来没有像今天这样如此强烈地感受到"网络"（不仅仅是互联网）对于自己生存的价值。我们生活在一个立体多样化的虚实交织的网络世界里。在物质世界生活惯了的人，一旦有幸迈进虚拟世界的门槛，就前所未有地获得了双重的生命。高速公路网、地下铁道网、输变电力网、产品营销网、人际关系网、移动通信网、科学知识网……实际上，我们原本就生活在一个本质上多重关联的网络世界里，互联网的出现只不过使我们在全球的广阔范围内加深了对这个本质的理解和认识，更直接地感受到网络与我们息息相关。用网络的方式触摸文化，从文化的视角思考网络；用网络的内涵理解知识，从知识的终极意义诠释网络。知识的网络化有其内在进化的必然规律，也有其外在发展的技术性选择，二者正以前所未有的速度在时空的隧道里齐头并进，演绎着一个构筑崭新世界的历史歌剧。

7. 知识的乘数化

在人类发展的历史长河中，对于知识的态度经历了极其复杂的演进历程，即使到今天，人们往往还习惯于将体力强壮与否当作一个人实力的首要标志，奥林匹克竞赛的大部分项目充分说明了这一点。知识分子甚至可耻地成为"四肢发达，头脑简单"的人讥讽和取笑的对象。

知识在很长的一个历史时期，似乎只能作为人的附属品在一个狭窄的专业领地内繁衍，追求知识的人沉浸在各自感兴趣的知识的隧道里，沿着一个直的纵向路径，埋头向前挖掘。他们给各种不同表现特征的知识贴上类别的标签，诸如，将研究现实世界中数量关系和空间形式的叫作数学，将研究宇宙间物质存在形式的叫作物理学，将探讨人体机理、保证生命健康的叫作医学，将研究人和动物心理活动和行为的叫作心理学，还有生物学、天文学、经济学、化学、农学、哲学、社会学等。

20世纪以前，这些专业知识沿着各自的轨迹向前有了突飞猛进的发展，同时，在试图走得更远时，包括顶尖的科学家在内的知识承载者却感到自身力量的单薄和不足，他们意识到知识更强大的力量来自相互交流和渗透。他们倾听来自邻近知识隧道的越来越响亮的敲击声，当各种知识流跨越各自门户的边界，碰撞发生了，知识的闪电一旦射入那些没有触动过的处女地，交合的力量是如此的神奇，崭新的创造令人目不暇接。那些在某一个领域形成和发展出来的基本概念、基本理论、基本实验手段和精密的测试方法，理所当然地成为其他学科知识的重要组成部分。天体的结构和演化与原子核物理之间的密切联系，定价理论与信息科学之间的密切联系，控制论与数学、电子学、物理学、生物学、哲学、通信技术、自动化技术的密切联系，都鲜明地表达了各种知识间的合纵连横，其实质充分体现了多种知识相互交合产生的网络倍增效应。

一种知识与另一种知识交合产生一个知识节点，多种知识相互交合就会产生无数个知识节点，每个知识节点是多种知识的叠加，呈立体发散的弥漫状态，其容纳的比特量和原创性潜能可能会是单项知识的几何倍数。无数个知识节点编织成一个系统的、有逻辑秩序的知识网络，其网络倍增效应至少等于知识网络的节点数量与每个节点叠加的知识总量之间的乘积，当然，它们之间的具体函数关系有待进一步的理论和实践的检验。

知识的乘数化效应是知识进化的必然结果，是人类能动性创造的内在需求，是个人和组织认知复杂世界的搜索引擎和耦合器。我们可以将个人和组织的知识看成是一条条逻辑一贯的知识链，许多想法、感觉、概念、思想、信仰交合在一起，不停地进行着创造性突破。因此，知识跳跃式、爆炸式的产生，变化着的现实世界也是如此，其统计学上的现实意义主要表现在：当代世界科学技术的进步和知识进化的速度越来越快，知识和信息对经济增长和社会发展的作用，已经超过了资本和自然资源。

亚当·斯密的"分工"理论奠定了西方经济学和工业文明大厦的地基，现代工业社会的发展沿着专业化纵向拓展的轨迹驰骋了一个多世纪，与此同时，知识进化的路径也基本保持与此同步。信息文明的全部秘密源于"交合"和"联网"，正像"分工"是工业经济和农业经济之间的分水岭一样，"交合"和"联网"是知识经济和工业经济之间的界标。交合、联网的知识成为人类发展的内生变量，将不可逆地改变社会、经济、科学、技术、文化的发展模式，从而使发展、增长、进步这些概念能够无限接近地体现精神与物质、人与自然、民族与世界的和谐统一，体现人类社会发展中劳动力与生产资料的一体化趋势。

综观历史进程，在文明演进的各个历史时期里，最初作为彼此孤立的事件而发生的变革，到一定阶段就会汇合成互有联系的统一的社会现象，从而改变整个社会的规范。知识自身内在的乘数化特征与现代知识网格技术融合在一起，将在一个极为广阔的领域深刻地改变人们的思维方式和交流方式。

这里补充说明一下，知识网格是一个智能互联、高效的虚拟环境，能使分散在世界各地的用户有效地获取、发布、共享和管理知识资源，并为用户和其他服务提供所需的知识服务，辅助实现知识创新、工作协同、问题解决和决策支持。利用网格、数据挖掘、逻辑推理等技术从大量在线数据中集中抽取和合成知识，使搜索引擎能够智能地推理和回答问题，并从大量数据中得出结论。知识网格所要解决的主要问题包括：资源的规范组织、智能聚合和语义互联。资源的规范组织需要解决如何组织资源空间，使用户和服务能够有效、正确地根据语义操作各种资源，提高资源的使用效率。资源的聚合使资源能够互相融合，根据用户的需要有效、动态、智能地聚合各种资源。这是一个绝少受到传统空间和时间限制的自由的环境，你不用护照甚至不需要签证就可以在很短的时间内进入英国，按照自己的意愿打开大英博物馆的中国收藏室，近距离地研究那些在八国联军入侵中国时掠走的古籍善本背后的沧桑历史。

四、企业文化的知识创新

企业文化知识化是现代企业文化发展的重要标志，知识的创新充分显示了其在企业文化发展中的核心地位。

1. 知识创新的无边界性

　　人类从重商主义的初级经济社会进入近代工业社会时，经历了知识最初的萌发和对经济发展的渗透，其运行模式从"贸易"转向"生产"；从工业社会发展到大工业社会继而向现代知识社会演进时，其运行模式正从"生产"转向"发现、发明和创新"。知识是企业创新的核心，知识创新是知识企业发展的最强劲的动力。面对这前所未有的嬗变，企业发展的理念和战略目标的架构必须与此相适应且具有前瞻性。

　　企业的知识创新是一个从无到有的新思想孕育、产生、升华并被应用到企业的生产经营管理中去，使企业不断地获得持续的核心竞争能力的动态过程，其结果表现为成本领先和差异化。知识创新强调的创新指向来自未来市场的竞争要求、创造新思想并转化为消费者需求的服务。

　　企业的知识创新是一个系统工程。知识创新不是线性的、静止的，知识的活化是动态的、纵横交错的。企业的经营管理创新首先取决于知识的创新。在企业的生命活动中，创新的起因来自企业大系统的许多方面、环节，甚至个别偶然的因素都可能引发创新行为的发生。不论是研究、设计、制造、市场领域，还是组织、管理，都蕴含着可能的创新机会，每一项创新涉及各种不同性质的知识流的互动和融合。创新是许多企业人之间一系列复杂的、综合的相互借鉴、相互配合、相互协作和相互作用的结果。成功的创新表明，企业的增长和进步从体力劳动力第一转向资本第一，再从资本第一转向知识第一，预示着企业创新的方式从物质转向精神，从纯体力转向大脑。当我们把企业的知识创新作为一个系统工程来研究的时候就会发现，实际上，它是开放的、无边界的——这是由创新的方式、内容和目标决定的，它动态地表现了企业知识创新所需要的各种内在的联系。

知识的创新需要有机的组织系统。以生产为标志的工业时代形成了十分传统的行政等级制度，它在挖掘和开发一个组织的综合知识潜力方面暴露出来的僵化和迟钝的缺陷是十分明显的。当今时代，一根光纤能在不到一秒的时间里将《大不列颠百科全书》二十九卷的全部内容从罗马传到北京。创新思想的形成和应用需要有效的决策和即时的传导，没有与之相适应的多维自由的、结构有机的、契合网络化的组织机构是难以想象的。等级层次专制、业务单元分割、组织内外障碍、文化理念封闭的组织形式必然导致知识的孤岛，从而抑制知识创新的内在联系和逻辑冲动，违背了知识创新体系所特有的开放性和无边界性。

等级、头衔和身份地位形成垂直边界导致官僚作风；职能、业务单元形成水平边界阻碍信息的传递；供应商、客户与企业自身形成外部边界，使三者无法达成一致的目标；时空、文化以及不同的市场形成的地理边界将企业整体割裂。[①] 这些无形的边界构成了知识传递和创生的障碍，结果是深层知识不能共享，有效信息不能链接，博大心灵不能舒张，无限价值不能实现。有机的组织结构强调多元化、相互依存和紧密的逻辑契合，知识创新的组织路径越短，组织路径的无效接点越少，越能彰显组织系统对于知识创新的促进作用。

---

① 阿什克纳斯.无边界组织［M］.姜文波，译.北京：机械工业出版社，2005.

2. 知识创新的协同性

有机的组织系统不是孤立的、主观臆断的，在创新的过程中，知识的孕育、化生、流动必须与合作伙伴、服务对象、供应商甚至竞争对手之间保持高度的互动，通过组织有效地促进和管理这个互动过程，将是企业的知识创新活动成功的关键。

事实上，在一个知识创新加速的时代，跨国界、跨区域、跨组织的市场竞争交锋惨烈，策略变化迅速，市场的半衰期越来越短暂，这意味着商业领域的不确定性正在对任何一个企业的能动的主观把握能力提出前所未有的挑战。在这样严峻的挑战面前，一些原本成功的企业可能会在瞬间一落千丈，除了那些灵活、富有创新精神并且极具勇气的组织。这些组织除了传统的规模、架构、定义以及专业化控制因素之外，更重要的是具有渗透性、协同性、逻辑性，以便创意、信息、资本、资源能够自由地流上流下、流进流出、成本最低且效率最高地穿越组织边界。这些企业鼓励在共同的思维模式、拓展目标以及持有共识的新方法统领下，自由自觉地释放企业人的本质潜能——知识创造的潜能。有机的组织系统就是无边界的、协同的组织系统，它是一个有生命的、连续的动态统一体。

知识的创新是一个连续性的、无限的渐进过程。知识容量的客观无限性和人类、企业拥有知识的有限性，构成了知识创新的矛盾对立统一体，二者相互依存、相互促进，推动着知识创新过程波浪式前进，螺旋式上升，不断地从无到有，从一个境界达到另一个更高的境界。

知识的创新具有很大的不确定性，创新的程度越高，不确定性就越大。不确定性主要表现为知识自身的缠绕性（交叉渗透性）和客观无限性。现实的情况是，当一项知识创新沿着传统的单向道知识脉络走进死胡同的时候，在另一个看起来似乎相关度不大的领域却有了殊途同归的发展，并给绝望的死胡同带来了光明和答案。例如，分子生物学曾经一度对破解包含各种不同生命对象的数以亿计的基因密码感到束手无计。但是，近几年人类基因密码的破译和人类基因图谱的绘制获得突破性的进展，在很大程度上是由计算机运算能力成幂次的提高推动的，基因分析的速度和自动化使得原本极为困难的知识创新成为现实。另一方面，如果计算机在月球空间站上遇到运算障碍，谁又敢说 DNA（脱氧核糖核酸）的研究不会为新型计算工具的诞生提供一条全息的思路。

　　知识的不确定性决定了任何个人或者企业都很难实现单独的知识创新。除此以外，它还将促成一种新型生产关系的诞生，从而能动地推动生产力的形态和发展进入更高的境界，实现群体、个体主体意识和知识性的觉醒。从这一点上来分析，不应把企业看作是一系列具体业务或具体实在的集合，而应把企业看作是一组知识和思想的集合。由此而论，企业中的每一个成员都应该成为现代意义上的知识的载体，换句话说，知识将主宰未来企业的发展，"知识分子"将成为人的唯一的成分或是最后的成分。

五、企业文化的学习革命

　　当今世界，我们每个人都可获得人类所有的知识、智慧和美的遗产。这样的时代在人类历史中首次出现。一个企业的重要财富将是其全体企业人的知识和技能。那些财富将首先依赖于一个企业组织的每一个人学习新知识和新技能的能力——特别是发现问题，制订新的解决方案和向传统的工作方式和内容增添新价值的能力。

1. 学习就是企业文化

一个企业的运行机制再也不能建立在被动地接受知识、信息和对有限的、主要信息的记忆之上了。未来的企业人将主要专注于机器或机器人不能做的工作，换句话说，他们的工作是需要高度智力的创新性的工作。

我们今天知道的东西，明天就会过时；今年生产的产品，也许明年就无人问津；一项服务，如果不能持续性地注入更能满足消费者需求的内容，转瞬就会失去竞争力。因此如果我们疏于学习，就会停滞不前。因为我们面临着一个充满残酷的替代性选择的新时代，人的智能和知识将作为社会主要资本不断代替设备和原材料。企业的发展是知识学习与市场需求之间的赛跑，是企业知识文化建设与社会文明发展之间与时俱进的挑战，正如约翰·奈斯比特和帕特里夏·阿伯迪妮在他们的《2000年大趋势》一书开头所写的："我们站在新世纪的开端，在我们前面的是文明史中最重要的10年，是充满令人眼花缭乱的技术革新、前所未有的经济机遇、令人惊奇的政治改革和非凡的文化复兴的一个时期。"

思维活跃的员工，学习的企业，这本身就是现代企业文化的代名词。我们知道，实际上，我们每个人蕴含的创造潜力和生命冲动已经远远超过实现的一切，因此，我们必须探索学习的力量，探索学习的内在动力，探索学习的外在条件，探索个体学习与组织学习的关系，甚至从分子生物学入手，看看在基因和DNA的层面上是否隐藏着学习的奥秘。唯有学习才是全面实现企业人所有潜力的根本所在，唯有学习才是活的、不竭的知识源泉。

2. 知识本性与学习型企业

人的知识性是推动人类学习实践的内在动力。人类的历史实际上是人类文明的进化史，从旧石器时代到新石器时代，从新石器时代到铁器时代，从铁器时代到工业化革命，从工业化革命到信息化时代、知识经济时代，人类文明的成果和人类自身的全面发展（包括生理的、思维的）都是基因学习实践和学习沉淀的文化结果，所以从进化史的角度来说，人是学习实践的动物。

经过漫长的历史进程，人类终于认识到学习实践是人类区别于其他任何生命所独有的生存和发展的方式，是人类保持和延展自己的天性——知识性的唯一手段和途径，是最值得人类自豪的天赋和本能。事实也证明，善于学习的民族是代表先进生产力的民族，是最能张扬创造个性的民族。发达与不发达、先进与落后、贫穷与富裕，其根本决定因素与其说是对有形资源和资本的积累过程，不如说是对学习的态度和学习实践的集合过程。这个过程毫无疑问地成为人类文化的重要组成部分。企业作为社会进化的有机细胞，它的发展和文化的形成，则是学习的历史过程在企业这个有机的社会细胞中的具体化，或者说是具体的学习实践。因此，把企业定义为一个生动的学习型组织，有着深刻的历史渊源和极其现实的意义。

人的本质属性是人的知识性，就其现实性而言，人是社会关系的总和。人的个体学习过程归根到底是一个组织学习过程或者一个社会化学习过程。

美国哈佛大学的福里斯特教授在《企业的新设计》一文中首先提出"学习型组织"这一概念。

20世纪90年代，福里斯特教授的学生、美国麻省理工学院斯隆管理学院圣吉教授出版了《第五项修炼》和《变革之舞》，他强调，在学习型组织中，大家不断突破自己的能力上限，创造真心向往的结果，培养全新、具有前瞻性且开阔的思维方式，全力实现共同的抱负，以及不断一起学习如何共同学习。这一切，都是基于"21世纪企业间的竞争，实质上是企业学习能力的竞争，而竞争的唯一优势来自比竞争对手更快的学习能力"。学习的机制成为企业机制的内核，企业个人主体的能动学习是企业组织学习的出发点和内生根据。

组织学习是传统个体学习质的升华，是对联系着的本体世界的回归和阐发，它绝不仅仅是一种弥漫的学习气氛，也不是简单的集体学习形式，或是某几种学习工具的变迁。正如马克思所言，"无论哪一个社会形态，在它所能容纳的全部生产力发挥出来以前，是绝不会灭亡的；而新的更高的生产关系，在它的物质存在条件在旧社会的胎胞里成熟以前，是绝不会出现的"，组织学习和学习型组织的出现，是企业生产力高度发展的必然产物，体现了信息时代、知识经济的本质内涵，是一种新型生产关系的初萌。

我们以往习惯于将学习看成一种理所当然的个人行为，实际上，人类的组织学习（或合作学习）或许就是作为人类与生俱来的个人学习行为的共同部分进化发展而来的，是人类的学习秉性在不同进化发展阶段的显性化。它将深刻地影响企业经营理念、运营方式发生革命性的跃迁，甚至在一定的程度上改变市场交换的内涵和方式。组织学习是理论实践与行为实践的统一，是主观选择与客观需要的统一，是企业人共同的利益性目标、事业性目标和理念性目标与市场竞争、服务需求的统一。

组织学习的典型特征是它具有显著的协同性。"人类社会的典型特征之一就是协作，这种协作并非是近亲之间的协作，不是出于互惠互利的目的，也并不是遵守某种道德规范的约束，而是出于'种群优胜劣汰的自然规则'——协作的团体能够兴旺发达，繁衍不息，自私自利的团体则走向衰亡。团结协作的社会以牺牲其他团体为代价生存下来。优胜劣汰的自然法则并不在单个个体之间发生作用，而往往针对整个群体和部落。"①

组织学习作为企业文化发展的崭新内容，在与时俱新的社会发展背景下，维持和促进企业人群体、企业治理结构、企业目标体系、企业决策模式、企业沟通机制的和谐统一，为潜在的创造性冲动提供了千载难逢的合力契机，从而也就把组织学习本身转化为企业赢得竞争、赢得机遇、赢得未来的利器。组织学习的精神一旦以积累的方式深深地浸润到企业人的心灵深处，必将使企业人的心灵视界获得空前的解放，知识通过组织学习、共同分享、重复占有和多元化集成，将释放出巨大的伟力，成为人类共同的生存方式和企业发展、社会进步的根本手段。

企业发展到现在，知识进化到今天，要想排除知识价值的现实地位，于是把它仅仅看作是一种中立的力量或一种自然的附属品是相当不合时宜的事情了。因为，知识活动及知识的衍生活动，已经与整个企业发展和社会进步水乳交融地结合在一起，它不可能成为与企业文化和社会文化不相关的东西，或者外在于社会客观孤立地存在着。它也不可能只有到了被使用时，被当作标签时，或与传统的体力劳动进行对照关联时，才表现出其价值。

从历史的现实和逻辑上看，我们可以有把握地得到如下结论：知识成为人的标志，知识成为企业文化的标志，知识成为社会进步的标志，这也是中国人得到本质解放的宣言。

---

① 麦特·里德雷.美德的起源［M］.刘珩，译.北京：中央编译出版社，2004.

本章参考文献

［1］托马斯·A.斯图尔特."软"资产：从知识到智力资本［M］. 邵剑兵，译.北京：中信出版社，辽宁教育出版社，2003.

［2］罗琴.从马克思主义视角来认识知识管理［J］. 管理观察，2016（4）：32-34.

［3］托马斯·A.斯图尔特，吴建康.公司中最有价值的资产：智力资本［J］. 经济资料译丛，1997（2）：47-51.

［4］马克思，恩格斯.马克思恩格斯选集：第2卷［M］. 中共中央马克思恩格斯列宁斯大林著作编译局，译.北京：人民出版社，1972.

［5］胡汉辉，沈群红.西方知识资本理论及其运用［J］.经济学动态，1998（7）：40-45.

［6］唐绍欣，刘文.西方知识资本理论述评［J］.经济科学，1999(2)：98-103.

［7］陈则孚.知识资本研究［D］. 北京：中共中央党校，2001.

第 11 章 企业文化道德论

如果人类禅悟了"道"的力量，不但内得于己，得灵于己，而且将其由心灵深处生发出来，推演光大，外施于人，润得他身，此可称为"德"。

企业文化的道德选择和创生的意义，就是站在历史和时代的高度，对真善美追求的深刻反省和全方位整合。道德进步成为企业全面发展的重要标志之一，同时也是企业文化进步的重要标志。

这是一个什么样的时代呢？这是一个文明嬗变时代，一个新旧交替加速转换的时代，这还是一个认知发酵的时代，是每个企业、每个个体的生命意义、价值及道德准则受到严峻考验和挑战的时代。很少有人在关注企业发展和论述企业文化的时候，将道德问题与企业面临的种种困扰联系起来，因此，鲜有研究者对企业文化中的道德问题进行系统的剖析和论述，这不能不说是一个很大的理论缺陷——无论对企业还是企业人来说都是这样。

实际上，现代企业致力于全球性的劳动和生产重新分配的过程，谁要生产什么，怎样合理地配置资源，如何在日趋激烈的商业竞争中，求得自身内部的和谐动态平衡以及企业人心魂良知的安适，已经变得很模糊了。这似乎令人难以相信，在科学日益发达的客观现实面前，衡量企业的发展时人们常常陷入历史尺度和道德尺度相互冲突的矛盾之中：历史的进步仿佛会带来企业道德的退步，要保持企业道德的完美，似乎就只有退到以往的原始起点上去。这历史的与伦理的、科学的与价值的、现实的与未来的矛盾冲突，共同震荡着、困惑着企业的灵魂。发达国家的企业为之烦恼，发展中国家的企业亦深陷其中。当然，企业既然能够创造向自身提出挑战的环境，企业也就一定能对环境的挑战做出有效的应对。早在 20 世纪 50 年代，爱因斯坦就指出，为使人类存活和继续发展，人类必须以新的方式思考，今天，原子弹从根本上改变了世界，我们知道人类处在一个新的环境，人类的思维应该适应新的环境。同乘一条宇宙飞船的人类大家庭，必须将共有、共生、共荣和唯一的地球概念提到时代良心的高度，达到企业发展和道德进化的崭新境界。

今天，我们将企业的道德问题作为企业文化构造中的重要组成部分加以时代的考察和解析——尽管以往的研究中常常忽视，它是企业文化研究必须面对的课题。在企业文化的发展过程中，如果忽视了基本道德和现代道德观念的建设，企业势必会存在共同核心价值的缺失，造成人心涣散、理想崩塌、信赖倾覆、秩序紊乱等一系列问题。可见，企业文化发展的道德力量之于企业整体的全面发展何等重要。

一、道德为之根

1. 道德的东西方起源

公元前 3 世纪—前 2 世纪，中国古代思想家就提出了"人伦"

"道德"的概念和"伦类以为理"的观点。他们从直观、朴素和有限的对自然和人际关系的认识出发，运用高度的思辨和智慧，创造了丰富而坚实的伦理思想基础。例如，孔子提出"仁""礼"，墨子倡导"兼爱"，孟子推崇"性善"说，荀子坚持"性恶"论。他们从不同的层次和出发点，对道德伦理的不同方面做出解释，对中国传统道德文化的发展做出了不同程度的贡献。

战国末期，荀子首先使用"道德"一词。"道德"二字最早是分开使用的，而且各有其内涵。"道者，路也"，古人用"道"来表示自然界事物运动变化的普遍规律和社会运行过程中做人的道理、规矩等；"德者，得也"，古人认为，一旦人类把握了"道"，禅悟了"道"，便可"天得一以清；地得一以宁；神得一以灵；谷得一以盈，万物得一以生，侯王得一以为天下正"（老子，《道德经》）。如果人类禅悟了"道"的力量，不但内得于己，得灵于己，而且将其由心灵深处生发出来，推演光大，外施于人，润得他身，此可称为"德"。

秦汉之际，《礼记》《孝经》等著作的出现，使得道德理论和德育方法变得更加系统化，从而使当时社会的各个阶层形成了一套对社会和人颇具约束力的道德规范。

西方对于"道德"理念的认识来源于古希腊，一般指风尚、习俗和性格等。柏拉图认为在伦理学的范畴中，"善"是最基本的概念，并由此概念引出其他一切概念。康德则认为"义务"的概念是最基本的。由于众多思想家从各自不同的哲学理念出发，同时受到各自时代和环境的局限，因此极难在伦理学诸范畴之间做出统一的结论。唯心主义把道德的发生归因于上帝之手的点拨，唯物主义则认为，历史和现实的利益需要是道德思想的催生剂。因此，有人认为："在以往全部人类历史中，人们的道德观念都是自发形成的，这些观念作为谁也不知道为何形成的规律出现在他们面前，理论家只是晚些时候，才企图弄清它们的起源。"① 而另一些人认为："道德的真正根据（以及真理的标准）是以一定的方式在人类、社会集团、阶级的需要和利益中反映出来的客观历史必然性，这些需要和利益本身又反映在正义和善恶的观念中，反映在道德要求的内容里。随着社会的发展，道德要求的内容也历史地发生了变化。其中有些要求完全改变了自身的含义，另一些仍然有效力，因为存在某些为一切时代所共有的人类共同生活。"②

2. 道德是知识的实践

由此可见，道德既有客观的历史必然性，又有主观的现实需求性。也就是说，道德既是主观的又是客观的，因为联系主观与客观的"桥"是人类的实践活动，只有实践才能将主观与客观统一起来。所以，我们只有从"实践"的角度去研究道德问题。也就是说，要从企业"实践"的过程中去研究企业文化发展进程中的道德问题。

毫无疑问，我们所说的"实践"，上升到我们研究的具体问题上，就是企业人围绕着市场运作的实践活动。这个实践活动必然包含三种关系：企业与自然的关系、企业与市场的关系、企业内结构的关系。由于企业文化具有明显的个性，因此它就必然具有对自然、对社会、对自身的独立的道德意义。虽然企业文化中的道德成分最终取决于企业人的道德意识水平，但它明显区别于对一般道德概念的论述。企业文化所涉及的道德理念实际上就是企业生命的要义，这一点是必须首先肯定的。现在人们通常把"道德"理解为调整人

① 伊·谢·康.伦理学辞典［M］.王荫庭，等译.兰州：甘肃人民出版社，1983.
② 同上。

与人之间、人与社会之间的行为规则的总和。实际上，"道德"的含义要比我们已经触摸到的内容复杂得多。如果用未来的眼光对一些在过去、现在看起来顺理成章的事情做道德评价的话，结果恐怕就不同了。

"人对自身而言是匮乏的，他天生就是一种社会的存在，他只有生长在他的同类的一个承受传统的群体中才能成为一个完全的人。人的文化方面只有以这种方式才能发展。"[①] 所以，人与人的关系隐含了人与社会的关系。就企业的道德系统而言，其涉及的内容非常广泛，因为企业除了为企业人提供成长的场所以外，还要与自然的物质世界发生密切的关系，撷取资源和能源，生产物质产品和精神产品。在合理地使用资源、分配资源、保护人类共同的环境等整体意义方面，企业就需要建立一个更加完备的道德体系，建立起一个对人、对社会、对自然界予以充分关注，并脱离了低级趣味的以整体观念代替个体和团体观念的企业道德理念。

无论是纵观历史还是横观现实，道德是一种随着历史发展而不断变化着的社会现象，它呈现出十分复杂的结构状态，蕴含和反射着人类生活的全部活动。尽管道德的进步不一定与社会生产力的发展保持完全的时间同步，但历史证明，道德的发展进程是伴随着历史进步逐次上升、逐级完善的动态过程。

那些曾为古人称道的原始"美德"，往往是在原始的认知水平、落后的宗法制度和荒谬且迷信的社会文化氛围中衍生出来的，反映了落后生产力束缚下的落后生产关系，落后生产关系约束下的落后意识形态，以及与落后意识形态相匹配的落后认知水平，根本谈不

---

① 米夏埃尔·兰德曼.哲学人类学［M］.张乐天，译.上海：上海译文出版社，1988.

上成熟的道德自我意识的自觉选择。要从本质上弄清道德进步的历程，就必须从人类的生命实践性历程入手。人类一经诞生，就表现出三个基本属性：物质性、社会性和知识性。人类的这三种基本属性在人类理念不断运动、变化和发展中相互联系、相互依存、相互矛盾，构成了一个耦合性的统一整体，即人的主观精神世界的现实存在与客观存在的自然世界相互作用，在改造自然的同时也改造着自己。在人的三个基本属性中，知识性是人得以与动物划清界限的本质属性。

众所周知，人类用自身的智慧为解决物质需求而使用的创造、发明和发现的手段就是自然科学；人类用自身的智慧为解决物质生产与物质消费之间的矛盾所采用的方法与手段就是美学；人类用自身的智慧为解决社会生活中人与人、人与社会、人与自然的关系所采用的方法与手段就是伦理学和法学——前者依靠传统、习俗等维系其存在，后者则凭借典律赖以立基。

道德的本质归根结底反映的是人类对人类理念实践的现实运动、变化与发展过程的规律的把握水平，是人类智慧的外化，表现出来的是对待事物进化的态度。道德不是哪个人发明的，它是人类系统中群体的约定和不自觉的创造物，从观念上反映出来的就是真、善、美与假、恶、丑的价值标准，正是这种价值标准表现了人类系统全体的智能水平。在人类历史发展的长河中，智能水平作为发展过程中的生产力要素，是当代人的知识性的体现，这一点越来越被高科技社会发展的现实证明。这种现实的人的知识性作为历史发展的中介，既继承前人的成果，又改造现实，还创造未来。所以，从人的知识性的角度考察，人的知识性即人对客观规律的把握程度，本质上决定了行为规范、伦理和道德。从这个意义上来说，现实的就是合理的，这就是道德规范在不同的历史时期有不同内容的理论根据。

善恶不分是为无德，按照客观规律去处理各种事务是为道德。道德是主观性和客观性的辩证统一，也是现实性和理想性的辩证统一。在实践中它一经形成，就有极大的惯性和主观能动性，成为一种相对独立的精神力量，它同社会风尚、习俗、民族文化传统结合在一起，变成人们的内心信念和心理上的特殊感情，以传统的形式——连锁式传递，代代相袭。

人类的道德发展只有在现实面前，才能表现出真实的意义。每当社会、团体发生了危机，往往与道德观念的进化有直接关系。道德不是一成不变的，很难用定量的方法对其加以衡量。在这方面，它是最能体现辩证法的。就此而言，道德标准应是社会道德标准与个体道德标准的辩证统一；道德价值应是社会道德价值与个体道德价值的辩证统一；道德理想应是社会道德理想与个体道德理想的辩证统一；道德性质应是共性和差异性的辩证统一。

3. 道德的阶级性

人类与道德不离不弃，它一方面表现出全人类的共同特征，另一方面也表现出差异性的个性特征。社会的公共生活秩序一旦离开这些人类共同的道德观念和道德行为规范，将无以为律。这是对国际经济一体化道德准则进行归一化研究的思想基础。但仅有道德的共性，没有道德的差异性，世界便是一个缺少丰富色彩的灰色系统。

道德的全人类性有其客观历史必然性，道德的差异性有其存在的客观现实性。道德发展既有某些相似的社会关系基础，不能不同时综合反映和调节这种复杂的社会关系；道德又有某种相同或相近的社会实践基础，从事创造历史活动的人不能不同时继承、积累和创造着某些具有人类共性的道德文化；经济关系对道德的最终支配作用和决定作用对任何道德关系都是相同的，必须在经济和与此相关的各方面表现出对道德的共同约束。就人类发展的历史来看，任何时期的道德思想，无不烙上那个时代、那个经济阶层的烙印。因此，道德虽然包含着某些全人类性的因素，但在阶级社会中，道德有着鲜明的阶级性。而且，每个统治阶级掌握政权之后，都以强大的宣传工具建立自己的新道德体系，并在与旧传统道德体系的斗争中，付出长时间的巨大努力，从而确立自身道德体系的地位。另一方面，在任何一个社会中，必然存在着多种道德体系，并且同一种道德体系的结构也是多层次的。它具有广泛的渗透性，不以人们意志为转移地潜入社会生活的各个领域，调整着人与人之间的相互关系。例如，企业道德、家庭道德、职业道德、社会公德。从本质意义上来看，都是道德在各个领域的反映和具体化。

既然道德是一种规范，就必然表现出一种约束。道德在约束人们的行为、企业的行为、国家的行为等诸多方面表现出各种综合、复杂的职能。它能够内在地纠正人的行为和指导人们的实践活动，使人们的各种行为实践达于主观理想，不断地修正、改进和完善人类的知识体系，从而使社会实现稳定，使个人心理得到平衡。尤其在法律约束的范围之外，道德约束对社会稳定和特定时期真、善、美价值标准的调节起着重要作用。当道德与法律、政治等发生矛盾时，出现道德对法律的谴责和嘲弄，往往预示着社会变革的来临。

道德与舆论、传统、习俗、信念共同的紧密关系维系其历史进化，它是一条川流不息的河。作为具体的人，从一出生他就必然地在这条先于他而存在的长河里，接受道德雨露的洗礼，这种洗礼使得人类在不同民族、不同传统和习俗的环境里超然地与其保持着和谐稳定的关系。

　　道德体现为认知、教化和调节的三位一体，对社会稳定、国家和谐、企业共荣等方面有着巨大的促进作用，同时促使孕育它的经济基础进一步巩固、优化和发展，从而也就推动着社会的不断进步，并求得道德自身的变化和发展。可见，道德的现实表现是相对真理，有其历史性、现实性和发展性，从而表现了真理的过程性。换句话说，在任何一个历史时间点上，一个社会主流道德观就是当时生产力决定的生产关系——社会制度下，统治阶级的道德观。因此，谁要是将道德看作僵死的、一成不变的东西，谁就要在现实实践中碰得头破血流。

二、企业道德的文化适应和创造

　　在不断进步的社会经济、政治和精神生活的浸染下，企业文化在社会文化的宏观框架中得到全面、现实的理性支撑，并在世界经济一体化和统一大市场的外部力量推动下，逐步完善自身独立的道德运行机制和坚实的逻辑根基。企业文化与企业道德应该在人类发展的共同走向上达到相谐相补的统一，如此才有利于企业共同意志的升华，有利于企业终极目标的达成。

1. 企业文化的道德植根

　　企业文化在运化进程中表现为三个重要的层次序列：企业生产力层次为基础，企业关系层次为桥梁，企业意识与思想层次为上层建筑。这三个层次分别是企业文化系统中的三个子系统，企业文化在企业运行过程中的潜在有效性就表现为三个子系统之间的相互协调和彼此矛盾的对立统一。企业文化在道德积淀中氤氲化生，二者互为存在前提，表现为互相包含的有机结合。

在企业行为实践中，企业的道德体系对企业文化的适应，全方位展示了企业道德结构的现实可行性。就一个企业的整体文化系统而言，企业道德与企业文化各子系统的关系，必须在创造与保持的连续发展系统中相互适应，才能最终使企业文化道德体系成为对企业整体发展有用的精神力量。企业道德对企业文化的适应，既通过对企业文化整体系统的发展性原则创造新的企业道德价值观，也通过企业文化整体系统的稳定性原则创造相对固守的企业道德价值观。

一种充满生机的企业道德价值观会对企业文化的各子系统产生直接和潜在的双重能动影响和改造。由此推论，企业文化的优劣决定了企业道德的善恶，有什么样的企业文化形态，就会衍生出什么样的企业道德价值观。企业道德和企业文化相互适应和推动，就会同时产生一种巨大的道德凝聚力和具有强烈教化作用的企业文化，它们在规范着企业人的日常行为和协调保持企业组织正常运转的同时，孕育着新的企业文化道德化生的胚胎。

文化具有强烈的辐射性和遗传性，企业处于什么样的社会文化环境中，就会形成什么样的企业文化，企业人去什么样的企业文化环境里，就必然信奉什么样的道德行为准则。很难确定一种企业道德体系达到什么样的标准才算是与企业文化相谐相补的，这主要因为企业道德和企业文化在具体的企业文化生长过程中，就像两个同体婴儿一样，你中有我，我中有你。企业道德只有与企业文化的生产力系统、企业关系、企业意识保持经常互动，才可能产生适应某种特定企业文化环境的道德行为模式。企业道德体系的形成和进化是一个很复杂的联动过程，既有对企业精神生活的动态反映，更有对企业文化整体系统中物质发展状况的调适。因此，企业道德体系对企业文化的适应性和依赖性就表现了精神与物质的双重意义。

实际上，一个企业在一种文化氛围中形成自身的道德观，总是与企业的物质条件直接或间接相关，而且往往可从经济发展状况的角度加以阐释。然而，我们又必须承认，一个企业在市场竞争和内部管理上表现出的道德信仰，也与自身生长的独特的社会文化土壤有着不可分割的渊源。由企业的道德信仰及与此紧密相连的企业文化形态可以复制出相应的普遍性的道德行为，道德行为则是企业文化理论实践上的逻辑结果，对企业文化整体系统的再生、创造以及保持系统的一贯稳定性具有很重要的意义。

企业道德一旦在企业文化的生产力层次、企业关系层次、企业意识和思想层次的立体架构中获得全面深刻的适应性发展，就会焕发出不可替代的理性的创造力，从而对企业文化整体系统的优化和发展做出贡献。企业文化是动态、开放和发展着的，它在企业的整体发展中自始至终保持着与企业客观环境多角度的信息交换，交换的结果使企业文化保持着生机盎然的进取性。企业文化为适应社会政治、经济、文化发展的动态要求，就不可避免地要顺应时代的进步，从而发生分化和变异，并在不同的时代和经济发展的不同阶段表现出可能迥然相异的价值趋向。企业道德要适应企业文化的动态发展，必然要造成企业道德相应的分化、同化和变异，即企业道德的主动创造。

随着企业文化中企业生产力、企业关系和企业意识等子系统的逐步完善，企业道德如果不能适应由企业文化的日益分化和复杂化所带来的现代进步，企业便一天也不能维持下去。企业道德必须符合企业生产经营中的道德行为准则。由于企业文化具有明显的专业性的特征，它就理所当然地受到专业性因素的约束，这些专业性的因素包括企业从事的工作性质、工作内容和企业特定的地理环境和民族环境等。企业道德在适应企业文化分化与进步的同时，当然也必须接受企业文化专业性的特征。企业道德的进步也和企业文化的进步一样，是以企业文化的有效转化和企业道德有效体现企业文化的精神实质的程度来衡量的。

企业道德的分化和专业化是抽象的道德理念向具体的道德实践的转变过程，它的最终结果是企业道德规范的出现，以及产生企业理想人格对特定企业文化的道德控制能力。

2. 企业道德的传播与涵化

现代企业绝不像一些赶潮流的理论家所说的那样日益依赖信息和高科技，崭新的企业文化是一种人与人、人与自然之间的新型关系，它具有新的含义、新的组织形式、新的管理方法、新的道德内涵。现代企业道德在现代企业文化加速分化和专业化进程中，加速适应生产力和生产关系的发展，表现出强烈的创造意识，主要表现在企业道德在企业文化背景条件下的传播和涵化（cultivation theory）①引起企业适变。

企业道德的传播和涵化，是不同道德背景下的企业个体在通过各种交流渠道进行直接和间接的接触时，不同的企业文化道德以场的形式向外散射其道德精神，结果必然是原来的企业道德文化甚至企业行为发生有序的重新排列和组合，直至大规模的适变。企业道德的传播是一种有序、无定向的散射和扩散，是一种道德文化向另

---

① 涵化是文化变迁理论中的重要概念。

外一种或多种道德文化发展的单向性运动过程。企业道德的涵化则表示两种不同的道德文化在共同的事业发展中的互动互补。尽管企业道德的传播和涵化采用不同的方式进行，但其实质都是从异体道德文化中借鉴和吸收优良的道德文化因子，从而结合自身的实际情况，创造产生一种适应本企业文化的新的道德结构。

在企业的实际运化过程中，企业道德的传播和涵化往往是一个连续且不可分离的共生过程，很难从本质上分清传播和涵化的界限，但总的来说，企业道德的传播和涵化是企业适应外部环境客观变化的内在要求，也是达到文化适应和创生的必要手段。

例如，在中日文化交流史上，关于这方面的例子是屡见不鲜的。早在7世纪初，日本的圣德太子就派大量留学生来中国学习。他们回到日本，将中国大量的历史文化经验传到日本。尤其是儒家学说，曾极大地影响了日本人民的思想和理念的发展。曾几何时，战后奄奄一息的日本经济奇迹般地复兴崛起，一跃成为世界经济大国。日本经济的成功引起世人的注目。于是，出现了一股研究日本经济成功奥秘的热潮。美国人从大洋彼岸邀请日本人赴美"传经送宝"，甚至到日本把有关禅宗武士的晦涩难懂的著述也搜购一空，以期从中探索出日本人的秘密。智者见智，仁者见仁。经过一番研究探讨，人们像当年哥伦布发现了美洲大陆似的惊奇发现，日本经济崛起有赖于旺盛的企业活力，企业活力有赖于严密的企业管理，有效的企业管理有赖于良好的企业道德观和独特的企业文化。

那么，是什么奠定了日本企业管理和企业活力的基础呢？正如前文提到的，日本麦肯锡公司董事长、著名经济评论家大前研一曾说，经过长时间的思索和调查，他终于找到了一本教科书，这就是《孙子兵法》。日本前东洋精密工业公司董事长、经营评论家大桥武夫也深受本书影响。以《孙子兵法》为代表的中国文化渐渐在东邻的企业中生根开花，成为日本经营者经营管理的法宝。至今，进入工业化社会，中日两国在经济领域的交流和合作日益密切，企业间为了共同利益的相互约束，为企业文化和道德取向的相互演化带来了广阔契机。这一过程既包含了最初的单向传播和吸收，也包括了两国文化的相互涵化。

因此，企业道德的传播和涵化是一个连续、往往同时发生的过程，这种过程体现了企业整体的内在需求，皆在建立一种新的道德价值观，以适应文化的发展要求。在这一过程中，不仅存在着社会风俗、习惯、信仰、传统等的再诠释，而且也存在着目标与价值、行为与规范取向的再确定。诠释和取向就意味着破旧立新，意味着进步。

3. 社会主义企业道德文化

在现今社会，信息传递方法和方式的革命，加快了企业道德文化的传播和涵化，每一种独立的企业文化和道德观念无时无刻不受到来自异体道德文化的冲击和挑战。特别是资本主义文化和社会主义文化两大文化体系的对垒和影响，必然在政治、经济领域造成两大阵营的割据，从而不可避免地在企业性质、所有制形式等方面造成两种不同类型企业道德文化的相互抵制和相互渗透。

很显然，一定的企业文化道德系统是企业人在一定的价值追求的活动中创造出来的，道德一旦在企业的共同意志和目标约定下稳固或构建成为现实的存在，便会成为后来企业人进行价值创造和实现价值成果的现实背景和条件，并对企业人产生巨大的甚至决定性的精神影响和行为约束。

　　企业文化道德体系是企业人在适应内部生产经营和外部市场环境的过程中，创造性地对自身价值活动非理性因素进行理性约束的结果。然而，鉴于企业文化道德形成的局部环境的相对封闭性和单一性，具体道德类型的形成，往往也就是道德稳定性的完成。历史证明，在一个既定和稳定的道德规范中生活的企业人，他们在设计企业目标，理解企业活动本质和从事有意义的价值创造活动时，总是自觉或不自觉地受到置身于其中的企业文化背景的制约。企业道德作为企业扩展和完善的文化精神在企业文化发展中往往起着定向和先导作用。由于企业的道德状态是直接导源于企业人的人性状态的，所以，企业人对于企业文化发展的主体要求，往往会在最为敏感的道德领域首先反映出来，然后扩展为企业文化整体系统的变革。企业道德作为企业文化稳定性的维持力量和企业文化传统的核心内容，它一旦形成稳固的规范系统和意识形态，往往会成为企业文化变革和发展的保守势力和消极力量。社会出现变革的组织，往往首先会遭到旧有道德观念的强烈非难，因为企业道德深深扎根于既存的企业人性之中，这种发自人性最深处的传统惯性势力和心理积淀总是反对企业文化变化，进而成为维持现状最有效、最有影响力的力量。

　　企业道德活动是企业文化的重要组成部分，它担负着现实使命与企业文化的根本目的，和内在精神是相一致的。企业文化的道德创新是实践的产物，随着生产力的发展和生产关系的调整而发展，表现为企业需要的不断更新。企业的需要是历史地发展着的，企业的道德创新也日益展现着其内在的丰富性。正像人类对于真、善、美的追求，构成了人类文化的本能意志一样，企业作为企业人的一个集合体，它对于真善美的追求，是企业不断追求高于自身的目标，从而不断地实现自我超越的过程。企业生命追求的永恒的冲动，就在于对企业的现状的不断超越。超越即是创造，对超越的追求就是创造的动力。一个具有生机和活力的企业，总是注重企业创造的主动性，高度依赖独立不倚的企业人个性和进取性道德的。在人类自身感性与理性、本能与文化、情欲与道德、灵与肉、个体与集体、是与非、善与恶，美与丑、正义与非正义的分裂与冲突的现实背景下，企业在完善自身的道德意识时，问题因种种现实矛盾的参与而显得更为深沉和复杂，这往往造成企业的道德文化适应不断地陷入两难和困惑的境地，从而使得企业的道德文化适应永远处在不断的调适和选择之中。因此，企业文化的道德选择也就成为企业道德文化适应的共同过程。

由于资本主义文化体系下科学技术、经营管理水平处于现代领先的地位，导致西方企业文化及道德观念在与社会主义企业文化和道德观念的相互借鉴和斗争中，必然也处于极为有利的地位，尤其是作为意识形态的道德观念，以其较高的物质文化基础为后盾，对社会主义企业文化形态下的道德观念的渗透就更为强烈和激进。因此，当处于较低物质文化形态下的企业文化还没有来得及摆脱物质文化和技术的束缚时，如果不在意识形态的道德观念上注意抵制其他各种精神文化的影响，尤其是道德价值观的影响和侵蚀，其结果必然导致人们的精神文化生活和道德观念的混乱。这种道德观上的混乱同样也会制约企业生产力的发展，造成企业的物质文化和精神生活不适应，这种使文化传播和涵化片面性和单一化的现象，不但不会促进企业文化道德体系的进步和创造，反而只能削弱它的力量。因此，我们必须通过优化企业文化的特质，提高生产力的发展，用企业文化的适应功能来控制和调节企业的生产、经营活动。

三、企业道德文化的反思与重构

我们生活在文化的世界。这点鲜明而突出的标志就是文化对当代人类及其社会的影响越来越直接，越来越具有决定性作用，并且越来越反映出文化的本质力量和社会发展的本质要求。正因为如此，进入 21 世纪，人类对文化的反思和关注表现出了前所未有的自觉和迫切。这种自觉和迫切的文化反思具体反映到社会发展的每个领域，造成了强烈的时代冲击。面对 21 世纪人工智能发展对企业的全面挑战，现代企业文化该如何发展，现代企业文化的道德体系该如何锻造，这是着眼于未来的人不可回避和忽视的历史课题。

今天，我们无论走到哪里，都能发现企业道德沦丧的迹象，几乎每天都会发生损害社会和人类的行为，未来我们丝毫不能轻松地面对这个问题。

一种全新的现代企业文化的生成有赖于社会的整体性进步。从这一角度出发，我们必须树立一种系统的、全新的价值观念，认真地甄别、梳理现实企业的各种文化实践形态及相应的道德价值表现，并对我们所处的时代和即将进入我们生活的未来做一个全面的估价和评判。着眼于现代企业文化的跨时代发展，应该不失时机地树立一种自觉的文化反省意识。无论是对于中国企业文化的反思，还是对西方现代企业文化的借鉴，都应立足于未来企业文化发展的整体性的道德价值观念。就实现企业文化而言，现代企业文化有赖于我们对于全球企业发展的历时态文化问题做出共时态分析、抽象和解决，这也许是企业道德发展必须要走的道路。

1. 企业道德文化的反思

　　企业文化的反思重点在于现代企业道德的重新选择和重新建构。未来的企业文化道德建设不应仅以丰富的物质创造为唯一的追求，而更应以充实的人文精神为要义。商品经济大潮的冲击使我们以往许多限定的道德价值观念都受到洗礼和挑战，现实社会生活中，各种企业道德失衡现象也屡有发生。对此，我们感到一种具有社会整体性的文化心理的阵痛和失落，也感到企业个体道德的困惑与紊乱导致理想松懈和行为失范的迷茫。然而无论如何，我们应该站在一种更高的文化层面上，对企业道德的发展现实进行一种超越，去探索和捕捉一种表现企业生命永恒价值的文化发展模式，进而为企业人的情感生活、文化追求、价值实现以及精神乐趣提供有力的人文导向。

　　企业道德在现实运行中的失衡现象主要表现在以下几个方面：重平等而轻效率；重物质而轻精神；重目的而轻手段；重自我而轻他人；重社会权利而轻道德义务；重人情关系而轻典律约束等。这些不符合时代潮流的企业道德倾向，综合表现为实用性、人格商品化和不择手段的贪婪的摄取性。现实生活告诉我们，不虞事件已经屡屡发生，一些企业凡事首先考虑是否对自身有利，对社会、对人类甚至对自己都缺乏起码的正义感和责任感，把所有的一切都当作市场上的商品来进行无条件的等价交易，以目的为第一性，钻国家和政策的空子，以牺牲他人利益为前提，不择手段地对社会和他人利益表现出强烈的占有欲和贪欲。传统的企业道德因其具有片面的本位主义，经济关系高度政治化，强烈的理想主义的道德原则和普遍的道德原则代替具体的道德原则等特征，因此与现实生活的矛盾异常突出。

　　在社会经济发展的现代化进程中，我们面对企业道德选择上的困境，面对企业人格要素及行为方式选择上的困境，要恢复企业道德在新的经济环境中造成的多重失衡，首先要消除企业道德的理论实践和行为实践长期脱节的落差，要认识企业道德的适度理想性和合理现实性的辩证统一，要把握企业道德规范的弹性和具体运化过程中的随机性。用社会主义市场经济的新视角重新表述集体主义原则，将其灵活地渗透到现实企业中去，以时代要求的新内容消化企业道德原则，使企业道德原则更接近生活、深入生活和深入自我，保证企业集体与个人，整体效益与个人利益，社会责任与个人发展的协调统一。调整企业道德评价系统，建立崭新的企业道德和生产力标准相统一的理性标准，规范企业的道德行为符合天道和人道，符合生产力的发展，达成符合天道、人道和生产力发展的道德，这才是最有利于企业人的个性发展的企业共识。

探索马克思主义政治经济学中国化的最新成果，对于促进企业的现代性进步，重塑企业人格至关重要。脱胎于长期封闭的计划经济环境，中国企业——尤其是国有企业的社会基础结构欠佳，人际关系具有经济关系政治化的倾向，存在着满足现状，不愿承受风险，不能抵御失败和挫折，进取不足、守成有余的弱点，在总体上造成企业道德人格的分裂，使企业发展完全与时代的发展趋势相逆，与企业道德主体的个性发展相悖。可以说，封闭和落后并缺少创造性是传统计划经济的企业道德特征。改革开放需要人们有更多的创造性和主动性，原有企业人格与现代社会发生了多元化冲突，社会需要有新的现实和人格特征。因此，企业道德面临一个新的使命——在企业文化创新的基础上重塑企业的现实人格。

现代社会的核心特征是工业文明，它必将按照自身发展规律对人的素质包括伦理道德素质进行现代选择和塑造。现代企业道德为工业文明所孕育、创生和确立，它是与工业文明相契合的一整套相互关联的观念、意识、态度和行为方式，也是企业现代化之基本伦理道德内涵之一。历史的发展证明，现代社会化大生产使人们的全部社会关系不断变革，在人与人、人与社会、人与大自然这三个基本关系上，增添了传统企业很少指涉或根本不曾有过的崭新的概念和含义。现代社会的生产方式决定了人们广泛频繁的全方位的人际互动，企业道德的现实选择和重构不仅因受到传统企业文化的制约而变形，可能由于遭受企业文化主体的文明素质的阻拦而走向歧途，结果非但企业文化建设步履维艰，而且改革效果会因传统文化主体素质的作祟出现反复。根除企业道德重建的内在忧患，不仅在于人们看到企业道德重建取决于企业文化的价值判断和价值取向，更在于提高创造主体的文明层次，在企业主体的文化再造的基础上获取企业道德重构的新思路和参照系，并在主客体相一致的选择中寻找自身的出路。

选择是认识论的和价值观的，而且也是世界观的和主体论的。

现代企业的道德选择必须破除离开生产力和生产关系抽象空谈道德建设的问题。离开生产力和生产关系的和谐发展，孤立地研究企业道德问题，是极端错误和危险的。是否有利于解放企业生产力，是否有利于促进企业生产力和生产关系的和谐发展，才是判断企业道德在进步还是倒退的主要标志。在今天日益开放的国际经济一体化的大市场里进行企业的道德选择，比在封闭的自然经济条件下进行道德选择更为困难。一方面传统道德的不良倾向随时都对企业的整体运作产生渗透和侵蚀，另一方面现实企业道德选择的多元化和未来社会新秩序的全新格局对现代企业提出了全方位的挑战，必然在一定时期内造成选择时的困惑，甚至令人不知所措。但我们不能因为这些现象的存在就重新把自我封闭起来，在封闭的经济体制中进行企业道德选择固然比较简单，但在这种环境中培养出来的道德选择能力和识别能力是极其脆弱的，形成的企业道德规范也根本无力适应开放经济的要求，因此也经不起复杂环境的考验。

以知识快速积累推动科学技术高度发展为标志的智能社会正站在新旧之交的十字路口上，未来的社会是怎样的形态正成为社会学家和未来学家争论的课题，但有一点值得引起重视：以能源消耗为标志的"石油与工业文明时代"正在发生质的变化，一个以"知识、智慧、互联共享价值"为特征的新社会正不以人的主观意志为转移地悄然萌发。尽管我们对"知识、智慧、互联共享价值"的新社会尚缺乏系统的研究和严谨的理论认定，但社会行为实践已经走到了社会理论实践的前面，而且其新生的能量在各个领域已初显端倪。企业面临"知识、智慧、互联共享价值"社会的新需求和新问题，理性的伦理意识和道德价值显然未得到内在结构应有的调整和与之相称的提升，甚至连应有的选择也是极为被动的。现实的企业道德价值观呈现出一片落后过时的感觉，因此，为当前现代企业注入伦理道德的新生命，并设计与推动企业伦理道德的革新工程，其时刻不容缓，其意影响深远。

2. 企业道德的文化知觉

现代企业从来没有像今天这样充满了洞察现实、贴近时代、选择未来的主动性和自觉性，企业人也从来没有像今天这样深刻地感悟到必须顺应时代的趋势来创造属于现代企业的新道德、新文化。我们面前摆着许许多多纷繁复杂的问题，问题构成了我们走向超越现在的新文明的逻辑起点。下述问题是我们在思考和行动的时候无论如何必须予以高度重视和解决的。

第一，面对信息膨胀、多维追求的现实和新社会的挑战，企业文化的理论实践和行为实践将越来越呈现出多形态、多层次的态势。如何摆脱传统企业文化路径依赖，推动企业道德追求的迭代更新，捕捉企业道德实践的真善美的永恒价值，不以暂时或当下的价值追求得失轻易否定或放弃企业发展和社会发展的恒常理想，这是现代企业在终极价值追求的峰峦上对自身文化和道德重新梳理和定位时必须认真思考的。

第二，企业是整体世界的重要组成部分，企业人与企业的自然环境是共同进化的，每一个企业既是环境的组成者，又是环境的责任者。现代企业文化的道德指向应该是人与自然环境的本质合一，因此，现代企业对于我们共同生活的空间负有重要的道德使命。我们不仅要发展社会群体公共道德伦理、建立普遍的社会责任感，发展对生态环境的尊重与对生态系统的关切，还要建立对自然宇宙健全合理的行为之道。只有在企业文化全新的道德视野之下，人类的全球性环境危机才有可能寻到真正走向向好发展的途径。

第三，科学技术是人类进步的原动力，科学技术与企业的道德精神并不对立，二者均为企业生命之所需。提高知识与价值，科学与道德相互为用的共识，应用科学的方法把握生命、人性、理性，务必使企业的科技发展与经营策略配合全局的文化策略一体推行，用人类的本质力量智慧，掌握现代科学知识，摆脱繁重的体力劳动的束缚，这是现代企业必须力主的道德风尚。吸取人类全部科学知识成果，掌握先进的科学技术，并将其全局地融汇到企业运化之中，就是企业人对充实人类文化、促进社会经济发展应负的道德责任。同时，随着科学技术文明的突飞猛进，我们要理性检讨科学技术在企业应用中的非责任性。科学技术作为一种中性工具，既可给企业带来活力，造福于社会，也可以使企业走入歧途，产生负面作用，损害公共利益。因此，我们必须在未来企业的科技发展和进步中，培育一种科学的道德意识，使科学与企业发展的最高理念目标和人类终极目标指向相一致。

第四，企业文化与企业道德共同进化的结果必然是新的社会文化环境的塑造与新道德企业的生成。面对未来，我们憧憬一种有利于企业人道德健康发展的企业文化环境。作为一个现代企业人，我们应该拥有一种科学自觉的企业文化环境意识，以促进企业更好地进行企业道德建设和创发。

第五，随着世界范围内文化的融合，不同民族企业文化的国际交往和借鉴越来越普遍和频繁，尤其是以商品经济为特征的现代文明逐渐渗透于企业运作的各个层面和环境。文化封闭现实上已不复存在，在这种全新的企业文化背景下，该如何保持企业文化的民族个性，增强企业道德发展的活力，是一个十分严峻的历史课题。

第六，理想的企业，应当是个人道德和企业道德并重的企业。个体道德意识的培养是企业充满活力的前提，企业文化越进步，越应注意培养每个企业人的进取性道德，培养自我意识和创造精神。尊重每个人的企业权利，鼓励每个企业人实现其自我价值，有个性的进取性道德的企业人是企业文化创造的源头活水。企业道德与个体道德的相互影响决定了企业与个人品质的提升与退步，若要促进一个企业向真善美的高品质发展，企业道德建设和个体道德建设必须双向并举推行，因为伦理规范教育和道德修养教育是维护企业中的内在秩序及健康发展的枢纽。对于企业道德建设严重忽视道德主体建设的局面，必须进行深刻的反省和再造。

第七，现代企业是一个充满个性和活力的企业。现代企业文化呼唤企业人生命质量的提高。在未来企业的发展中，随着生产力的提高，企业人将有更多的自由时间进行满足文化需求的活动，这相应带来企业人对企业活动质量的高要求。由此相关的问题就是如何创造一种至美的环境，使人生的意义更加充实并拓展企业人的自由空间，这应成为企业文化道德研究不可忽视的领域。审美意识是最高的人生体验，美是自由的象征，是人全面发展的表现，其重要标志就是人类审美意识的全面萌生，真正的企业道德必须容纳审美意识于整体的文化构造之中。

3. 企业道德文化的重构

企业的任何经济行为都处于一定的文化环境中，企业伦理和道德观念必然影响着企业的行为，后内化于企业行为之中，成为企业行为动机的一部分。在现代社会里，伦理的关系不仅限于家庭或传统的人际定位。就现代企业而论，每一个企业人已从单纯的血缘伦理关系中走了出来，归属于自己新从事工作的团体或组织。由于不同的团体组织具有不同的道德信仰，因此，企业的道德关系也变得更加复杂。随着经济交往和文化交往对象跨地区、跨国界和全球性扩展，企业对自身、对交往对象产生一种规范行为的道德期盼是企业内在发展理所当然的要求。企业道德的发展不仅影响企业人、消费对象和服务对象，且能影响政府、社会环境及其他企业。就此分析，企业文化的道德关系应由两部分组成，一是企业内部道德的秩序，二是企业对外的道德关系。

在企业内部，企业人与企业人之间，管理者与被管理者之间，此部门与彼部门之间需要建立一种良好的合作、协调和共进的人际道德关系。这里面既包含企业道德的理论实践，又包含企业道德的行为实践。企业道德的理论实践包括道德的自觉意识、道德信念、道德情操和道德价值观等。企业道德的理论实践，作为企业所处的各种利益关系的一种能动反映，由于企业所有制形式、发展历史、经营模式和群体素质以及企业所处的社会文化环境、民族传统不同，均有很大的差异。"人们自觉或不自觉地，归根到底总是从他们阶级地位新依据的实际关系中——从他们进行生产和交换的经济关系中，吸取自己的道德观念。"现代企业经过长期的实践，已对爱企业、爱科学、爱劳动、爱业人等现代道德意识形成了普遍共识。

爱企业，是忠诚于自己选择的事业的一种最基本的表现。这种忠诚是指忠诚于最高道德原则和这种原则在企业中的具体道德体现。就是个人利益服从组织利益，局部的意志服从企业整体的意志。就是不损公肥私，不利用在履行企业职责过程中所拥有的权力和便利，或以此作为牟取私利的手段，忠实于自身从事职业的各种责任要求，将自我融于企业整体发展之中，并与企业共荣辱。

爱科学，是现代企业人真正走向全面解放的必由之路。对现代企业来说，科学既是我们时代的物质和经济生活的不可分割的一部分，又是指引和推动这种先进思想前行的不可分割的一部分。"科学为我们提供了满足我们的物质需要的手段。它也向我们提供了种种思想，使我们能够在社会领域里理解、协调，满足我们的需要。除此之外，科学还能提供一些虽然并不那么具体，却同样重要的东西——它使我们对未经探索的未来的可能性抱有合理的希望，它给我们一种鼓舞力量。这种力量正慢慢地但稳稳当当地变成左右现代思想和活动的主要动力。"①科学不仅改变了社会，而且也改变了人类对自身的认

---

① 张顺江，等.管理科学原理［M］.北京：中国环境科学出版社，1988.

知，现代企业人如果不能从传统的劳动价值观中脱离出来，树立尊重知识、尊重科学的价值观，也许就是当代最缺德的事了。

爱劳动，作为一种肯定的劳动态度对企业人具有极大的道德意义。劳动态度包括企业人的劳动目的和内容，劳动对企业的作用和对人生的作用等观念。劳动态度是一个企业人对企业、对其他劳动参加者履行各种劳动义务的基础，它随着企业生产经营活动发生着历史性的变化，当企业经济结构转变为另一种经济结构时，它就取得了新的形式。现代企业的道德观对劳动有更本质的诠释，这就是："劳动是人凭借智力和体力来完成以人的需求为目标的行为活动。劳动是人类知识性外化为需求产品的过程，劳动是内实践和外实践的完美结合。"①劳动是企业人寻找释放自身潜能的手段，是生命活动最有意义的一部分。

现代企业提倡爱业人。企业是一个充满人性的大家庭，企业人之间在现代企业文化的整体架构上必须实现一种相对于社会、相对于人类独具特点的新型伦理关系，为人的真实定义找寻一种崭新的共同道德取向。只有企业人满怀着对同业人的真诚关怀和爱心，并将其在共同的事业协作和追求中合时合理地体现出来，才有利于企业人统一人格的塑造和提升。

企业道德的行为实践体现在生产、交换、分配和消费行为等各个环节，包括道德教育活动。企业的生产和管理实践既是企业将自身的道德信念转变为道德行动的根本途径，又是输送企业道德的主要载体。人们正是通过企业的生产和管理实践来感知和评价企业道德实践的。企业通过自己的生产和经营，向社会提供高品质的商品、

---

① J. D. 贝尔纳. 科学的社会功能［M］. 陈体芳，译. 北京：商务印书馆，1982.

优质的服务和良好的信誉，它不仅是企业技术水平、管理水平和经营水平的综合反映，也是企业道德水平高低的重要标志。因为虽然任何商品经济都是为了获取价值，使用价值只是价值的物质承担者，但是不能光靠牺牲别人的利益且只把价值当作自己唯一的追求目标。尤其是在短缺经济和缺乏竞争的情况下，更应该保持企业的崇高性，把企业的主要社会责任目标——质量和效益量化和固化于企业生产和管理实践的每一个环节中，这是企业道德行为实践的根本内容。

企业对外的道德关系同样包含很丰富的内容。对政府要遵纪守法，恪尽职守；对世界要遵守国际惯例，求同存异；对生态环境要关心重视，共担责任；对同业者要坚持公平竞争，取财有道；对消费者要全心全意，视彼为己。换言之，企业之存在有赖于社会之存在，所以企业应该建立在企业整体的社会责任观念上。如果企业的行为违反了社会利益与社会安定，那么它非但没有道德可言，也根本没有存在的理由。

企业文化的道德选择和创生的意义，就是站在历史和时代的高度，对真善美追求的深刻反省和全方位整合。道德进步成为企业全面发展的重要标志之一，同时也是企业文化进步的重要标志。企业道德的进步在本质上与社会整体、宇宙整体进步的要求相一致时，才能获得真正的文化含义。因此，只有以人类的名义创建具有普遍意义的新道德，企业发展才会"止于至善"。正如马克思所说："如果我们选择了最能为人类服务的职业，我们就不会为任何沉重的负担所压倒，因为这是为全人类做出的牺牲；那时我们得到的将不是可怜的、有限的和自私自利的快乐，我们的幸福将属于亿万人，我们的事业虽然并不显赫一时，但将永远发挥作用，我们离开人世之后，高尚的人们将在我们的骨灰上洒下热泪。"

本章参考文献

［1］张顺江，等.管理科学原理［M］.北京：中国环境科学出版社，1988.

［2］J. D. 贝尔纳.科学的社会功能［M］.陈体芳，译.北京：商务印书馆，1982.

［3］马克思，恩格斯.马克思恩格斯选集［M］.中共中央马克思恩格斯列宁斯大林著作编译局，译.北京：人民出版社，1972.

［4］蒲坚.企业道德的文化适应和创新［J］.理论视野，2007（3）：31-33.

［5］米夏埃尔·兰德曼.哲学人类学［M］.上海：上海译文出版社，1988.

第 12 章　企业文化和谐论

和谐，是一个大系统概念，其大无外，其小无内。和谐问题的提出是社会发展导致观念与时俱进变化的必然结果。把人当作人研究，是研究和谐问题的逻辑开端和根本指向，因此，系统地、整体地、以人为本地认识和谐是非常必要的。

和谐思想是人们在顺应自然、改造自然和创造自然的实践中概括出的一种价值判断，是被人们普遍认同的价值取向；和谐的本质是异质事物的多样统一，是推动事物发展的内在动力。和谐生于对立，"和"能聚力，"谐"产生美。千百年来，和谐是人类的共同理想。

在探索企业文化和谐的问题上，知识集成和理论创新以及逻辑推进两者的方法具有特殊意义。因此，我们必须从直观的、片面的和谐观念中跳脱出来，代以系统的、全面的思考，从物质性和谐、社会性和谐、知识性和谐的新视域，理解"和谐"之于国家、社会、企业的重要意义，并找到企业生产力发展的基础推动力。

一、和谐价值的提出

什么是和谐？和谐是客观存在吗？存在着的宇宙是和谐的宇宙

吗？假定宇宙是和谐的，我们是否能据此逻辑推导出人的和谐、社会的和谐、企业文化的和谐？

和谐是关于"人"的和谐，是人类的自我构建。把生物学中的智人当作社会科学中的社会人研究，是我们构建和谐社会的理论基础和认识前提，也是以人为本、执政为民的根本指向。

物理世界的客观性似乎很难得出人类社会无懈可击的同态性。和谐社会不可能从物理世界的逻辑中找到完全的客观依据，相比而论，人类的关系性、协同性、依存性倒可能是人类社会和谐性的存在基础。

认知和谐的内涵必须克服褊狭的思想方法，从认识论、本体论、当代意识溯及历史的系统性，全面探索和谐文化之于企业的未来意义。以物质性、社会性和知识性三性耦合的新视角，提出新理念、新内容，促进新发展，这是企业文化和谐论提出的价值所在。

二、和谐的基本假定

和谐社会是一种理想的社会形态，它是指构成社会的各个组成部分和要素之间处于一种相互协调的状态。构建和谐社会是在个人自身和谐、人与人之间和谐、社会各阶层系统之间和谐、个人与社会和环境之间和谐的基础上，促进社会资源的公平配置与有效利用，实现社会全方位的协调稳定发展。

以下假定是在逻辑一贯的思想指导下的不成熟的种子。

第一，大千世界在对立统一律、"一阴一阳之谓道"的前提下，透着本体的动态的和谐，宇宙间存在着的逻辑相关性是自然界和谐现象的基础，它处于运动和变化中，因此和谐是建立在事物多样性和差异性基础上的。

第二，我们并不能从宇宙和自然界的和谐现象直接推演出人类社会的和谐现象。它只是在人类的知识性面前树起了一把物质运动和谐的标尺。

第三，和谐社会不会自发地成为现实，而更多地依赖人类积极主动的建构。

第四，社会存在决定社会意识，和谐的观念是历史的社会存在和现实的社会发展对立统一的产物，它既是一个历史的概念，也是一个发展的概念。

第五，和谐社会不是没有矛盾和缺陷的社会，所谓的和谐是对社会发展过程中的矛盾和缺陷所呈现出来的结构性容忍和积极应对的文化包容。

第六，和谐的前提是差异性和多样性，不同的时代、不同的阶段、不同的边界和约束条件下，差异性和多样性具有极其不同的内涵，这意味着和谐的内涵也会与时俱新地发生重大的调整和变化。

第七，和谐具有边界性，因此和谐可以划分为不同的单元和层次。低一个层次受到高一个层次的约束，不同单元之间存在着相互影响。当和谐指的是一个地区时，它就会受到相邻地区的影响，会受到国家的约束，同理，一个国家的和谐必然会受到世界和谐的巨大约束。

三、和谐的中国传习

现代意义上的和谐社会是内在的和谐思想和多样外生的和谐文化的交融和统一，越来越成为人类的全球观——和平而不是战争，合作而不是对抗，共益而不是零和。正如杰里米·里夫金在《零边际成本社会》一书第一章开篇写的那样："资本主义时代正逐渐离我们远去，尽管这一进程并不迅速，却是大势所趋。与此同时，一种改变我们生活方式的新型经济体制应运而生，它就是'协同共享'。"要迎接新型经济体制的到来，东方世界尤其是中国，更有理由提供思考的土壤，更有责任贡献其厚重的文化积淀和包容性的先锋智慧。

1. 和谐思想源远流长

传统的和谐思想是建立和谐理论的营养源，传统的和谐思想也深深根植于我国人民的实际生活之中，深刻影响着人们的思想观念和行为方式。中国古代汉语中，许多词汇流传至今，其含义已经发生了很大变化，而"和"这个词从古至今本义一直未变——不同事物之间的平衡、协调、和睦、融洽。

从《周易·乾卦》的《象传》提出"太和"的理念，到儒家学派提出的"礼之用，和为贵""天时不如地利，地利不如人和"，以及范仲淹"政通人和"的政治愿景，无一不蕴藏了深厚的和谐思想。

中国古代圣贤甚至将和谐状态视为国家政治所能达到的最高境界。例如《尚书·尧典》中写道："克明俊德，以亲九族；九族既睦，平章百姓；百姓昭明，协和万邦。"《尚书·舜典》中则记载："命汝典乐，教胄子，直而温，宽而栗，刚而无虐，简而无傲，诗言志，歌永言，声依永，律和声。八音克谐，无相夺伦，神人以和。"

中国的古人还将致力于达到社会和谐的积极的政治作为称为"和合"，对能够贯彻这一政治理念的君主给予充分的肯定。例如，《管子·幼官》中说："畜之以道则民和；养之以德则民合。和合故能习，习故能偕，偕习以悉，莫之能伤也。"

2. 和而不同

提及和谐首先要承认事物的多样性，这种包容性思想与马克思历史唯物主义中多样性包含统一性，统一性存在于多样性之中，统一性以多样性为前提并通过多样性表现出来的观点不谋而合。

具体来讲，中国古代贤达认为，"和谐"代表不同事物的相辅相成，哪怕在同一个范畴内，事物也不是一成不变的，不同的要素之间应该相互平衡与协调，否则，就会如死水一潭，毫无生气，缺乏活力，最终丧失进一步发展的内在动力。

早在3 000年前的西周时期，郑国太史伯阳父就提出了"夫和实生物，同则不继。以他平他谓之和，故能丰长而物归之，若以同裨同，尽乃弃矣"。

在全球化、信息化的历史大潮流之下，中华大地上孕育出越发多元化的经济利益主体，政府机构、企业集团、居民个人这三大类都是市场经济的构成要素。在共同发展生产力、结成命运共同体的前提下，协调好不同利益主体的诉求，对实现社会和谐，构建和谐的企业文化是非常重要的。

企业是接受政府监管、合理缴纳税费的市场经济主体，雇用适龄劳动力是连接政府和居民的纽带，也是实现社会和谐的重要环节。企业的专业化、多样化是社会分工的体现，正如《荀子·王制》中写道："人，力不若牛，走不若马，而牛马为用，何也？曰：人能群，彼不能群也。人何以能群？曰：分。分何以能行？曰：义。故义以分则和，和则一，一则多力，多力则强，强则胜物……故人生不能无群，群而无分则争，争则乱，乱则离，离则弱，弱则不能胜物。"因此，社会分工在现代社会主要体现在企业中，处理好企业的和谐问题就显得格外重要。

《礼记·礼运》有言："大道之行也，天下为公。选贤与能，讲信修睦。故人不独亲其亲，不独子其子，使老有所终，壮有所用，幼有所长，矜寡孤独废疾者，皆有所养，男有分，女有归。货，恶其弃于地也，不必藏于己；力，恶其不出于身也，不必为己。是故谋闭而不兴，盗窃乱贼而不作，故外户而不闭。是谓大同。"此为古人在承认社会差别和社会分工的基础上对和谐社会理想的经典表述。

3. 和而不流

对和谐的追求，不是一味退让、妥协或圆滑世故，而是保持自我、真我，做到和而不流。

在《礼记·中庸》中，子曰："故君子和而不流，强哉矫！中立而不倚，强哉矫！国有道，不变塞焉，强哉矫！国无道，至死不变，强哉矫！"这也就是说，君子追求的和谐，不会刻意迎合世俗偏好或者大众成见，而是人格独立，坚持原则，有自己的正确立场。

一味迎合大众的"从流"，为了表面上的一团和气放弃原则与立场的和谐，不是真正的和谐，而是一种妥协，甚至是伪善。对于这种伪善之和谐，孔子和孟子都予以抨击，《孟子·尽心下》记载："非之无举也，刺之无刺也。同乎流俗，合乎污世。居之似忠信，行之似廉洁。众皆悦之，自以为是。而不可与入尧、舜之道，故曰'德之贼'也。孔子曰'恶似而非者，恶莠，恐其乱苗也；恶佞，恐其乱义也；恶利口，恐其乱信也；恶郑声，恐其乱乐也；恶紫，恐其乱朱也；恶乡原，恐其乱德也'。君子反经而已矣。经正则庶民兴，庶民兴，斯无邪慝矣。"

上面这段话的意思是，孟子说，要批评这种八面玲珑的人，却举不出具体事来；要指责他，却又觉得没什么能指责的；（这种苟同世俗的人实际上）跟颓靡的习俗、污浊的社会沆瀣一气。（这种左右逢源的人）平时看起来似乎忠厚老实，行为上似乎也很廉洁，因此大家都喜欢这类人，这类人自我感觉也挺好的。他们以为自己做得正确，却与尧、舜之道格格不入，所以（我）将这类人定义为"戕害道德的人"。孔子说过，要摒弃似是而非的东西。除掉莠草，是担心它伤害禾苗；远离花言巧语，是担心它淆乱正义；憎恶夸夸其谈，是怕它妖言惑众；憎恶郑国的声乐，是怕它淆乱雅乐；憎恶紫色，是怕它淆乱了正宗的纯红色；憎恶伪善的人，是怕他淆乱了道德准则。君子的所作所为不过是为了让一切回到正道罢了。正道的形象端正了，人民百姓就会奋发振作；老百姓振作起来，也就不会有蛊惑人心的邪恶了。

《论语·卫灵公篇》有言："君子矜而不争，群而不党。"在人际关系处理中构建和而不同的协调关系，意义重大。

4. 执两用中

《中庸》曰："中也者，天下之大本也；和也者，天下之达道也。致中和，天地位焉，万物育焉。"和谐乃人与自然之追求，达到和谐则生命常青。

如前所述，"和为贵"并非没有原则立场的妥协、折中，更不是教人世故圆滑，而是指导人们积极追求中庸的境界，反复实践中庸的方法，最终拥有大智慧，可以坦然、安宁地对待现实生活中的各种矛盾。达到这种境界的途径，就是《礼记·中庸》中的："执其两端，用其中于民，其斯以为舜乎？"即达到和谐的方法是执两用中，是中庸之道。

在这里，我们想给读者讲一个小故事。子贡问孔子："子张和子夏谁更加贤明？"孔子回答说："子张有些过了，子夏尚且不足。"子贡又问："那是不是子张比子夏好一点？"孔子回答："过犹不及。"孔子认为过分和不足都不好，只有介于两者之间的"中行之士"才值得称赞。孔子认为："不得中行而与之，必也狂狷乎！狂者进取，狷者有所不为也。"这句话意思就是，如果实在找不到言行合乎中道的人做朋友，退而求其次则要与狂狷之士做朋友。狂者一意向前，是豪迈慷慨之人，心地坦然。狷者毫不苟取，不要不义之财，个性独立又有修养。狂者狷者都是可交之人，不过综合两者优点的"中行之士"才是交友最佳人选。

孔子常常告诫弟子"君子中庸，小人反中庸，君子之中庸也，君子而时中"。这里"时中"的意思是随时制宜，跟随时代符合当前标准。在当今社会，"时中"的要求是指人的行为要与时代的要求相符合，不要机械地拘泥于教条主义。在坚守原则的前提下适时而动才是"中庸之道"的精髓。因此，在孔子看来，中庸是道德修养的至高境界。

关于中庸的解释，我们可以对其进行拆解。第一，中庸之道的"中"与孔子讲的"和而不同"有异曲同工之妙，"和"不是"同"，也不是"不同"，强调一种多样统一的和谐。在企业文化中，领导者为人处世要讲究保留差异，容纳不同的人才和意见，保持一种平衡的生态关系。第二，关于中庸之道的"庸"，明清之际的思想家王夫之直接用古义来解释"庸"字。他说："庸者，用也。"

据此，我们可以说，"中庸"一词的含义就是抵达和谐的路径。既然"中"的含义是要人们在处理事物的过程中不偏不倚（摆正立场）、无过无不及（把握好处理的"度"）。在企业管理实践中，若管理者面对利益冲突或者重大决策时，采取无原则的折中、调和、从众、当老好人，就说明他（她）没有自己的立场，不可能做到"不偏不倚"。又或者，企业管理者在处理紧急、突发事件时过于武断迅猛或优柔寡断，也都违背了"无过无不及"的准则。

5. 天人合一

由于敬畏天命和相信万物有灵的缘故，中国古人一向注重维护与自然的和谐关系，中国先贤在不自觉中形成的这种反对向自然过分索取、注重保护自然环境和生态平衡的生态伦理观念就是我们常说的"天人合一"。

天人合一的世界观是和谐思想的典型体现与最高境界，在中国哲学思想史上长期占主导地位，是人与人的关系、人与自然关系的和谐论。

在中国先哲眼中，和谐是宇宙万物生存的基础，是存在的最佳方式，只有这样，和谐方能生生不息，和谐的底层意蕴就是宇宙的生命意识。

天人合一的思想可以追溯至商代的占卜活动中，但这种朴实的世界观还停留在人与人格化的神灵层面，充满了浪漫主义色彩。到了春秋时期，天人合一的思想开始强调现实世界，被分成了儒家和道家两大分支。

儒家的"天人合一"

儒家学说中的"天"包含人伦道德，人伦、人性、人心以天（道德）为本。孟子认为道德意识（天）是道德准则的本体，在人本善的前提下，人最初的道德意识具有仁、义、礼、智、信、忠、孝、悌、节、恕、勇、让十二端，"上下与天地同流""万物皆备于我"，具有道德意识且遵守道德准则的人，就达到了天人合一。这是儒家语境下的"天人合一"。

汉代的董仲舒将孟子的"义理"宗教化、神学化是某种程度上的倒退，他认为天就是神明意志，可以主宰人间吉凶赏罚。人们常说的"老天爷""人在做，天在看"中的"天"，就是董仲舒认为的封建迷信色彩意义下的"天"。

到宋代，张载以万物（客观世界）为本体根源，提出"儒者则因明致诚，因诚致明，故天人合一"（《正蒙·诚明》），将孔孟"老吾老以及人之老，幼吾幼以及人之幼"（《孟子·梁惠王上》）这种基于血缘亲情之间的和谐仁爱，推广到"民吾同胞，物吾与也"（《西铭》）这种具有社群性、社会性的认知高度。

明代的朱熹提出"天人一理""天地万物一体"，将儒家和谐的世界观从人与人之间拓展到人与自然之间。"天人合一"被朱熹赋予了人与自然和谐统一的意义，他同时提倡要追求人与自然的和谐统一。

明代另一位儒学家王阳明认为人与天地万物一气流通，"原是一体"，天地万物的"发窍之最精处"即是"人心一点灵明"，人心即是天地万物之心，是人心使天地万物"发窍"具有意义，离开了人心，天地万物虽然存在，却没有开窍，没有意义。王阳明的"天人合一"思想，使人与天地万物之间达到更加融合无间的地步（张世英，2007）。

道家的"天人合一"

以老庄为代表的道家"天人合一"思想不同于孔孟为代表的儒家思想，道家中的"天"是指宇宙或者大自然本身，它并没有被赋予道德含义。道家语境下的"天人合一"与现代所讲的"人与自然的和谐"意思相近，老庄的"天人合一"更强调自然，它倾向于否定人的主观能动性，提倡人被动地适应自然，强调"无为"，贬抑"人为"。

《道德经》中，老子认为"道生一，一生二，二生三，三生万物。万物负阴而抱阳，冲气以为和"，这里的"道"是至高无上、独一无二的，"道"本身包含阴阳二气，阴阳二气相交形成一种适匀的状态，万物在这种状态中产生。"人法地，地法天，天法道，道法自然"中的"自然"，就是大自然终极法则的意思，即人的任何行为都要符合自然规律。

庄子在老子"道"论的基础上，更多地谈到人的精神世界。庄子认为世间万物是一体的，人只是自然万物的一个组成部分。"天地与我并生，万物与我为一"（《庄子·齐物论》）。

不得不提一句，阴阳（矛盾）学说是中国和谐理论中的一个重要从属分支。"一阴一阳谓之道"，道是以阴阳为体。从微观世界看，阴阳泾渭分明，相互排斥；从宏观世界看，阴阳是构成宇宙的两个方面，阴阳和合生万物（《淮南子·天文训》）。

万物背阴而向阳，并且在阴阳二气的互相对立、冲撞、激荡中产生新的和谐体。阴气和阳气相互对立、相互斗争，最终达到"和谐"。天、地、人、物、我之间的"和谐"思想及"宽容"智慧，不仅是实现人类自然环境和人文环境生态平衡的关键所在，同时也是当代社会管理和企业管理的重要思想源泉。

和谐乃善治有序，仁爱均衡。和谐思想与中国文化的精髓契合，与广大人民继承中国文化优秀传统并在新的历史条件下实现中华民族伟大复兴的中国梦的普遍愿望契合。

四、和谐的西方思想

在马克思主义诞生前，西方和谐思想可分为古希腊、中世纪和近代三大阶段。从发展路径上来看，它们基本是沿着肯定（古希腊）—否定（中世纪）—否定之否定（近代）的逻辑轨迹曲折发展的；从主要内容来看，无论是古希腊时期的朴素和谐观，中世纪的神学和谐观，还是近代资产阶级主客辩证和谐思想，都对科学地理解和把握当代和谐社会的建构问题具有重要的启发和借鉴意义。

1. 古希腊朴素和谐观

古希腊是西方文化的发祥地，也是西方和谐文化的起点。毕达哥拉斯学派最先提出了朴素的和谐宇宙观和国家观的统一。古希腊哲学家毕达哥拉斯说："整个天是一个和谐"。赫拉克利特说："自然也追求对立的东西，它是从对立的东西中产生和谐，而不是从相同的东西中产生和谐。"柏拉图说："当前我认为我们的首要任务乃是铸造出一个幸福国家的模型来，但不是支离破碎地铸造一个为了少数人幸福的国家，而是铸造一个整体的幸福的国家"。亚里士多德对前人的和谐思想进行了扬弃与升华，使古希腊朴素和谐观得到传承和深化。

概括来讲，古希腊朴素和谐思想已经蕴含了对立统一、否定之否定的发展规律并将其向前推进。第一，和谐思想的发展由毕达哥拉斯学派混沌、固定的静态和谐，到赫拉克利特建立在"火"的流变性上的动态和谐，再到柏拉图和亚里士多德既对立又统一的动静态统一和谐；第二，它由毕达哥拉斯学派和赫拉克利特侧重观察自然界得出的自然和谐，到苏格拉底的理性主义与柏拉图理念世界与可感世界的社会和谐，再到百科全书式的亚里士多德整体和谐论；

第三，它由"数"的基本观点来解释一切现象的多样和谐，到赫拉克利特从万物对立面之间的斗争演化找到对立和谐，再到柏拉图观察到对立面之间的协调与融合现象，亚里士多德提出事物对立统一的朴素辩证和谐，这对后世德国辩证法的诞生起到了铺垫作用。

2. 中世纪神学和谐观

神权在西方世界发展到中世纪时期达到一个顶峰，神学的世界观支配了自然科学和社会科学，自然也就衍生出符合神学世界观的和谐理论。这种和谐理论蕴藏在基督教文化之中。当我们仔细审视神学的和谐思想时，会发现它是古希腊和谐思想的传承和发扬，在西方和谐思想史上起着承前启后的作用。

神学本质上是为神权统治世俗世界服务的，因此需要解释世间的苦难、不平等，以达到安抚被统治阶层的目的。在这一过程中，神学开始理论化、系统化，为推广具有说服力、解释力的信仰服务，它从侧面反映了当时西方世界现实社会的冲突，以及普罗大众渴望社会改良的心声。

首先应当被提及的是神学中的宇宙和谐思想。基督教中的上帝是创造宇宙（当然包括人类世界）的绝对权威，这就直接引申出宇宙和谐的概念。因为世间万物都是由上帝缔造并协调的，所以世界就被认为是按照上帝的意志以某种秩序构造的和谐整体。

其次是社会和谐思想。中世纪西方国家的神权和皇权处于分庭抗礼的状态，且神权处于优势地位——无论是形式上的"君权神授"，还是实质上的教会拥有比国王更大的税收权。当宗教或者说"上帝"无时无刻不占据自然科学、社会科学、人文伦理的时候，就意味着愚昧时代的到来。正如哪里有压迫，哪里就有反抗一样，哪里有愚昧，哪里就有反思。中世纪为皇权服务的思想家站在维护皇权阶级的角度，提出了公正、平等、自由等和谐社会应当具有的先进理念。

最后是人自身的和谐思想。神学名义上是以净化人类心灵，拯救世人灵魂为出发点的，但神学制定的种种教条本质上是为了束缚被统治阶级的思想，维护统治阶级存在的。神学并非真正解决现实世界中的矛盾，但它作为一种统治工具在某些方面仍有可以借鉴之处，例如教导人不可有贪欲，不可杀人，不可奸淫，不可偷盗，等等。

简而言之，中世纪神学的和谐观是在一种极端的、扭曲的主观精神视角下寻求世界和谐的。

3. 德国古典哲学和谐观

和谐是人类的永恒追求，德国古典哲学时期的和谐思想是西方文明自古希腊以来的最高峰，也是近代资产阶级和谐思想的一个里程碑。自康德开始，到费希特、谢林、黑格尔和费尔巴哈等德国的资产阶级思想家，他们都散发着自由的精神和理性的光辉，他们以缜密的思辨方法，发展与完善了和谐理念，同时也为马克思主义唯物辩证和谐思想提供了理论基础。德国古典哲学和谐观呈现以下两个主要特征。

其一，将和谐的达到放在主观与客观、主体与客体、物质与精神、存在与意识的框架下分析。康德认为人通过发挥主观能动性可以解决主体与客体的矛盾问题，谢林在此基础上提出主体与客体具有内在的同一性（和谐），黑格尔虽然继承了同一性的普遍存在结论，但他认为只有借助理性与逻辑进行自我否定，依靠独立于人的"绝对精神"，才能达到辩证的统一（和谐）。费尔巴哈认为独立于人类大脑的"绝对精神"并不存在，感性和理性本身也是辩证统一的。从认识论上看，费尔巴哈的感性和理性辩证统一和谐观意味着人是完全具备认知客观世界的能力的，他的和谐观将人类的认识论推到可知论的新高度，也为马克思主义唯物辩证和谐观、认识论提供了一定的借鉴。

其二，将矛盾的同一性植入道德信仰和具体历史时期进行讨论，但缺点是依旧建立在唯心主义辩证法框架内。康德将人类的道德观念和道德行为置于"绝对精神"之下，并认为人类只有认知到这一点，才能遵守道德法律，避免道德沦丧，达到社会和谐。费希特注意到自律与自由的对立统一，提出了个体自由的达到是个体自律地承担各自社会责任的观点，并认为社会和谐的达到首先是由个体自律与自由达到同一（和谐）决定的。

4. 英国近代哲学和谐观

从文艺复兴时期到 19 世纪，英国作为工业革命的发源地，生产力得到了巨大释放，但同时也存在封建势力与新兴资产阶级之间的矛盾，资产阶级与无产阶级之间的矛盾，人类工业化与自然环境被破坏等巨大矛盾。被马克思称为"杰出小说家"的查尔斯·狄更斯在他的名著《双城记》开头便写道："这是最好的时代，这是最坏的时代，这是智慧的时代，这是愚蠢的时代；这是信仰的时期，这是怀疑的时期；这是光明的季节，这是黑暗的季节；这是希望之春，这是失望之冬；人们面前有着各样事物，人们面前一无所有；人们正在直登天堂；人们正在直下地狱。"面对生产关系从封建社会向资本主义社会的剧烈转型期，英国的哲学家也对和谐社会提出了自己的见解。

和谐的生活是人际关系的统一，英国哲学家大卫·休谟在其著作《人类理解研究》中说："人类幸福和繁荣的大厦是依赖许多双手建设的，通过添砖加瓦使它仍然在升高；社会就是一个幸福的大厦，是依赖社会正义美德建设的；在这一座大厦的建设过程中，如果没有彼此的支持和结合，任何一块砖头都不能发挥作用。"

和谐是自然秩序和社会秩序的统一，亚当·斯密认为，促进国民财富的增长必须遵循自然秩序，遵循自然秩序就必须实行经济自由原则。和谐是自然秩序和自由市场的有机统一。

和谐是人性完美和社会协调发展的统一，马修·阿诺德说："作为一种和谐的完美，我们人性的所有方面都得到全面发展；作为一种普遍的完善，我们社会的所有部分都得到全面发展；作为一种心灵和精神的内在状态，至善的理想与我们所推崇的机械的和物质的文明相区别。"如此，人类无限地接近真正的知性、美丽、和谐。

五、历史唯物主义视角下的和谐

马克思主义历史唯物和谐观的价值导向是以本体论为核心的。

由于在马克思和恩格斯的经典著作中存在大量的对阶级对立和残酷剥削的描述，马克思主义曾被广泛误读、严重扭曲为斗争理论，甚至是一种暴力革命理论。这类（有意或者无意的）曲解，是没能看到马克思主义的阶级斗争只是一种达到最终目标的手段，这种手段是要消除人类社会中强大却不和谐的资本主义生产关系，以达到人与自然的和谐、人与社会的和谐、人与自身的和谐。

和谐并不是无差别、无矛盾的，而是一种不断解决矛盾、化解对立的机制。马克思历史唯物主义的和谐文化就是对民主法治、公平正义、诚信友爱、充满活力、安定有序、人与自然友好相处的执着追求。

1. 人是自然的人

马克思历史唯物主义是以实践为旨归的学说，正是通过实践活动，自然成了社会历史的有机组成部分，人同自然的本质上的统一就构成了社会。因此，人与自然的和谐相处是人类生存和发展的根本保障，有了这层保障之后，人类才可以发挥主观能动性，对大自然进行持续改造。"人的思维的最本质和最切近的基础，正是人所引起的自然界的变化，而不单独是自然界本身；人的智力是按照人如何学会改变自然界而发展的。"

马克思认为人的第一属性就是人的自然产物属性，他对人的存在性做出了相关规定。马克思指出："全部人类历史的第一个前提无疑是有生命的个人的存在。因此，第一个需要确认的事实就是这些个人的肉体组织以及由此产生的个人对其他自然的关系。"这也就指明了人存在的历史前提与自然基础。

人存在的历史前提决定了人类历史的客观性，但人之所以为人而非动物，则源于人与自然界的交往方式，即生产劳动。马克思指出："因此第一个历史活动就是生产满足这些需要的资料，即生产物质生活本身，而且这是这样的历史活动，一切历史的一种基本条件，人们单是为了能够生活就必须每日每时去完成它，现在和几千年前都这样。"马克思认为生产劳动是人与动物的区分方式，生产劳动意味着人的自然对象属性的存在。

恩格斯更直接地表达了对人与自然和谐的关切，他认为，我们每走一步都要记住：我们统治自然界，绝不像征服者统治异族人那样，绝不是像站在自然界之外的人似的，相反地，我们连同我们的肉、血和头脑都是属于自然界和存在于自然界之中的；我们对自然界的全部统治力量，就在于我们比其他一切生物强，能够认识和正确运用自然规律；我们不要过分陶醉于我们人类对自然界的胜利。对于每一次这样的胜利，自然界都对我们进行报复，每一次胜利，起初确实取得了我们预期的结果，但是之后发生了完全不同的、出乎预料的影响，常常把最初的结果又消除了。

2. 人是社会的人

在《〈政治经济学批判〉导言》中，马克思这样写道："人是最名副其实的政治动物，不仅是一种合群的动物，而且是只有在社会中才能独立的动物。"他直接指出了人具有社会性。

"社会人"这一社会属性关系是以生产劳动为基础的。马克思在《德意志意识形态》中指出："这样，生命的生产，无论是通过劳动而达到的生命的生产，或是通过生育而达到的他人生命的生产，就立即表现为双重关系——一方面是自然关系，另一方面是社会关系。"这也就是说，人的自然存在基础与社会存在基础都源自生产劳动。但人从事生产活动不仅要同自然界发生联系，同时还需要人与人之间的互动，这就意味着人不仅是自然界的产物，同时也以社会动物的身份存在。

人的社会属性是基于人与人之间以彼此为存在前提的关系产生的。马克思指出，我们已经看到，在被积极扬弃的私有财产的前提下，人如何生产人——他自己和别人；直接体现他的个性的对象如何是他自己为别人的存在，同时是这个别人的存在，而且也是这个别人为他的存在。马克思阐明了人们的共存关系以及自为存在与为他存在的统一性，即人不可能单独存在，人与他人共同存在的事实就体现了其"社会人"的属性。

人的社会属性决定着社会和谐与人的和谐具有统一性，社会和谐与人的自由才能的充分发挥和全面发展是联系在一起的。马克思、恩格斯在《共产党宣言》中指出："代替那存在着阶级和阶级对立的资产阶级旧社会的，将是这样一个联合体，在那里，每个人的自由发展是一切人的自由发展的条件。"他们指出理想的共产主义是一个自由人的联合体，一切人自由发展的前提是每个人的自由发展，由于人与人之间并不是孤立存在的，联合体的实现必然需要自由人之间的相互帮助与合作，这种共产主义"和而不同"的美好蓝图是需要自由人在社会中的和谐共处来实现的，这也就进一步印证了人的社会属性是社会和谐的基础。

人是马克思主义理论的出发点和归宿，正因为马克思主义具有以人为本的价值导向，才有了深刻揭露资本主义制度对人的摧残和压制的强大批判力。

3. 人是实践的人

实践是主客观之间的联系，是主观见于客观、客观见于主观的双向的耦合行动。实践离不开人的主观能动性，同时也离不开行为的客观对象。因此，实践又是理论实践与行为实践的完美统一。人类既有的历史都是社会实践的产物，都是科学知识积累的产物，在这个意义上，人的本质是实践知识性的。因此，人本身就开始把自己与动物区别开来。

马克思指出："社会生活在本质上是实践的。凡是把理论引向神秘主义方面去的神秘的东西，都能在人的实践中以及对这个实践的理解中得到合理的解决。"不言而喻，实践是理解全部人类社会历史的钥匙，是达到和谐的桥梁、纽带、环节和耦合器。离开了实践，离开了知识性实践，人类的历史就不复存在。因此，实践是实现社会和谐的唯一途径。

马克思还指出人类就是在不断的实践中推动历史发展和走向社会和谐的。马克思曾说："我们首先应当确定一切人类生存的第一个前提，也就是一切历史的第一个前提，这个前提是人们为了能够'创造历史'，必须能够生活。但是为了生活，首先就需要吃喝住穿以及其他一些东西。因此第一个历史活动就是生产满足这些需要的资料，即生产物质生活本身，而且这是这样的历史活动，一切历史的一种基本条件，人们单是为了能够生活就必须每日每时去完成它，现在和几千年前都是这样。"人类正是在生产生活的基础上不断实践，进而实现了生产力的提高，实现了人与自然和人与社会关系中协调性的提高，进而推动了社会和谐化进程的加快。

总之，以人为本的价值理念的确立是由马克思主义的历史使命和理论本质决定的。

六、和谐的新认知

和谐社会的认识离不开对人的基本属性的认识。认识是系统的、全面的、整体的、缺一不可的。和谐只有在对人的整体认识中才获得现实意义。只有系统的、完整的和谐才能同时满足世界的完整性和对生命力的双重要求。

另外，马克思主义历史唯物史观一再表明，和谐的根本指向是人的和谐，是以人为本、通过制度革命实现人的全面自由发展的和谐。换句话讲，只有先认识人的本源，才能真正理解和谐指何物，以及达到和谐的现实意义。

1. 经典人本论

对人类本质的理解和把握，是一个从特殊到一般，从具体到抽象的过程。人类，这种具有主观能动性的客观存在，究竟是以一种什么形态存在于物质世界的？用马克思在《德意志意识形态》的话讲，"现实的个人"是全部人类历史的前提，"也就是说，这些个人是从事活动的，进行物质生产的，因而是在一定的物质的不受他们任意支配的界限、前提和条件下活动着的"。

这段总结人类物质性的话，用的是达尔文《物种起源》观点的辩证历史唯物主义的表述方式。达尔文以进化论的观点概括了人类个体与外界自然的能量交换，个人肉体存活的有限性和人类全体进化的无限延续性对立统一。

马克思则强调人是绝对的社会存在物，社会在不同的生产力阶段表现为相对的特定社会制度存在，与此对应的是，人的本性处于绝对变化之中，在具体历史和特定环境下体现出相对稳定的属性。这又是对立统一规律的一次精彩运用。马克思本人将其总结为，人不是在某一种规定性上再生产自己，而是生产出他的全面性；不是力求停留在已经变成的东西上，而是处在变易的绝对运动之上。"整个历史也无非是人类本性的不断改变而已。"

马克思指出，人的属性不是"单个人所固有的抽象物"，不是"一种内在的、无声的、把许多个人自然地联系起来的普遍性"，而是"经济范畴的人格化，是一定的阶级关系和利益的承担者……不管个人在主观上怎样超脱各种关系，他在社会意义上总是这些社会关系的产物"。这就是人的社会性。

进入 20 世纪，思想家将对人类本质属性的思考提升到更高层次。以西格蒙德·弗洛伊德的《梦的解析》《自我与本我》等为代表的精神分析学派的观点，从人与自身的角度揭示了人的本质：人是地球上唯一一种具有自我意识，主动认识客观世界，可以总结和运用各种自然、社会规律的生命体。各种自然、社会规律即知识，这是人的知识性。

2. 再论三元和谐

如前所述，人有三个层次的属性。达尔文指出了人的物质性，此谓人的底层属性，解决人的客观存在问题；马克思指出了人的社会性，此谓人的现实属性，解决人的繁衍问题；弗洛伊德指出了人的知识性，此谓人的最高属性，解决人的发展问题。这三个属性中，知识性是人的本质属性，其本质是知识性，其现实性是社会关系的总和。物质性和谐、社会性和谐与知识性和谐为三元和谐。在这样一个三重结构的统一体中，任何一个因素都是其他因素的必要条件，无论缺少哪一个因素，都不是一个理想的和谐指向。

三元和谐论的意义在于，科学地指出和谐社会必须充分满足人的物质性需求、社会性需求和知识性需求，并使三者协调、有机地统一在中国特色社会主义建设的事业中。下文将系统地阐述三元和谐论思想。

物质性和谐

马克思和恩格斯强调："我们首先应当确定一切人类生存的第一个前提，也就是一切历史的第一个前提，这个前提是人们为了能够创造历史，必须能够生活。""占统治地位的思想不过是占统治地位的物质关系在观念上的表现。""在不同的占有形式上，在社会生存条件上，耸立着由各种不同的，表现独特的情感、幻想、思想方式和人生观构成的整个上层建筑。整个阶级在它的物质条件和相应的社会关系的基础上创造和构成这一切"。最大限度地满足社会成员的物质需求是和谐社会的基本要求，没有物质性的和谐就没有和谐社会存在的基础。和谐如果不能形成客观利益上的互惠结构，那么真正的和谐社会只能是一种遥遥无期的空想。

社会性和谐

社会生产关系，是随着物质生产资料、生产力的变化和发展而变化和改变的，生产关系构成所谓社会关系，构成所谓社会。社会和谐就是一切社会生产关系总和的和谐。不同的阶级、党派之间的对立，从根本上说并非基于不同的思想原则，而是基于不同的物质生活条件，基于不同的生产关系。社会性和谐包括制度性和谐、结构性和谐、律政性和谐、秩序性和谐等，至少包括多样性和差异性的统一，公平与效率的统一，稳定与发展的统一，社会动力机制和平衡机制的统一，价值目标与社会历史过程的统一，外部制约和内在驱动的统一，不同社会制度之间的统一，执政党和多党合作的统一。

知识性和谐

知识性是人的本质属性，是一种独立的、决定性的力量。知识性和谐可以被描述为一个有机的生态系统，保持这个系统的结构性相容和时间、空间上的协调同步是建立和谐社会的前提，也是目的。

知识性和谐是社会和谐的最高境界，是社会发展的一种同步现象，与物质性和谐、社会性和谐同步发展。与其说我们追求的是一种同步的和谐，倒不如说我们更倾向于社会状态可以被维持在某种可容忍的不同步的限度上，维持在人民心智的平衡发展和知识资本的结构性储备的对称性上。

建立知识文化的和谐比政治和谐与经济和谐更困难。例如，经济学就是一门知识，但现代经济学的三大流派——代表资产阶级意识形态的新古典主义和凯恩斯主义，以及代表无产阶级意识形态的马克思主义存在着深刻的、根本的不一致。即便是代表资产阶级利益的新古典主义和凯恩斯主义这两大学派之间，也有巨大的鸿沟。由此可见，只有达到文化知识的和谐，才能够使心智的和谐内在地契合于人的本质属性——知识性之上，从而达到政治、经济、社会行为的普遍和谐。

需要特别指出的是，尽管达到知识文化的和谐并非易事，但知识和谐是最能体现和而不同、对立统一律的和谐。例如，关于病理和药物学的不同知识会产生不同的治疗方案和药品。典型的例子就是，在人类与疾病抗争的漫漫历史长河中，中医的悬壶济世与西医的救死扶伤都发挥了重要的作用，且均被实践和时间证明了有效性。众所周知，这两大类医学存在重大区别，但并不影响两大医学造福人类，这正好说明了知识和谐的特殊性和其最高属性。

知识性和谐既要体现其真理性，又要符合普遍的伦理价值。人类心理的深层结构和知识性发育的绝对差异难以适应因不断加速创新而迅速变化的生存环境，这会不断地导致失谐危机。失谐往往是由变化速度的不同造成的，将这些不同的变化同步化往往孕育着巨大的机遇，因为人们在对一些功能或者组织进行同步时，他们也在别的地方创造了新的差异，只有依赖人类的知识性，其凝聚成的精神生产资料才能够满足需要。

3. 全球视野的三元和谐

现代意义上的和谐观具有外生性和世界背景。我们知道全球化已经把所有区域性问题世界化了，几乎任何一个区域性问题都不得不在世界问题体系中被思考和解决，和谐问题也不例外。

和谐社会是一种从世界出发的世界观。和谐社会是在世界视野里对中国的重思和重构，这在理论上是一个关于中国崛起的哲学视野，也是现实的实践目标。

只有从和谐世界的整体上理解和谐中国才能够形成正确的和谐观。和谐社会必须在承认人们各自的命运的同时，还能容纳人类共同的命运。因此，它是一种发展的普世的共享社会。

经济发展速度和管理效率的最大化往往与生活方式的稳定性和社会和谐的最大化产生矛盾。和谐的最大化是和谐世界的理想追求，和谐世界是和谐中国的最大约束条件。

在世界危险面前，人们开始重视以主体性原则、经济人原则和异端原则为元定理而设计的现代社会游戏，却根本没有能力维护游戏的和谐性。

实际上，几乎所有国家内部社会的问题都已经不可避免地与国际问题联系和纠缠在一起。很多时候，看似普遍适用的构建和谐社会的观念其实只能在国家内部社会中发挥作用，而在解决国际问题和处理国际关系时，这些观点并不适用，如"民主"和"公正"这样的原则就不会在处理国际事务时被遵循，维护自身的利益仍是国际问题与关系处理的主导因素，那些所谓普遍的和谐观念也就不再发挥作用了。

历史发展过程中的偶然性、时代的局限性以及可能的阴差阳错在表面上看来似乎应该为我们在创造世界秩序方面的失败承担责任，然而如果深究其因，会发现原因是缺乏一种为世界和谐而思考的整体哲学，要以世界整体本身为标准，而不是以任何国家和局部的利益为标准衡量世界。

就和谐与和谐社会而言，世界如其所是地存在着，也许我们不能改变世界，但我们可以改变世界观。

4. 企业文化的三元和谐

企业的和谐是整个社会和谐的有机组成部分，和谐才能共生，共生才能结成命运共同体，结成命运共同体的社会组织和企业才能留下人才，能留住人才的企业文化才是和谐的文化。现代企业的竞争越来越表现为企业文化的竞争，和谐文化型企业必然有强大的凝聚力和旺盛的生命力。物质性、社会性、知识性合一的三元和谐，则是企业文化的最高形态。

企业的物质性和谐：短期吸引力

企业中的物质和谐分为两个方面，第一个方面是企业与外部世界的物质和谐，另一个方面是企业内部的物质和谐。

企业作为一种组织形式，其生存、发展、壮大等各个阶段都需要不断地与外部世界进行物质交换。这种物质交换可以是绿色、环保、可持续、高附加值地与外部世界和谐相处的理想情况，也可以是污染、掠夺、高能耗、低附加值地对外部世界进行掠夺性开发的糟糕情况。在资本主义对利润嗜血般的追逐之下，企业往往为了自身的物质利益而对外部世界一味索取，破坏了企业与外部世界的物质和谐。因此，管理哲学大师彼得·圣吉在《第五项修炼》前言中忧心忡忡地写道："你们会不会步工业社会的后尘？物质越富足，就越唯我独尊，傲视于自然秩序之上？你们会不会牺牲社会来发展经济？你们会不会变成另一个不择手段地剽窃自然、以非永续性及危害后代的方式发展社会？"不可否认，企业是存在边界的，但一些企业将自身与外界分割开来之后演变成孤立、割裂的个体，在学会了向自然索取之后企图征服自然，短期来看，可能对单个企业有利，但长期来看，这不但会损害企业的社会声誉、影响企业长期利润，甚至会危及人类物种生存。因此，企业文化应该是一种环境友好的和谐文化。

企业内部的物质和谐关乎企业在短期的吸引力。在市场化机制下，企业需要通过薪酬、福利吸引和留住人才，所谓待遇留人。这一现象在高薪的金融行业最为普遍。高校的热门专业往往是金融、经济等学科，数学、物理等学科的高校毕业生也愿意投身金融行业，而同样是国家需要的重要产业（如农业、林业、矿业等），由于行业待遇较低，往往难以吸引到像金融行业那么多的优秀人才。过多的优秀人才涌入金融企业，其他行业企业的优秀人才相对匮乏，导致中国经济结构将面临长期失衡，甚至威胁到我国到2049年跨入中等发达国家的历史任务的完成。另外，即便是高薪的金融行业，企业内部物质不和谐的情况时有发生。近年来，国有金融机构的部分高管面对外资或者民间金融机构的更高薪酬邀约，纷纷选择"下海"，造成国有金融机构人才流失状况严重，一方面再次验证了人的物欲是无穷的，另一方面从侧面表明了企业内部的物质性和谐也存在局限性。

企业的社会性和谐：中期竞争力

如本章前文所提到的，早在战国时期，荀子就提出了"明分使群"的社会起源说。分工必然导致不同阶级、阶层之间，个人与社会之间，自我与他人之间等多重关系的相互协调。这种协调的有效性，或者说人类社会与动物群体的本质区别，就在于"以义而分"，即根据一定的礼义原则进行等级划分和职能分工。当这种分工和协调是有效的，社会才能达到和谐状态，才能形成社会的统一凝聚力。一个人要想生存、发展，就离不开社会和谐，企业作为一类组织，其内部也是一个小社会，企业是否实现社会性和谐，关乎企业在中期的竞争力。

企业的社会性和谐主要是团队的和谐。企业的竞争力在很大程度上依靠的是团队合作的力量，而非个人，尤其是在大型企业中，团队规模的壮大并不意味着企业竞争力的提升，企业的壮大不仅需要优秀的员工，更需要能够和谐发展的团队。团队成员有共同的价值观、哲学理念与战略宗旨是构建和谐团队的基础。

正如诺贝尔经济学奖得主阿马蒂亚·森所说的："一个基于个人利益增进而缺乏合作价值观的社会，在文化意义上是没有吸引力的，这样的社会在经济上也是缺乏效率的，以各种形式出现的狭隘的个人利益增进，不会对我们的福利增加产生好处。"不仅社会的发展需要合作的价值观，企业的进步同样需要团队的合作，一个卓越的企业一定有着强大的团队力量做支撑，企业的成功必然与其倡导的团队精神与合作文化有密切联系。一个读者熟悉的例子是，相对于具有国有背景的大型商业银行，我国的股份制商业银行在人员薪酬、福利等物质条件方面更有优势，且自由裁量权相对较大，按照企业的物质和谐观点，股份制银行员工的人员流动性应该比国有大型银行的低。然而，事实并非如此。一个主要原因是股份制商业银行成立时间较短，尚未形成稳健的企业文化，更多地侧重物质激励、短期激励，但钱（物质）其实一直都不是、也不应该是留住人才的决定性因素。团队感情和事业成就感这类社会性因素（也是决定性因素）达到和谐状态后，企业也就无须担心留住顶尖人才的问题了。

企业的知识性和谐：长期生命力

企业和企业的差距，归根结底是各个企业中人的差距；人与人的差距，终究是知识的差距。因为根据三元和谐论，人的本质就是知识性。

关于如何看待知识，彼得·德鲁克有过精辟论断："我们人生的使命，是去创造积极的变化，而非证明自己有多聪明。"是的，有一些知识只能证明人的博学、聪慧，但对社会并不具备正效用。知识一旦进入企业——这种作为社会的生产部门的组织，会产生巨大的溢出效应，这种溢出以一定概率呈现正效用，也可能具有负的社会效用。

具有正社会效用的知识，为正知识。正知识进入企业、与人的劳动结合之后发展了生产力，推动了人类社会的进步，完善了生产关系形态。具有负社会效用的知识，为负知识。负知识进入企业、与人的劳动结合之后，产生巨大的破坏力。例如，在实体经济领域，将（专业技能的）"卓越"作为公司核心价值观的能源巨头安然公司，曾经被誉为美国新经济的楷模，但这家公司公然造假，最后轰然倒地，造成极大的社会信任危机和社会财富损失；再如，一向引领世界金融创新的美国投行，滥用 CDS（信用违约互换）等金融衍生品获取暴利，酿成了 2008 年美国金融危机，造成世界性的经济危机与债务危机，使得全球经济至今仍旧处于脆弱状态，制造了人类近现代史上最长的全球经济衰退周期。

达到企业知识性和谐的途径是创造和运用正知识，同时识别并抑制负知识。一个企业达到了知识性和谐，也就获得了长期的生命力。

5. 和谐的终极本质

和谐究竟是由哪些要素构成的呢？在这样一个迷恋物质利益的时代，即便是哲学家也往往倾向于从物质角度诠释生命的本质，更不用说资本主义信仰者了，这并不为奇。

企业单方面地追求物质利益，并执着地认为利润最大化就是企业的根本目的——每一个个体都在不遗余力地获取物质利益，尽可能多地把世界上的资源据为己有。物质性的分化占有导致贫富不均、阶层对立，物质性不和谐成为社会和谐目标的主要障碍。想要平衡物质性和谐，应该在自我的内心寻求力量。

传统的观念认为知识就是力量，知识应该被用来实现个人利益，新观念则认为：知识体现了人类的共同责任。知识性的发展证明，人类相互依存关系的丰富度和深刻度是衡量一个人和一个社会是否和谐、自由的标志。

由三性耦合说推演而来的三元和谐为企业文化的建构提供了一个崭新视角和实现路径。这一切建立在生物科学和认知科学全新的判断之上：人类具有一种同其他人和其他物种寻求情感共鸣和友好关系的遗传倾向和内在欲望。唯有三元和谐才是和谐内涵的本真，自然包含共生、共有、共治和共享的丰富关系。三元和谐是在对立与矛盾的竞争关系中，建立一种富有创造性的关系；是在相互对立的同时，又相互给予必要的理解和肯定的关系；不是片面孤立的不可能，而是蕴含无限新可能的关系；是相互尊重个性和专有领域，并扩展共通新领域的关系；是在给予、被给予这一有机生命系统中不离不弃的关系。

企业文化的生命之树必然会在丰富的和谐关系中常青。

跋

这本书历时 30 年。

严格意义上说，我的职业生涯始于 1982 年仲夏。那一年，"八二宪法"在法律上结束了文化大革命，标志着改革开放时代的开始。

我的第一个正式职位，是 1983 年初担任江苏省连云港啤酒厂酿造车间主任，半年后我转任生产技术科科长，其间，我成为 11 名国家啤酒评酒师之一。之后的一段日子，我有幸参与中日合资的中国江苏三得利食品有限公司的商务谈判和组建，算是最早感受到海外来风的一批人。也就是在那段时间，我第一次接触到企业文化的概念。

给我留下深刻印象的是，在 1983 年下半年赴日本三得利株式会社考察学习期间，佐治敬三社长介绍三得利的经营理念和愿景时强调"生命之水"的企业文化内涵。之后，我陆续担任中国江苏三得利食品有限公司的制造部长、总经理助理和中方总经理，真切地体悟了企业文化的魅力。那段经历被详细记录在我 1988 年由辽宁人民出版社出版的《路，艰难的选择》那本小册子里。这也算是对那段青葱经历的小结。

1989 年底，我结束了 7 年制造业生产经营的工作，跟随张顺江教授——一位睿智霸气的核物理专家、决策学创始人研读决策学理论，毕业论文就是有关企业文化理论实践和行为实践的研究。正好那年女儿肖依出生，动笔写作是在初为人父的喜悦中开始的。没想到一写 30 年，我答应过女儿，等她作为耶鲁大学建筑学研究生毕业时，我将这本书作为礼物送给她，弥补我不能出席她毕业典礼的遗憾，也借此表达父爱。

早年间，资讯匮乏，妻子肖瑞得新闻从业者之近水楼台，收集资料，勤力襄助，使我思维得以开阔，视角得以丰富，爱情和亲情彰显动力之源，我感恩这动力绵绵不竭。

2006 年 3 月，我在中央党校 22 期一年制中青班学习期间，将本书其中一章《企业文化方法论》单独成文，获得了年度学员论文一等奖，算是得到学术上的初步肯定。

这本书涉及的许多理论创新，都在我中信信托 10 年的决策管理和担任中国信托业协会会长期间得以酣畅淋漓的践行，至今让我引以为傲——为曾经的黄金 10 年，为那个灵性闪耀的团队，为团队文化审美的自信自觉。其真情表述可从中信信托 2007 年年报我的致辞中窥见一斑：

> 信用是我们的资产，是无与伦比的附加价值的源泉。任何资产都有可能受到损害，其中以重树信用最为困难。信用是我们的文化，信用是我们的未来。
>
> 和谐、科学的价值追求是我们存在的理由，也是回报股东、扩大资本、吸收和保有优秀人才的前提，让每一个员工分享企业的经营成果，符合公司和股东的利益。